《萍乡概览》编纂委员会

主　　编：李昌清
副 主 编：陈为真　赖爱荣
成　　员：姚　萍　易文浩　刘　影　漆贺春　胡继超
　　　　　赵斯琴　李文正　周德林　韩　茜　李雅婷
地图编辑：魏　悦　刘　锬　崔亚如　彭　兵　郭剑平
　　　　　饶　君　曾翠云　付　聪　许　洁

《萍乡概览　湘东区卷》
编纂人员

统　　稿：赖爱荣　胡继超
撰　　稿：柳笑茜　韩佳宇　程俊涛　黎妮芳　朱麒麟
　　　　　许泉初　饶煜健　叶丽晴　李婷婷　钟依玲
　　　　　彭宇航　陈　茜　梁紫微

湘东区卷

萍乡概览

中共萍乡市委史志研究室 ◎ 编

编纂说明

一、《萍乡概览》以马克思列宁主义、毛泽东思想、邓小平理论、"三个代表"重要思想、科学发展观、习近平新时代中国特色社会主义思想为指导，深入学习贯彻落实习近平文化思想，客观、系统地记录萍乡市、县(区)、乡(镇、街道)、村(社区)各级基本情况概要，反映其自然、政治、经济、文化、社会的历史与现状。

二、记述时间不设上限，尽量追溯到村落、社区形成时，本卷下限至2023年底。其中未标注年份的人口、面积等基础数据，荷尧镇、老关镇、排上镇、麻山镇、腊市镇为截至2022年底数据，湘东镇、峡山口街道、下埠镇、东桥镇、白竺乡、广寒寨乡为截至2023年底数据。

三、本卷收录湘东区湘东镇、峡山口街道、荷尧镇、老关镇、下埠镇、排上镇、东桥镇、麻山镇、腊市镇、白竺乡、广寒寨乡(垦殖场)共10个乡镇1个街道153个村(社区)简介。

四、概览分为地情概况、自然环境与资源、经济、基础设施、社会发展、特色地情等栏目，突出地方特色和历史文化，不面面俱到，有则多记，无则不记。

五、本卷图片除已注明拍摄者外，均由湘东区融媒体中心、各乡(镇、街)提供。

乡（镇、街道）图例

符号	说明	符号	说明
★	市政府	══════	主要街道
◎	县（市、区）政府	────────	次要街道
⊚	乡（镇）、街道	────────	一般街道
⊙	居委会	──●──	高速铁路
●	村委会	──●──	普通铁路
○	自然村	────────	高速公路
1918▲金顶	山峰	──G320──	国道及编号
		──S311──	省道及编号
〜〜	大型水库	────────	县道
〜〜	中型水库	────────	乡道
〜〜	小型水库	────────	村道
		—··—··—	省界
⋝⋜	桥梁	—··—··—	设区市界
]======[	隧道	—·—·—·—	县（市、区）界
		— — — —	乡（镇）、街道界

附注：图内所有界线不作为划界依据。

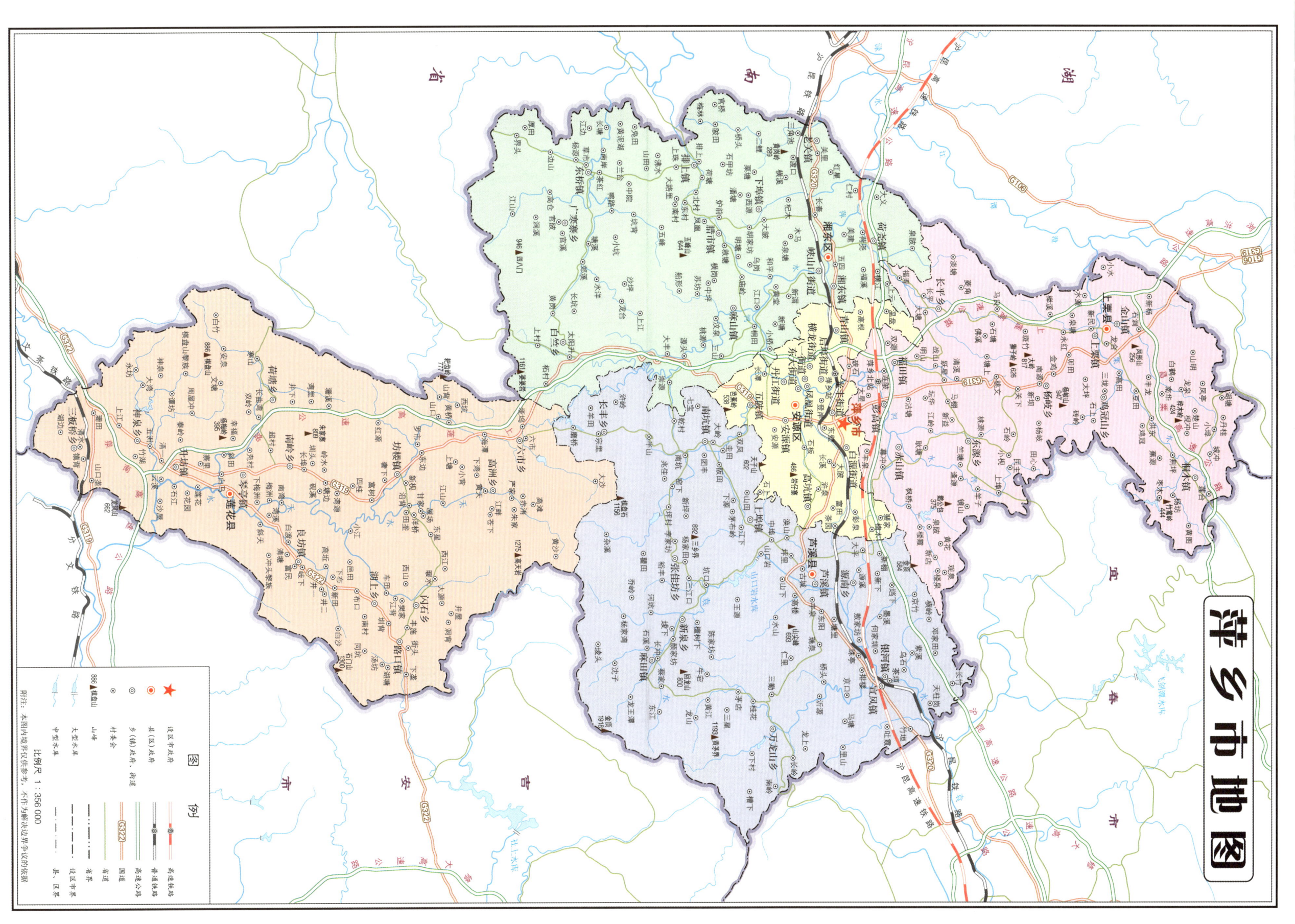

萍乡概况

历史沿革 远在5000年前的新石器时代,萍乡就有先民居住和生活,为百越族的一支三苗族。西周时,萍乡属扬州,春秋属吴国,战国时为楚地,汉时属豫章郡宜春县地。三国吴宝鼎二年(267)设萍乡县,属安成郡,县治设芦溪古岗(今芦溪古城村)。唐武德二年(619),县治从芦溪古岗迁至萍乡凤凰池。唐贞观元年(627),江南道分东西两道,萍乡属江南西道袁州。元至元十四年(1277),袁州安抚司改为总管府,隶属湖南行省,萍乡县属袁州总管府。至元十九年(1282),升袁州为路,隶属江西行省,萍乡县属袁州路。元元贞元年(1295),萍乡由县升格为州。明洪武二年(1369),萍乡由州改县,隶属江西布政司袁州府。1914年,属庐陵道。1926年,直隶于江西省。1932年,属第八行政区。1935年,属第二行政区。

1949年7月23日萍乡解放后,设萍乡市萍乡县,9月撤市留县,隶属袁州专区。1952年9月袁州专区和南昌专区合并为南昌专区,萍乡隶属之。1959年1月,南昌专区改名为宜春专区,萍乡隶属之。1960年萍乡撤县设市,由宜春专区代管。1970年3月10日,萍乡改为省辖市,延续至今。

行政区划 萍乡市辖芦溪、上栗、莲花3县,安源、湘东2区,共29个镇、19个乡、9个街道办事处、144个居民委员会和641个村民委员会。另市本级设有国家级萍乡经济技术开发区管委会和武功山风景名胜区管委会。截至2023年底,全市户籍人口1968083人,

常住人口1801638人。

自然地理 萍乡市地处江西省西部，东接宜春市袁州区、吉安市安福县，西邻湖南省醴陵市、攸县，南连吉安市永新县和湖南省茶陵县，北毗湖南省浏阳市，位于北纬26°57′—28°01′、东经113°35′—114°17′之间，面积3830.42平方千米。

萍乡是江西的"西大门"，素有"湘赣通衢""吴楚咽喉"之称。在赣西经济发展格局中处于中心位置，是湘赣两省唯一全境纳入湘赣边区域合作示范区的设区市。沪昆高铁、沪昆铁路横穿境内与京广、京九两大铁路动脉相连。319国道和320国道呈十字形在市区交会通过，沪昆高速公路、上莲高速公路贯穿全境。市中心城区距湖南长沙黄花机场仅120千米，具有优越的区位地理条件。

萍乡市地貌类型有中低山、丘陵、岗地和河谷平原四类。其中中低山和丘陵区分布广泛，面积分别为1535.92平方千米和1591.09平方千米，占全市总面积的40.08%和41.52%。境内山地、丘陵、盆地错综分布，地貌较为复杂。东部、南部、北部以山地为主，西部地势平缓。东南部有武功山脉，海拔一般在800~1900米之间，最高峰白鹤峰海拔1918.3米。北部杨岐山至大屏山一带地势险要，海拔在600~900米之间。西部萍水河河床最低点的海拔只有64米。中部偏东地势较高，成为洞庭湖水系和鄱阳湖水系的分水岭。

域内水系分属洞庭湖水系和鄱阳湖水系。全市主要河流有五条，即萍水、栗水、草水、袁水、莲水。袁水、莲水发源于武功山，汇入赣江；萍水、栗水、草水发源于武功山与杨岐山之间，最终注入湘江。主要支流有长平河、福田河、东源河、楼下河、高坑河、万龙山河、张佳坊河、金山河、大山冲河、鸭路河等。水资源十分丰富，地表水径流量为26.46亿立方米/年，地下水储量为4亿立方米。

萍乡市属亚热带湿润季风气候区，全年光照充足，雨量充沛，四季分明，极端最高气温达41℃，极端最低气温-9.3℃，年平均气温17.3℃。年平均降水量1596.7毫米。降水量时空分布不均，4—6月降水较为集中，占全年降水量的42%；空间上南部多于北部，东部多于西部，山区多于平原。

萍乡自然资源丰富、景色优美，全市森林覆盖率达67.27%，已探明的矿藏有36种，植物物种有1400余种。境内分布的陆生野生动物有两栖类20种，爬行类30种，有鸟类170种、兽类50种。境内亿年溶洞孽龙洞被誉为"天下第一洞""地下艺术长廊"，大屏山、玉皇山、明月湖以及仙凤三宝、十里花溪、荷花博览园等一大批山水景观和乡村旅游点星罗棋布，共同构筑了山水形胜、风景如画的大美萍乡。

历史人文 萍乡历史悠久，文化底蕴深厚。田中古城为始建于商周时期的遗址，见证了萍乡3000余年的文明史。相传在春秋时期，楚昭王在此渡江得"萍实"，乃"吉祥之物"，萍乡也因此得名，意为"萍实之乡"。吴、楚文化的相濡浸染，孕育了独具萍乡风情的民风民俗和异彩纷呈的民间艺术,采茶俚调、民间灯彩、古朴漆画、春锣渔鼓等民间文化传承千年,历久弥新。

杨岐山是中国佛教禅宗五家七宗之一杨岐宗的发祥地,宗教文化源远流长,影响远播海内外。源于楚巫的傩文化被称为"艺术的活化石",萍乡傩面、傩舞、傩庙"三宝"俱全,被誉为"中国傩文化之乡"。

萍乡自古才俊辈出。古代有著名理学家刘元卿,"江西大器"刘凤诰,清代廉吏颜培天,"末代帝师"朱益藩,维新志士、文史大家文廷式等;近代以来涌现了二胡大家黄海怀、中国声乐事业奠基者喻宜萱,还走出了陈述彭、简水生、颜龙安等10位萍乡籍"两院"院士。

萍乡是中国近代工业文明发祥地之一。清邮政大臣盛宣怀于光绪二十四年(1898)在安源创办萍乡煤矿,光绪三十四年(1908)又创办了当时中国第一个股份合资企业——汉冶萍公司,修筑了株萍(至安源)铁路。萍乡煤矿为汉冶萍公司的重要组成部分,是江南最早采用西法机器生产、运输、洗煤、炼焦的煤矿,1916年就产原煤95万吨、焦炭25万吨,萍乡被誉为"江南煤都"。

萍乡是"工运摇篮"。1922年9月,毛泽东、刘少奇、李立三等老一辈无产阶级革命家领导的安源路矿工人大罢工,是中国共产党第一次独立领导并取得完全胜利的工人斗争。安源路矿工人运动持续近十年,开创了中国共产党最早的党校——安源党校、全国产业工人中最早的党支部——中共安源路矿支部、中国共产党领导下最早的经济事业组织——安源路矿工人消费合作社等全国之最。安源工运成为激励全国工人运动的一面旗帜,在中共党史、中国工人运动史、中国人民解放军建设发展史上写下了光辉的一页。在工运浪潮的鼓舞下,中国共产党领导的第一个少年儿童革命组织——安源儿童团在这里诞生,秋收起义在这里策源和爆发,引兵井冈山、开辟中国革命道路的伟大决策在这里作出,萍乡籍和安源走出去的将军就有30人。

萍乡是"户外天堂"。境内武功山是国家AAAAA级旅游景区,入选世界地质公园,获评国家级文明旅游示范单位、国家自然资源科普基地、国家体育旅游示范基地、全国非遗旅游景区。山顶十万亩高山草甸在世界同纬度名山中绝无仅有,被誉为"云中草原、户外天堂",为众多年轻人和户外运动爱好者所青睐,常年在各大旅游平台发布的山岳景区榜单中位居前十,每年都有超过100万人来此徒步、露营,欣赏壮观的云海、草甸、星空和日出的美景。

萍乡是"花炮故里"。花炮祖师李畋的故乡就在萍乡上栗。花炮制作传承发展至今1300余年从未中断,萍乡(上栗)烟花制作技艺入选了国家级非物质文化遗产名录。如今,萍乡是全国四大烟花爆竹主产区和转型升级集中区之一,"上栗花炮"获评中国地理标志商标。2023年,萍乡花炮产业实现产值超200亿元,产品远销60余个国家和地区,产品销量占国内市场的27%、出口市场的22.7%。

萍乡是"中国辣都"。鲜辣椒规模种植面积1.6万亩左右,年产量约5840吨,市场推广应用品种20余个。"鲜辣"是萍乡饮食中最鲜明的印记,"萍乡十大碗"、莲花血鸭、萍乡小炒肉等辣味萍乡菜远近闻名。"花蝴蝶"麻辣豆皮、萍乡炒粉、麻辣嗦螺、盐果子等辣味小吃,种类繁多,各具特色,深受萍乡人和各地游客喜爱。2024年10月,萍乡市被全国生态食材评定中心评为"中国生态美食地标辣文化之都"、生态产品区域公用品牌。

经济发展　2023年,地区生产总值1151.66亿元,同比增长3.0%。一般公共预算收入112.2亿元,增长4.8%。一般公共预算支出325.7亿元,增长6.2%。规上工业总产值1092.66亿元,增长0.5%。规上工业增加值增长2.8%。城镇居民人均可支配收入46928元,增长3.6%。农村居民人均可支配收入25967元,增长6.9%。城乡居民年末储蓄余额1302.13亿元,增长17.26%。

目 录

湘东区概览	001

湘东镇 009
　五四村 014
　河洲村 016
　裕升村 017
　美建村 019
　黄花村 021
　道田村 024
　江口村 026
　和平村 029
　阳干村 031
　五里村 032
　黄堂村 035
　新湄村 038
　巨源村 040
　新塅村 042
　樟里村 044
　甘泉村 046
　泉塘村 048
　大江村 050
　云程社区 052
　浏市社区 054
　长荷社区 056
　鲲鹏社区 057

峡山口街道 061
　砚田社区 064
　新村社区 065
　新建社区 067
　新中社区 069
　日星社区 071
　新街社区 072
　诗新社区 074
　姚家洲社区 075
　新岭社区 076
　滨河社区 077
　昌盛社区 079
　团和社区 080
　新民社区 082
　跃兴社区 083
　金城社区 084
　星群社区 086
　郭公塘社区 087
　石咀岭社区 089
　火星社区 090

三湾社区	092
湘新社区	093

荷尧镇 096
  泉陂村 099
  青云村 101
  萍洲村 102
  荷尧村 104
  大义村 107
  善山村 110
  福溪村 112
  横江村 114
  上云村 115
  荷发社区 116

老关镇 119
  老关村 123
  关里村 126
  登官村 128
  红星村 130
  前进村 131
  仁村村 133
  三角池村 135
  渡口村 137
  二鲤村 139
  檀梓村 140
  油塘村 142

下埠镇 145
  栗塘村 149

潘塘村	151
胡家村	153
西源村	154
大陂村	156
光华村	158
潭塘村	160
虎山村	162
横溪村	163
杞木村	165
木马村	167
长春村	169
下埠村	170

排上镇 174
  排上村 179
  陂田村 180
  沸水村 181
  毛园村 182
  荷塘村 184
  上珠村 185
  山田村 187
  官桥村 189
  横塘村 190
  石甲坊村 191
  南村村 193
  东村村 194
  大路里村 196
  桥头村 198
  梅林村 199
  北村村 201

东桥镇	204
东桥村	207
五峰村	210
凫田村	212
中院村	214
兰台村	215
黄泥湖村	217
鸭路村	218
南岸村	220
茶红村	221
长塘村	223
江边村	225
草市村	226
杨源村	229
边山村	230
厚田村	232
界头村	235
坑背村	237
小坑村	238
麻山镇	242
麻山村	245
新塘村	247
小桥村	249
善洲村	251
桐田村	253
景星村	254
三山村	256
连山村	257
横岗村	259
汶泉村	261
中坪村	262
桃源村	264
苏坊村	265
船形村	267
腊市镇	270
腊市村	274
乌岗村	275
庙岭村	277
明塘村	278
救塘村	280
炉前村	281
竺园村	283
凤凰村	285
白竺乡	288
白竺村	291
长坑村	292
柘村村	293
黄岗村	295
太阳升村	297
上村村	299
龙台村	300
上江村	302
沙坪村	303
水洋村	304
源头村	305
大丰村	308

崇源村	309	洞溪村	321
		江山村	322
广寒寨乡（垦殖场）	313	郊溪村	323
官陂村	316	塘溪村	325
官溪村	317		
高仓村	319	**后记**	328

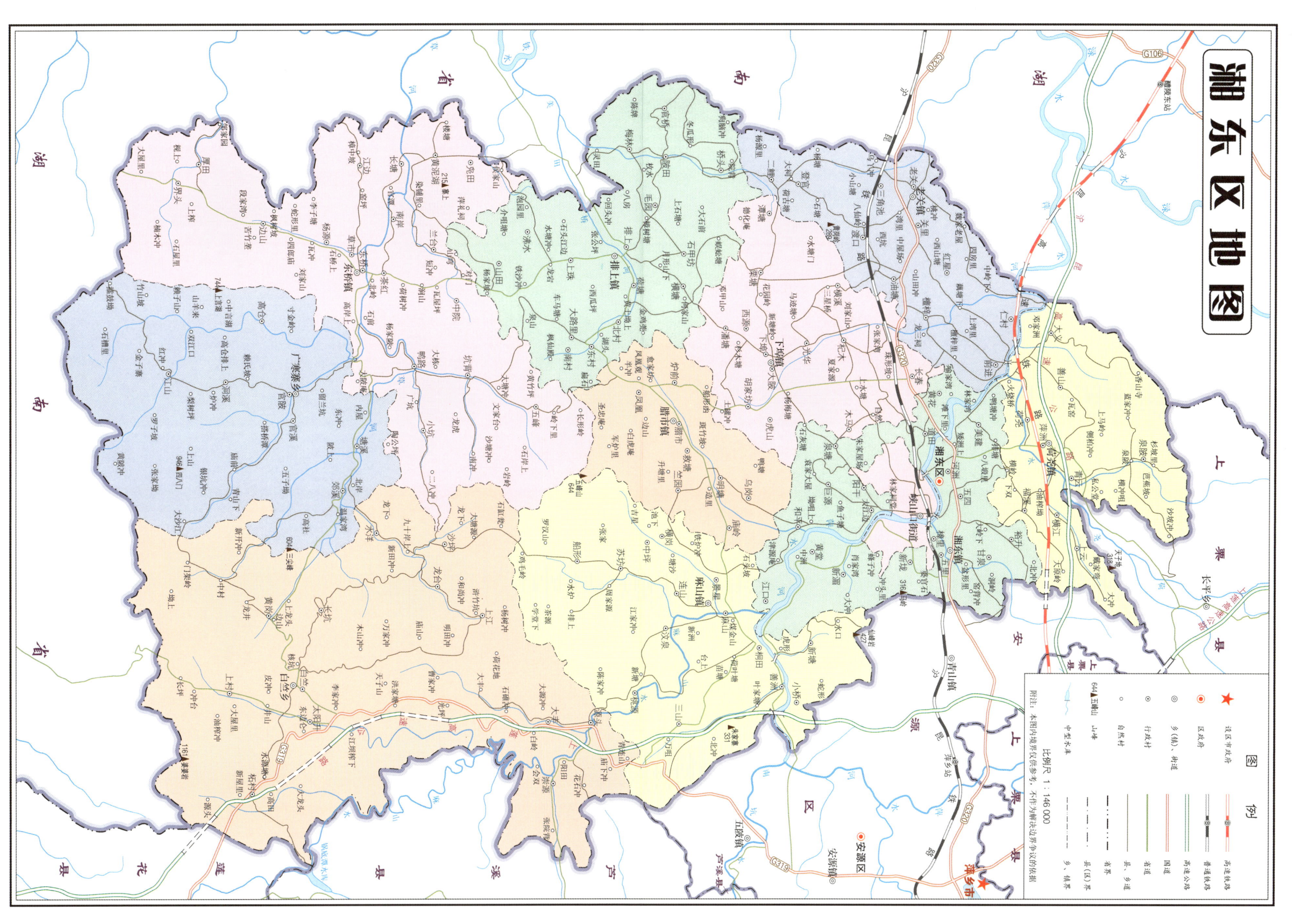

湘东区概览

湘东位于湘赣边界，五代十国时期在此设置湘东驿，由此得名。三国吴宝鼎二年(267)萍乡置县治，湘东始为萍乡县所辖，谓之"萍西区"，素有"吴楚通衢、赣西门户"之称。宋代阮阅《湘东驿至萍乡》"萍乡路与醴陵通，溪上长亭草木中。行尽江南有山处，门前隔水是湘东"，说明了湘东的方位。

新中国成立前，萍乡县在湘东地区设乐群、四维、昌源、人和、归仁、湘东、鸣盛、文明、美昭、安金等乡，新中国成立之初，调整为湘东、东桥、麻山、美昭4区及白竺、长平2区(部分)，下辖各乡。1960年萍乡县改市，1961年在湘东地区设湘东、东桥、麻山3个区，下辖各人民公社，1965年撤区，由市直辖各人民公社。1970年萍乡升格为省辖地级市，1971年湘东始建县级区。2000年，湘东区辖8

湘东城区

三角池村

个镇5个乡,即湘东镇、荷尧镇、下埠镇、老关镇、排上镇、东桥镇、麻山镇、腊市镇、广寒寨乡、龙台乡、白竺乡、源滩乡、泉田乡。2023年,辖8镇2乡1街道办事处,152个行政村(社区)。东西宽27.85千米,南北长38.81千米,南宽北窄,呈倒芭蕉扇状,总面积857.34平方千米,东与安源区、芦溪县、莲花县接壤,南和湖南省醴陵市、攸县相连,西与湖南省醴陵市交界,北和上栗县毗邻,距萍乡市区15千米,距省会南昌300千米,距长沙130千米。

湘东地处湘赣丘陵地带,系罗霄山脉北段。境内山多平地少,以丘陵为主,低山区次之。地势东南高,西北低,区内最高峰为白竺乡境内的婆婆岩,海拔1161.4米;最低点在老关镇仁村陂头洲,海拔65.4米;全区平均海拔203.6米。萍水河、草水河及其支流纵横境内,自东南流向西北,进入湖南,汇成渌江注入湘江,最后流入长江。山川秀丽,荷尧的大屏山,东桥的五峰山、马脑寨,麻山的白云山、天心山,白竺乡的婆婆岩,都名声在外。有国家A级旅游景区3个(国家AAAA级旅游景区麻山幸福村;国家AAA级旅游景区排上仙居山庄、老关凯丰故里),全国乡村旅游重点镇1个(麻山镇),省级旅游重点镇1个(麻山镇),省级森林公园1个(碧湖潭国家森林公园)。

境内气候温和,属亚热带湿润季风气候,四季分明,光照充足,降水量充沛,无霜期长。春季温和,天气易变,秋季凉爽,夏季炎热期长,冬季寒冷期短,春夏两季雨量集中,夏秋之间易发伏旱、秋旱。2019年7月7日—9日,湘东遭遇了自1954年气象站建站以来雨量最强、水势最猛、成灾最快、灾情最重的洪灾,29.5万余人受灾。湘东区委、区政府带领各级党员干部不分昼夜连续奋战,实现全区5.82万人安全转移,无一人死亡,灾后重建各项工作进展迅速,受到江西省人民政府通报嘉奖。

境内自然资源丰富。森林覆盖率69.8%，植被茂盛、种类多样，列入《江西省重点保护野生植物名录》的植物有100余种，有国家重点保护植物27种，其中有银杏、水杉、穗花杉、珙桐、南方红豆杉、苏铁、资源冷杉等7种国家一级保护植物，金钱松、鹅掌楸、福建柏、厚朴、闽楠、罗汉松、花榈木（花梨木）、凹叶厚朴、润楠、闽楠、浙江楠、喜树（旱莲木）、观光木、落叶木莲、紫楠、伯乐树、福建观音座莲、金毛狗、篦子三尖杉、长柄石杉等20种国家二级保护植物。野生药用资源品种多样，第四次中药普查结果为126科472种，主要有海金沙、牛膝、葛根、商陆、乌药、鱼腥草、金樱子、朱砂根、栀子、钩藤、紫苏、千里光、苍耳子、菝葜、土茯苓、鸭跖草、淡竹叶等。动物种类繁多，分布的野生动物有两栖类2目4科20种，爬行类3目8科30种，鸟类10目18科170种，兽类7目17科50种，其中有白颈长尾雉、黄腹角雉、云豹、穿山甲、黑麂等5种国家一级保护动物，白鹇、斑林狸、凤头鹰、领角鸮、水鹿、大鲵（娃娃鱼）、虎纹蛙等15种国家二级保护动物。矿产资源丰富，主要有煤、铁、金、银、锰、铜、锌、硅、石灰石、高岭土等24种，其中煤炭储量8.5亿吨，主要分布在巨源、乌岗、浏市、黄堂、上官岭、麻山、冷潭湾、大屏山等地。水资源丰富，2023年全区水资源总量为10.25亿立方米，其中地下水资源为1.71亿立方米。2023年第一座中型水库碧湖水库下闸蓄水，总库容2178万立方米，每天可向萍乡市主城区、湘东区供水12.6万吨，每年供水约4530万吨，向下游灌溉2.29万亩农田。2021年获评全国全面推行河长制湖长制先进集体，2018—2020年度"鄱湖杯"水利建设先进县，2022年被列入全省城乡供水一体化先行县，2023年获评全国第三批节水型社会建设达标县区。

境内交通便捷。萍水河沟通赣湘成为黄金水道，加上大西路、小西路两条驿道，显现了湘东的交通优势。19世纪末铺就的株萍铁路，20世纪上半叶延伸成浙赣铁路，90年代改建为双线横贯东西，拥有4个火车站，挂有萍矿巨源煤矿、萍钢、萍电、上官岭

中欧班列

湘东田园风光

煤矿等的专线。20世纪60年代末,萍乡—湘东—下埠—老关的省际公路韶山—井冈山线始修后,县乡公路建设全面展开,70年代逐步繁荣起来的公路运输,取代了萍水河的航运。90年代初,与铁道并行的320国道由萍乡直通湘东,连接老关,成为境内交通运输主动脉。沪昆铁路、沪昆高速、320国道、319国道贯穿全境,赣西国际港常态化开行中老、中亚、中欧国际货运班列。2020年以全省第一名获评江西省第五批"四好农村路"示范县区。2023年末,公路总里程2120.017千米。

境内产业兴旺。湘东工业起步早,发展快,萍乡钢铁厂于1954年落户湘东,是全省最早的钢铁企业,1957年7月1日流出了全省第一炉铁水。随后,萍乡发电厂、萍乡造纸厂、萍乡铝厂等大中型企业先后落户湘东,大大推动了地方工业企业的迅猛发展。到20世纪七八十年代,区、社、队企业如雨后春笋般纷纷兴办起来,形成了煤炭、水泥、陶瓷、机械、化工等支柱产业。1983年,湘东成为江西省第一个乡镇企业产值突破亿元的县级区。2009年被中国陶瓷工业协会授予"中国工业陶瓷之都"称号。2023年,全年全区实现地区生产总值(GDP)1640423万元,同比增长4.5%,为全市第一;公共财政预算收入142373万元,同比增长6.5%;工业增加值562723万元,同比增长2.7%,其中,规模以上工业增加值比上年增长了2.6%,获评全省综合考核一类县区第一等次、全市县区综合考核争先奖。

湘东工业陶瓷产业发源于20世纪70年代。1970年冬,张开国自筹300元在下埠横溪村开办了萍乡第一个工业陶瓷厂。1972年,成功生产出第一代工业陶瓷产品拉西环,工业陶瓷产业渐成星火燎原之势,工业瓷球、蜂窝陶瓷、分子筛、化工填料、金属填料、透水砖、水处理设备等8大类、600多个小类，化工陶瓷产品、陶瓷环保材料占据国内市场60%以上的份额。2022年工业陶瓷企业131家，其中规上企业88家，合计完成工业总产值302.82亿元。2021年，获评国家外贸转型升级基地（工业陶瓷），工业陶瓷产业集群获评工信部2022年度国家级中小企业特色产业集群。

湘东杂交水稻制种始于20世纪70年代。1973年10月，颜龙安领衔的萍乡杂交水稻试验小组宣告"野败"三系杂交水稻配套成功。1975年，排上公社农技干部张理高率先组建杂交水稻制种专业队，从第一批59名湘东制种人历经九天八夜到达海南开始，经过起步、市场化、产业化等阶段，发展出了市级以上农业龙头企业32家。其中国家级龙头企业1家（江西天涯种业有限公司，2023年杂交水稻商品种子销售总额全国排名第四），省级9家，专业合作社46家，制种专业户200余户，1万余人制种队伍，年均制种面积达15万亩以上，南繁制种面积保持10万亩，占全国南繁制种面积的85%以上，形成本地、南繁和外埠"三位一体"的制种格局，被袁隆平誉为"中国杂交水稻制种之乡"。2020年被认定为全省第一批区域性良种繁育基地，2021年入选国家现代农业（种业）产业园创建名单，2022年获评国家级制种大县。从2021年到2023年湘东区连续三年举办江西省优质稻种业大会（第三届到第五届）。

湘东包装产业发轫于20世纪70年代末。老关镇前进村李茂胜、汤中仁、汤中文等8人每人凑了两三千块钱，开办了第一个作坊式包装盒厂，生产价格低廉的芒秆盒子。从单一的茶叶包装，到涵盖生产、流通、销售等全过程的包装规模化产业，湘东包装产业已形成国内最齐全的涉茶包装企业集群。2023年，境内有包装企业300余家，建立包装产品销售网点3600多个，覆盖全国所有省会城市，业务涵盖铁观音、信阳毛尖、碧螺春等全国十大茶叶品牌中的8个品牌。2017年以来，每年举办萍乡茶叶包装文化博览会。2023年在第八届中国茶叶包装文化博览会上，湘东区获批中国茶叶包装产业试点基地。

境内文化底蕴丰厚。湘东民间绘画盛行，在马业民、张角生等人的带领下，湘东曾涌现出一百多名较专业的农民画家，他们一手拿着锄头，一手拿着画笔，运用民间艺术的审美理念和朴实的艺术语言，描绘民间习俗，表现现代生活，生动地记录中国农村社会发展的历史与现实。1988年，被文化部命名为"中国现代民间绘画之乡"。湘东农民铜管乐流行，1983年，东桥公社五峰大队以汤贵成、汤家纯为首的13名青年农民组成全区第一支农民铜管乐队，1987年发展至33支，每队队员10~15人。1986年成立"湘东区农民铜管乐协会"，1987年，被江西省文化厅命名为"农民铜管乐之乡"。湘东傩文化源远流长，傩庙、傩舞、傩面具三宝俱全，1999年，被江西省文化厅命名为"傩文化之乡"。傩面具雕刻艺人被称为"处士"，专职雕刻面具，制作工序包括起师、选材、雕刻、打磨、上漆、安腹藏、开光六个步骤，要制作一个精致的傩面具往往要耗费数月的时间。面具的表情不仅仅局限于传统的凶猛狰狞型,还有和蔼端庄和诙谐幽默型,内容更加丰富,线条更加流畅,雕刻也更加精细。2006年,湘东傩面具被列入了第一批国家级非物质文化遗产名录。龙舟文化延绵不断,河里赛水龙船,岸上划干龙船,是湘东端午节前后的一大民俗活动。湘东划旱龙船起源于清朝乾隆年间,其中浆倒划是划旱龙船的一个特有动作,是在赛龙舟的基础上发展演变而来的一种带有表演和娱乐性的民间习俗,其表演目的是祈求龙王保佑来年风调雨顺,五谷丰登。有公元1783年前后,任萍乡知县的胥绳武所作的《萍乡竹枝词》为证:"东去湘西写官板,西下湘东浆倒划,中五十里船不到,两岸桐油兼苎麻。"2013年8月,湘东旱龙船入选江西省第四批省级非物质文化遗产名录。湘东皮影戏,于清代同治年间从湖南省攸县高枧乡传入,已有130多年的历史,在表演形式上注重对影偶进行突破空间限制;在影偶造型上侧重吸取民间刺绣、剪纸等的朴实、稚拙、装饰性强等特点,通过图案和色调反映出人物不同的性格特征。2017年,湘东皮影戏被列入江西省第五批省级非物质文化遗产代表性项目。

境内人杰地灵,才俊辈出。明清时期,有官至工部尚书的文明(1489—1549),吏部主事邓锡礼(1713—1768),户部主事颜培天(1748—1806),有简继芳、肖若峰父子,张明毅父子等近20名进士,有蓝炳暄、童星魁等武进士,黄爱堂、赖汤光等文官。有著名教育家汤增璧、著名国画家汤国桢、武术高手黎洪坚等等。近现代,有辛亥革命的先驱黄钟杰烈士,有中共早期革命志士彭树敏、邓卓群、张源健、张宗和等烈士;有凯丰(原名何克全,曾任中共中央政治局委员、中共中央宣传部部长、部长兼任中共中央马列学院院长)、刘型(曾任黄洋界保卫战主作战连队党代表、北京地质学院院长兼党委书记、国家农业部副部长、中央纪律检查委员会常委)等革命先辈;还有中国分子光谱研究的奠基人吴学周,中国遥感应用和地理信息系统科学的创建者和奠基人陈述彭,杂交水稻之父颜龙安、矿山工程地质与工程物探专家彭苏萍,工业劳模杨和平,党的十二大代表、农业劳模彭光贤,著名作家彭荆风,党的二十大代表文兰英等先进人物。

境内社会事业蓬勃发展。截至2023年末,总户数122864户,总人口397002人,其中城镇人口185269人,女性190718人。2023年有各级各类学校102所[其中高中2所、职业学校2所、初中14所(含九年一贯制学校3所)、小学61所、教学点22所、特殊教育学校1所];中小学生38796人(小学18921人、初中11153人、特校171人、高中6072人、职专2479人);有幼儿园69所(其中公办园49所、民办园20所),在园幼儿6628人(其中公办园3907人、民办园2721人),在园教职工1223人(公办园702人、民办园521人),其中专任教师627人(公办园424人、民办园203人)。有公立医疗卫生单位15家(区人民医院、区中医院、区妇幼保健院、区疾控中心以及峡山口街社区卫生服务中心、10个乡镇卫生院)、民营医院1家(赣西医院),村卫生室196家,执业(助理)医师793名。2021年,启动紧密型县域医共体建设,成立湘东区总医院,湘东区入选2019—2021年创建周期全国基层中医药工作先进单位名单,2023年入选全省中医药综合改革先行区。2024年1月24日,江西省中医药综合改革先行区建设(湘东)现场考核会在湘东召开。2023年,湘东区已备案通过的养老院有14家,未备案养老院1家(峡山口社区嵌入式养老机构),乡镇敬老院10家,公建民营养老机构1家,民营养老机构3家。2023年全区城镇居民人均可支配收入47503元,农村居民人均可支配收入26244元。

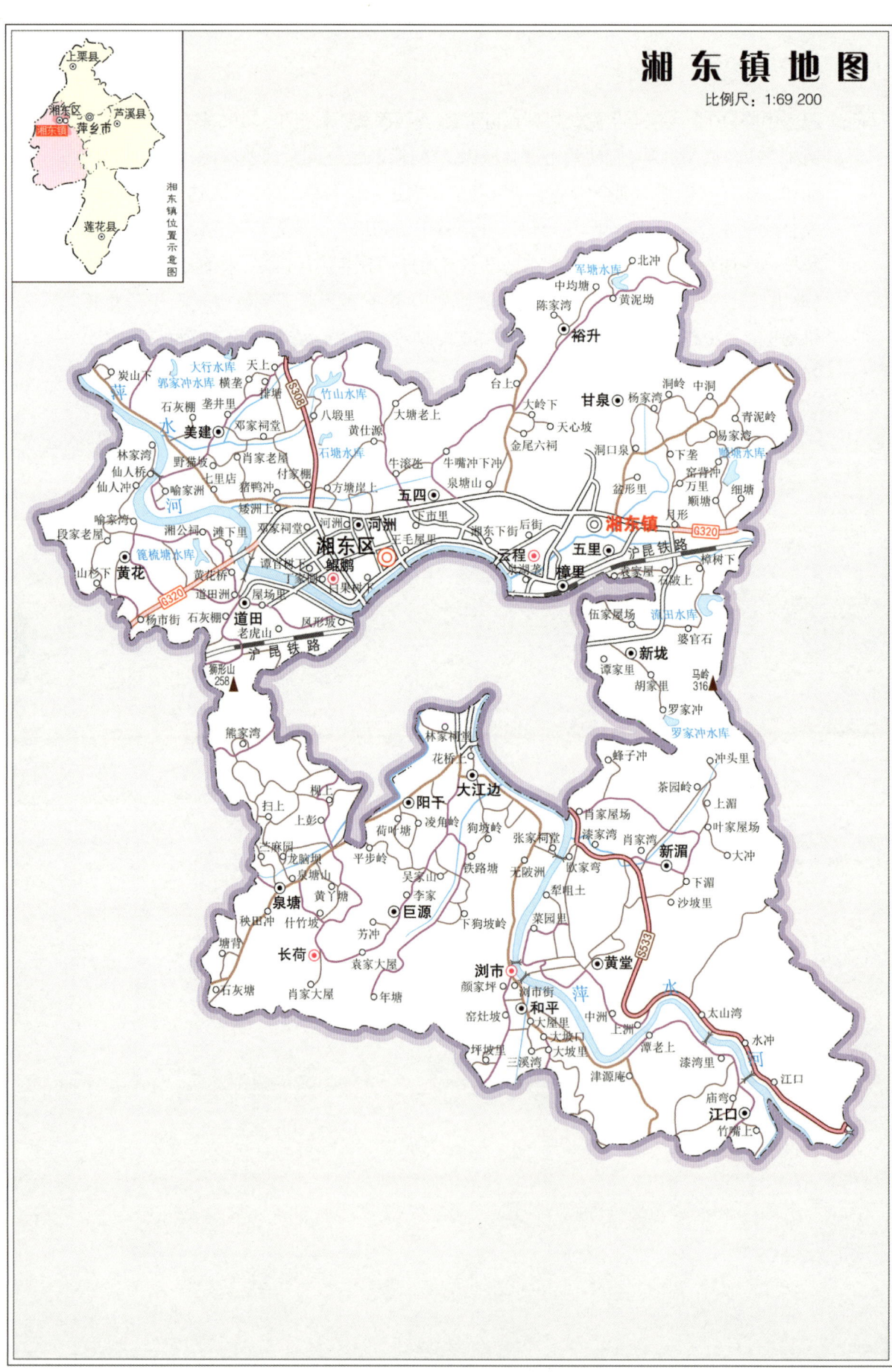

湘东镇

湘东镇地处萍乡市西部、湘东区东北部,东连安源区青山镇,西邻下埠镇、老关镇,南接麻山镇、腊市镇,北与荷尧镇接壤,是湘东区政治、经济、文化中心。2023年,全镇总面积52.3平方千米,耕地面积11.28平方千米。镇政府驻地在樟里村,距离区政府仅3.1千米。

湘东镇历史上因地处湖南省湘江东部而得名。自明洪武二年(1369)起,属萍乡县钦风、归圣乡域地。清光绪十三年(1887),属风鸣、归仁、美俗、鸣盛乡。民国二十四年(1935),湘东街设镇。1950年8月,属萍乡县湘东区,辖巨源、黄堂、河洲、澜潭、砚田、阳干、泉田、樟树8乡和湘东街。1952年,辖萍乡县第九区的澜潭、阳干、黄堂、河洲、砚田、泉田、巨源、樟树8乡,湘东、浏市2街和第十区的黄花、美荷2乡。1957年,属湘东、溪塘2乡。1958年,撤湘东、溪塘2乡设立湘东公社。1962年,湘东公社划分为阳干、大城2社和湘东镇。1966年,大城公社的甘泉、五里、流田、樟里4大队划归为阳干公社,三合公社的裕升、均塘划归为湘东公社。1968年,湘东公社与湘东镇(新街)合并,统称为湘东镇。1971年,将甘泉、五里、樟里、流田等大队合并成立湘东区农科所。1984年,撤所设立泉田乡。1985年,麻山镇江口、诗源村划入湘东镇管辖范围。2003年,泉田乡全部并入湘东镇。湘东镇管辖的新建、日星、新村、新中、砚田5村划出建立峡山口街道。2023年11月,为加强原河洲、道田征拆范围内新建小区管理,鲲鹏社区正式成立。管辖面积1.954平方千米。

2023年,湘东镇辖18个行政村、4个社区,分别是五四村、河洲村、裕升村、美建村、黄花村、道田村、江口村、和平

中帜国际商贸城

村、阳干村、五里村、黄堂村、新湄村、巨源村、新坱村、樟里村、甘泉村、泉塘村、大江村、云程社区、浏市社区、长荷社区、鲲鹏社区。全镇有259个村民小组，20个居民小组，共计20593户，户籍人口74517人，居住人口中以汉族为主。有45个基层党组织，镇党委下设村党委7个，党总支13个，党小组141个，有党员2283人。

境内山川秀美、资源丰富。湘东镇地处萍水河西段沿河平原地带，东南多丘陵，西北为平原，地势由东南向西北渐次倾斜。主要山峰有马岭、狮形山，海拔最高点马岭位于新坱村，高度为316米，海拔最低点许家洲位于美建村，高度为69米。境内森林覆盖率36.99%，有林地面积23.82平方千米，湿地面积3.22平方千米。境内河道属长江流域湘江水系，有大小河流2条，总长23.5千米，流域面积50平方千米，河网密度0.5千米/平方千米，径流总量4.6亿立方米。境内最大河流萍水河从东南向西北经境内谷皮冲、浏市、大江边、峡山口、矮洲上、喻家湾、许家洲流入荷尧，境内长17千米，流域面积36平方千米，年均流量4.1亿立方米，主要支流有麻山河。境内矿产资源丰富，以煤炭、石灰石、白云石、海泡石、陶瓷土、萤石等矿产为主。

境内工业兴旺、商贸繁荣。湘东镇经济以工业和商贸流通为主，20世纪80年代，凭借便捷的水利交通和丰富的煤炭资源等独特区位优势，湘东镇传统产业快速发展，形成了以陶瓷、煤炭、碳酸钙、水泥、化工等传统支柱产业为主的工业结构，是全国有名的工业老牌乡镇。自2007年起，随着市场经济体制改革的深化和煤炭资源的日益枯竭，湘东镇传统支柱产业市场占有率不断萎缩，效益持续下滑。面对这样的形势，湘东镇瞄准工业强镇战略目标，坚持传统产业转型升级和新兴产业加速培育"双轮驱动"。经过十余年的积累和发展，湘东镇工业经济稳健前行，得到了较大提升。2023年，湘东镇形成以陶瓷、创意包装、电子信息、新能源等行业为主的新兴产业格局，其中萍乡市拓源实业有限公司2023年度生产总值近16亿元，先后获评国家级"绿色工厂"、国家高新技术企业和省级企业技术中心，跻身全市民营经济八强。快盒包装、新磁电子项目代表全区参加2023年上半年"工业强市"项目现场交流，综合成绩居全市第二。萍乡市昊磁电子有限公司、萍乡市华雅印务有限公司等10家企业入围全省科技型中小企业名单。萍乡市辉龙包装材料有限公司、萍乡市金刚科技有限责任公司成功入围全市民营企业50强；湘东镇商贸经济更显活力，"东接西进南延北扩"三大产业发展格局不断构建，全镇以320国道经济带为主轴打造产城融合示范带，向东加强与萍乡主城区的联系，向西对接赣湘开放合作试验区，以泉湖新城、中帜汽配城、赣湘示范区电商产业园等项目为主体，逐步形成一个集总部经济、便民服务、商贸流通、三产交易于一体的新型城镇化产城融合示范区。

  境内农业增效、产业多元。2023年，湘东镇有耕地16923.91亩，其中水田12096.53亩、旱土4743.96亩、果木林67.21亩、坑塘水面16.21亩。粮食作物以水稻、玉米为主，经济作物主要有油菜、蔬菜、杂粮等。2022年，境内整合推进河洲、黄花、美建和五四等村千亩油茶基地建设，实现千亩农业产业破"零"发展。2023年，完成耕地恢复任务490余亩，整治抛荒撂荒1000余亩，完成制种2000余亩，水稻种植5600余亩，严守耕地红线，保障粮食安全；畜牧业以饲养生猪、羊为主，境内规模养殖场有12家；全镇水利设施完善，有小（2）型水库9座，山塘16口。2022年，完成高标准农田建设2000余亩，维修加固、清淤扩容山塘16口。2023年，全面摸排全镇农田灌溉"五小"工程，完成河洲、阳干等村5口山塘维修加固、谷皮冲电站大坝闸门维修改造和黄堂和平电站大坝除险加固，全镇农业生产条件进一步优化；特色产业发展助推乡村振兴提质增效，湘东镇坚持夯基础、兴产业，着力打造萍水河沿线乡村振兴示范带。推动全镇农文旅进一步融合发展，因地制宜发展黄堂"一米菜园""杂基鱼塘"等农旅项目，修缮浏市商贸古街，延续萍水河畔文脉，依托零799艺术区，建成以三石竹艺中心、艺·江源研学空间、乡创中心、庐夏集工坊街等文旅项目为主要载体的"烟雨江口·艺术美村"景区，江口景区累计接待游客10万余人次，顺利迎接2023年江西省旅游产业发展大会现场观摩和全省抓党建促乡村振兴观摩，成功获评江西省乡村振兴模范党组织和乡村振兴村级实践交流基地等多项荣誉；坚持因地制宜发展乡村特色产业，巨源村黄蜀葵种植产业、新坵村梅花鹿养殖产业、新湄千头黑山羊养殖基地等"一村一品"特色产业格局不断形成。2022年全镇脱贫户、监测户年人均纯收入达20238.19元，1021户1314名农村低保对象实现应保尽保，其中脱贫人口占6.08%。2023年，全镇有脱贫户34户111人，监测对象17户59人。2023年，全镇年收入50万元以上经济强村增加到5个，全镇脱贫攻坚成果持续巩固。

  境内交通便利，设施完备。湘东镇形成东进西出、南联北接、四通八达的路网布局：全镇以320国道为中心，往南接绕城东环路，连通省一级公路S533，直至萍麻公路；

往北接昌金高速挂线,对接沪昆高速;往西接莲易高速公路,通长株潭地区省主干道;东连沪瑞高速公路,浙赣电气铁路复线纵穿而过,距离萍乡城区仅12千米。2006年,境内实现水泥路村村通。2017年,境内主干道全部铺上了沥青。2023年,湘东镇辖区内一级公路道路总长15.5千米,县道总长22.5千米,乡道全长66.7千米,均为沥青路面。开通公交路线8条,客运车辆24辆,日发客运汽车160余班次,日均客运量1600余人次,全镇城乡路网全面贯通。

境内基础设施完善齐备。通信网络信号覆盖率100%,家庭通电率100%。2019年,全镇完成29个新农村建设点建设改造,推进村社区"七改三网"建设,硬化道路37.2千米,改房260户,改厕320户,建设休闲活动场所18个。2019—2023年,推动知雅苑、妇保、粮食局、华远等50个老旧小区改造提升,全镇城乡面貌焕然一新。2022年,完成各村(社区)医保报销直通窗口设置,推动医保经办服务全面下沉至村(社区)一线。2023年,完成全镇22个村(社区)老年人活动服务场所建设和镇敬老院改造提升,进一步提升了全镇养老承载力和服务水平,人民群众的获得感、幸福感、安全感越来越充实,越来越有保障。

境内教育、卫生、科学、体育、精神文明建设等社会事业蓬勃发展。教育方面,2023年,湘东镇有中学1所,在校学生2149人,专任教师145人。小学14所,在校学生4108人,专任教师292人。公办幼儿园8所,在园幼儿553人,专任教师44人(含合同制幼师36人),民办幼儿园5所,在园幼儿920人,专任教师61人。医疗方面,境内有区人民医院、区妇幼保健院等2家区级医院,1家卫生院。文化体育方面,境内有群众文化体育活动中心1座,占地面积427.41平方米,建筑面积3066.11平方米,内设图书馆、健身活动室、老年活动中心、室外风雨篮球场等设施。建设了1个镇文化站和22个村(社区)综合文化服务中心。镇域内新时代文明实践体系构建完善,有镇级新时代文明实践所1个和村(社区)级新时代文明实践站22个,针对群众的需求,突出服务群众功能,指导志愿队伍全面开展理论宣讲、文化活动、科普宣传、健康体育等新时代文明实践活动。2023年,镇新时代文明实践所获评2022年度江西省五星级新时代文明实践所,江口村新时代文明实践站获评江西省五星级新时代文明实践站。在医疗卫生方面,全力推进线上线下医社保服务办理,2023年,在20个村(社区)设立了医保经办窗口,累计报销90余万元,发放城乡最低生活保障资金2174.4万元,发放特困人员、残疾人员、高龄老人补助460余万元,惠及5.4万人次。

境内旅游资源丰富、民俗文化多彩。烟雨江口·艺术美村景区拥有得天独厚的自然风光和丰富的文化底蕴,核心项目众多,依托零799艺术区,建设江口会客厅、庐夏工坊街、三石竹艺博物馆、艺·江源研学空间、露营公园、花卉苗圃基地等项目,打造一个集观光、休闲、娱乐于一体的综合性旅游胜地。浏市是几代湘东儿女的"乡愁",自古就有"浏市八景",即浮桥、石坝、庙宇、古樟、石板街、筒车、码头、九十伙里。古街的历史可以追溯到宋代,是重要的物资集散地和交易中心,素有"小南京"之称,街道两旁曾有商号300余家,保留了优良的商贸文化和传统风俗。2020年,湘东区启动浏市古街保护发展项目,对古民居、古建筑进行保护、提升、改造和修缮,重塑浏市古街历史上繁华昌盛的商业村落景象。经改造,古街已被列为区级文物保护单位。湘东镇民俗文化丰富多彩,旱龙船、傩文化、划龙舟等有着深厚的文化内涵。其中旱龙舟又称"干龙船",从清朝乾隆年间传承发展至今已有近200年历史,在整个萍乡市,为湘东镇五四村所独有,是湘东镇民俗的一大特色。2013年,五四旱龙舟被列入江西省第四批省级非物质文化遗产名录。划旱龙船阵容庞大,由90~120人的旱龙船领队、司仪、龙船队和文艺表演队等组成,在端午祭拜后到人气聚集的场所巡游表演,浩浩荡荡的划旱龙船队伍上街,分为数个方阵,以划船方阵为中心,高跷秧歌、地秧歌、七仙女、渔郎、河蚌精等演出方阵依次分布,汉子们一前一后有节奏地挥动"船桨",双脚站在中间空着的旱龙船中央,手划脚移,似水龙船破浪前行。节目内容精彩纷呈,表达了民众祈求来年风调雨顺、五谷丰登,祈福国泰民安的美好心愿,深受当地群众喜爱。

湘东镇是一方红色革命热土。1944年6月—9月,侵华日军先后两次由浏醴犯萍,驻萍国民革命军陆军第五十八、七十二、九十九军等奉命在湘东地区阻击,湘东民众奋起支前,给日寇以沉重打击,迫其撤退。在激战中,以身殉国者达数百人,忠骨抛露荒野,惨不忍睹。1944年冬天,七十二军军长傅翼提议,经江西省政府批准,在湘东云程岭顶峰修建"抗日阵亡将士骸骨塔",收殓在战斗中阵亡的军民骨骸。1992年由区政府进行了原貌重修,重修后的"抗日阵亡将士骸骨塔"成为湘东的爱国主义教育基地。在革命战争年代,湘东镇还涌现出黄钟杰(中国近代民主革命家、中国同盟会会员)、吴湘昭、钟邦武、叶正良等一批革命烈士。

2023年,湘东镇有工业企业91家,其中规模以上工业企业28家、省级专精特新企业4家、省"两化融合"企业1家、高新技术产业企业11家,产值占规上工业总产值的67%;战略性新兴产业企业10家,产值占规上工业总产值的58.64%。完成规模以上工业生产总值46亿元,完成固定资产投资17.16亿元,完成财政总收入2.54亿元。先后获第六届江西省文明村镇、江西省公共机构节约能源资源示范单位(第二批)、2018—2021年度萍乡市信访安全稳定先进乡镇、2020—2021年度萍乡市安全生产和应急管理工作先进单位、萍乡市乡村治理先进乡镇、2022—2023年度萍乡市统计工作先进单位、2022—2023年度萍乡市征兵工作先进单位、萍乡市乡镇"十个一"标准化体系建设先进乡镇等多项荣誉称号。

五四村

村情概况 20世纪50年代初,五四大队男女青年较多,他们多才多艺,时常积极组织并参与民间及上级部门开展的各种文体活动,展现出了年轻人的活力和积极向上的风貌,后因五四大队要归属于"村",因此改名为"五四村"。

五四村位于湘东镇北部,距离区政府1千米,距离镇政府1千米,东邻樟里村,南连峡山口街道、下街居委会,西毗河洲村,北接荷尧镇,村区域面积3平方千米,有人口786户4493人,有11个自然村,分别是方井台、黎家坡、龙形里、火乐冲、牛嘴冲、熊家坪、下市里、杨家祠、樟树山、汪家道、大顺班。全村共有28个姓氏,其中陈、邓、文、李、肖、刘、张、彭、林姓村民人数均超过200。

自然环境与资源 五四村坐落于渌水河畔,村落分布在320国道两旁,属于半丘陵半平原地形,地势北高南低,平地多,交通便利,是远近闻名的蔬菜种植基地,有耕地面积160亩、茶山面积380亩。受地形和水文条件影响,五四村的蔬菜地经常被水淹,在2019年发生了洪涝灾害,此后逐步完善了水利设施,蔬菜每年都获得了良好的收成。

经济概况 五四村主要种植水稻、油菜等,水稻种植面积约50亩,种植户50户;油菜种植面积约100亩,种植户60户。土鸡、土猪皆为家庭散养,未形成养殖规模。村民们的收入主要来源于蔬菜种植和外出务工;村级集体收入主要来源于老街店面和1家纸厂的租金收入。

基础设施 境内交通便利,有国道、县道、乡道各1条,总长度约2.5千米,村内道路"白改黑"工程率达70%。有4个新农村建设点,周边环境优美。村内有路灯

五四村党群服务中心

五四村二王庙

205盏，均为太阳能路灯。燃气管道覆盖率达80%，自来水安装率100%，通信网络信号覆盖率100%。五四村15分钟便民服务生活圈有1所小学、11家超市、2家银行、6个健身场所、1所卫生所、1条商业街等，方便了村民们的生活，提升了村民们的幸福指数。

社会发展 村内有湘东中学和湘东小学，可满足五四村及周边学龄儿童和九年义务教育阶段就学需求。村委会（含新时代文明实践站）占地面积约350平方米，设立文化活动室、科普宣传室、理论宣讲室、健身活动室、市民教育室等功能室，主要用于开展党史学习教育、便民服务、重大节日庆贺等活动。村内有1所卫生计生服务室，为村民提供基本的医疗服务，有117户165人享受了农村低保。全村失地农民保险覆盖率达100%。

特色地情 西河社二王庙位于湘东镇五四村境内，包括庙宇、戏台、圩坪等，总面积共计1000余平方米。二王庙历史悠久，清朝咸丰年间，湘东现地建造了三庙、二王庙、傩神庙等。"文化大革命"期间被拆除。改革开放以后，于1996年由地方知名人士召集民众重建二王、傩神、观音三庙，三庙归一，经各方面协商，简单建成。受当时条件所限，后因土瓦结构基础不牢固，土墙开裂，基础下沉，二王庙于2010年重建，有香首和管理人员100多人。

旱龙舟也叫"干龙船"，是五四村端午节前后由来已久的一大民俗活动。划旱龙船阵容庞大，有演员90~120人，由旱龙船领队、司仪、彩旗组和灯笼组、腰鼓、龙船队等文艺表演队组成。它是民俗文化和艺术文化的融合体，表达了民众祈求来年风调雨顺、五谷丰登、国泰民安的美好心愿，是湘东历史悠久、继承和弘扬民族文化的一项传统民俗活动，是江西众多非物质文化遗产中一颗璀璨的明珠。

河洲村

村情概况 河洲村位于萍水河畔,新中国成立初期属河洲、美荷两个乡,1958年分为湘东公社久星大队和水美大队,1968年两大队合并为湘东镇河洲大队,1984年3月改称"河洲村"。

河洲村地处湘东镇中心地段,是区政府所在地,距离镇政府1.5千米。全村总面积10平方千米,是湘东区最大的行政村,下辖10个村民小组,分别是黄思源、鹭鸶湾、鸟咀岭下、王毛屋场、新庄、白果树下、潭官树下、付家棚、水美、矮洲上。有1727户7727人,常住人口以汉族为主。全村共有49个姓氏,其中邓、彭姓人数均超过3100。

自然环境与资源 河洲村属半山地半平原地形,地势北高南低,北部多为山地,森林资源丰富,南部有萍水河自东向西穿过,沿河地带土地肥沃,主要以蔬菜种植为主。近年来,经过沿河两岸的开发,风景秀丽,景色宜人。

经济概况 河洲村农业产业以种植时令蔬菜、水稻、油菜、油茶、红薯等为主。2022年新引进油茶种植项目,种植面积约400亩。2023年蔬菜种植面积约400亩,水稻种植面积约160亩,油菜种植面积约38亩。工业以劳动密集型的轻工业为主,有萍乡市湘东区利好服饰制衣厂、萍乡市尼可莉内衣有限公司等。河洲村商贸繁荣,村内有商铺200余户,其中大型商超3家、大型农贸市场1家、餐饮30余家,还有电器、家具、诊所、美容美发、五金、水电安装、汽车修理、建材等店铺,门类齐全。

基础设施 河洲村交通便利,道路路网发达。境内有320国道、昌盛大道,沪昆高速湖南至萍乡第一出口从村经过,村内所有道路均为沥青路面,主要干道全部安装了

河洲村

太阳能路灯。通信网络信号覆盖率和宽带网络使用率均为100%。有便捷的物流服务，物流包裹配送点11家。村内接入燃气管道，覆盖率为98%，村民日常做饭烧水使用的能源主要为燃气和电能。村内接入自来水，覆盖率为100%。石塘水库、大沙塘、长塘等具有水利灌溉功能的山塘有12口，主要采用沟渠引水，可灌溉耕地200余亩。

河洲村旱龙船表演活动

社会发展 村内有河洲小学，可满足河洲本村及周边小区适龄儿童就学需求。文化活动场所占地面积约1400平方米，村委会（含党群服务中心）约100平方米、新时代文明实践站约300平方米、老体协活动中心约500平方米、庙宇约500平方米。其中新时代文明实践站采取"一站多室"形式建设，共设立5个集中活动室，包含理论宣讲、市民教育、科普宣传、文化活动、健身体育5个功能区域，为群众提供了一个良好的学习、娱乐场所。村内有1所区级综合医院、3所卫生所，服务范围辐射到整个村及周边村镇。2023年度农村医保参保率100%。有4120人被纳入失地农民保险。有129人被纳入城镇低保，有48人被纳入农村低保。

特色地情 河洲村景秀庙建于1938年，是庙貌保存较为完整的一座古庙。

河洲村有赛龙舟的习俗，并传承已久。有一支训练有素的龙舟队伍，曾多次参加龙舟赛，2017年获得了大江网媒体的采访报道。

裕升村

村情概况 裕升村新中国成立初期属长平区溪塘乡，1958年为湘东公社裕升大队，1968年合并到湘东镇五四大队。1987年从五四大队拆分出来，仍为裕升大队。后因五四大队要归属于"村"，因此改名为裕升村。

裕升村位于湘东镇东北角，北与青山镇相连，东邻甘泉村，南邻五四村，西与荷尧镇沙溪、双福两村接壤，全村总面积4平方千米，共12个村民小组，有441户2041人，其中男性1096人,女性945人。下辖8个自然村,分别是陈家湾、李家湾、金尾六祠、肖家湾、台上、易家园、上均塘、彭家湾。裕升村共有19个姓氏,其中陈、肖、文、周、李等姓氏的村民人数均超过100。

自然环境与资源 裕升村属半丘陵半山地形,地势北高南低,呈现纵向狭长态势。石灰石矿产资源较为丰富。林地面积为130公顷,绿化率达60%,林业资源主要有香樟树、杉树等,面积约300亩,其中经济林柚子树30亩。

经济概况 裕升村以农业为主,主要种植水稻和油菜,水稻种植面积约200亩,种植户约300户;油菜种植面积约100亩,种植户约76户。养殖土鸡、山羊、鸭子、生猪等,皆为家庭散养,其中生猪养殖数量较大的有8户,年出栏600头。工业方面,有3家水泥厂、2家建材厂,年产值在5000万元左右。2022年,裕升村集体经济收入为20.8万元。

基础设施 裕升村庄道路网基本形成,交通较为便利。152乡道穿村而过,村内道路长5千米,路宽3~6.5米,全部为沥青路面。村内有路灯210盏,均为太阳能路灯。村民日常做饭烧水使用的能源主要为电能和液化气,少数家庭使用蜂窝煤。村民生活用水主要为自来水与深井水,全村铺设自来水管道约8500米,基本满足了全村村民日常生活用水需求。有小(2)型水库1座、水利灌溉功能山塘8口,主要采用沟渠引水,可直流灌溉耕地280余亩。2022年,成功申报1个新农村建设点,获批30万元项目资金用于肖家湾新农村建设改造,村容村貌得到有效提升。

社会发展 裕升村文化活动场所占地面积2896平方米,其中村委会(含党群服务

裕升村灵泉寺

中心）占地面积约600平方米、新时代文明实践站占地面积约200平方米、文化健身广场占地面积约1100平方米、庙宇占地面积996平方米。其中裕升村新时代文明实践站采取"一室多区"形式建设，共设立4个集中活动室，包含理论宣讲室、文化活动室、科技科普室、健身体育室等7个功能区域。村内建有1所卫生室，村委会为村民提供代缴医保服务，2022年度农村医保参保率达100%。

特色地情 灵泉寺（现为均塘庵），位于江西省萍乡市湘东镇裕升村上均塘10组，始建于唐朝末年，宋朝初期到明正统时期重建。景泰元年（1450）修，后经清顺治十五年（1658）重修，康熙四十四年（1705）修，乾隆三十六年（1771）重修，当时还保存了寺院108间、48个天星（天井）。2000年申水生老人自发组织当地村民对寺院进行大面积重修，2010年释灵根又对寺院进行了重建整修，现由释智明与当地民间组织人员看院管理。

美建村

村情概况 美建村在新中国成立前属美昭区美俗乡管辖，新中国成立后，经济恢复时期开展了土地改革，成立了互助合作社，经历了初级社至高级社的转变。1958年成立了生产大队，辖19个生产队，属于湘东人民公社管辖。1983年撤社建镇，1984年3月定称"美建村"，名称是由本村贤人罗明贵提出，时任农协主任和大队领导的彭德荣、邓光全、杨宏奇、张启贵等开会决定，取其建设鱼米之乡之意。

美建村位于湘东镇北端，东南接河洲村，西为萍水河，北邻荷尧镇，面积6平方千米，其中耕地面积1901亩、林地面积4624亩。下设13个自然村，分别是八段里、浮塘、虎塘、横垅、新塘、台上、野猫坡、仙人桥、喻家洲、许家洲、郭家、小坑、安全。共有25个村民小组，9个党小组，人口4768人，1071户。村民均为汉族，共27个姓氏，以彭姓为主。2019年5月起连续荣获省区市文明村镇，2020年11月入选第六届全国文明村镇。

自然环境与资源 美建村水土资源丰富。属于丘陵地形，耕地面积1901亩，林地面积4624亩，树木种类繁多，有杉木、香樟、八月桂花、毛竹、油茶树等近3千亩，红心柚、蜜橘、黄花梨、杨梅等近1千亩。姚大公路旁边有一棵近500年树龄的香樟树，是美建村的航标，已经挂牌保护，横垅自然村有一棵近100年树龄的香樟树也已经挂牌保护。

经济概况 美建村主要种植水稻、油茶、油菜、红薯、葡萄，养殖龙虾、土鸡、羊、鸽子、蜜蜂等。2023年,水稻种植面积1000余亩,流转给大户种植;油菜种植面积400余亩;黑山羊养殖1户,年末存栏62头,全年出栏108头;土鸡、羊、鸽子、蜜蜂等皆为家庭散养,未形成规模。20世纪90年代随着经济体制改革的深化,村办企业改制,随之而来的是个体私人企业的兴起和发展,目前个体私人企业主要有五金制品厂、鞋面厂、包装厂、打米厂等。美建村商贸繁荣,每月有5次赶集。村里有中型商超5家、小卖部17家、餐饮店3家,还有电器、家具、移动电信、诊所、美容美发、五金、水电安装、汽车修理、建材等店铺。2023年,美建村集体经济收入达28.3万元。

基础设施　美建村道路四通八达,308省道、沪昆高速挂线贯通东南西北,村部之间主干道纵横交错,交通非常便利。20世纪50年代建设了4座中小(2)型水库,即郭家冲水库、社教水库、大行水库、竹山水库,70年代修建了喻家洲拦河坝,安装了水轮机,结束了筒车的历史,保障了农田的基本灌溉,农业生产得到发展,粮食产量逐步提高。2017年,美建村从沪瑞湘东出口挂线可视范围内共安排了8个点连片打造,其中横垅自然村被列为全区新农村建设示范点。2018年至2023年又先后打造了大坡里、仙人桥、台上、安全等6个新农村建设点。村内路灯实现全覆盖,通信网络信号覆盖率100%,村内有移动、电信、联通营业厅和邮政物流配送点。美建村小学位于村中心地带,卫生室和昌盛药房位于村境内人口密集的场所。美建村家庭通电率100%。村民日常生活使用的能源主要为液化气和电能。自来水实现户户通。

社会发展　美建村有蓝精灵幼儿园和美建小学,可满足本村学龄前儿童和适龄儿

美建村横垅牌坊

美建村油菜基地

童就学需求。美建村文化活动场所包括村委会（含党群服务中心）占地面积约200平方米、新时代文明实践站占地面积约300平方米、文化健身广场占地面积约1679平方米。美建村新时代文明实践站采取"一室多区"形式建设，内设有学雷锋志愿者服务站、图书阅览室、书画室、关爱未成年人活动中心等多个功能室。实践站外部有5个主题文化广场，设有200余平方米的文化墙和好人墙，集中展示历年来评选出来的少年之星、好支书、好媳妇、好党员等先进人物，有"社会主义核心价值观""优秀传统美德""移风易俗"版面多幅。村内建有2所卫生所（室），服务范围覆盖全村。村内有79户113人享受农村低保。村内有路灯100余盏，均为太阳能路灯，人居环境较好。

特色地情 村内有孚塘龙王宫一座，每年开展宗教文化活动。逢年过节，辛勤的美建人会表演祖辈传承下来的龙舟、茶灯、舞龙灯等绝活，这些都是集彩灯、歌舞、戏曲于一体的表演艺术，充分展示了民间传统文化独特的魅力和风采，寓意新的一年中，家家户户都能风调雨顺、吉祥发财。

黄花村

村情概况 黄花村新中国成立初期为美昭区黄花乡，1958年为湘东公社黄花大队，1968年与道田大队合并为湘东镇红花大队，1972年与道田大队分开，仍叫黄花大队，1984年3月改称"黄花村"。

黄花村村委会

黄花村地处湘东镇西端,320国道贯穿而过,东与道田村唇齿相依,南与下埠镇长春村山水相连,西与老关镇檀梓村、前进村依山为邻,北与河洲村、美建村隔河相望。全村区域面积3.7平方千米,共有9个自然村,分别是祠堂坳上、大塘岸上、段家老屋、林家湾、滩下里、土田里、西山塘、仙人桥、油榨里。全村共有13个村民小组,有601户2648人,常住人口1937人。全村共有62个姓氏,其中人口较多的姓氏有吴、段、李、林、张等。

自然环境与资源　黄花村属半丘陵半山地地形,地势北低南高,村庄地势坡度变化大,平地少,呈现纵向狭长态势,村内有萍水河支流自东向西穿村而过。石灰石矿产资源较为丰富。有耕地面积820亩,林地面积2028亩,主要为油茶林、杉树林和樟树林。受地形和水文条件影响,黄花村历史上洪灾频发,2012年以来未出现造成人员伤亡和严重财产损失的洪灾。

经济概况　黄花村主要种植水稻、油茶、油菜、红薯,养殖土鸡、羊、鱼等,其中茶油、土鸡、谷酒是黄花村的三大特色。2023年,村内水稻种植面积约500亩,种植户360户;油菜种植面积约300亩,种植户280户。2023年新引进水稻制种项目,种植面积110亩。土鸡、鸭、羊等皆为家庭散养,未形成规模。工业以劳动密集型产业为主,如萍乡市众大高新材料有限责任公司。黄花村商贸繁荣,每月逢四、九赶集。村内集镇全长60余米,有商铺10余户,其中商超2家、小卖部3家、餐饮店1家、诊所1家、汽车修理店3家。村集体经济收入主要靠资产租赁和资源性资产发包、流转,2022年、2023年村级集体经济年收入均超过20万元。

基础设施　村内道路网基本形成,交通便利。320国道贯穿而过,均为沥青路面。村内道路约5.2千米,生活道路约4.1千米,路宽3.5~6米,主要为水泥、沥青路

黄花小学

面。兼具生产生活功能的集镇段长约0.2千米。村内有路灯260盏,均为太阳能路灯。建有垃圾分类站13个。通信网络信号覆盖率100%,宽带网络使用率约95%,有线电视使用率100%。村内有邮政物流配送点。有变电器13台,总功率5000千瓦,家庭通电率100%。村内燃气管道覆盖率达95%,村民日常生活使用的能源主要为电能和燃气,铺设自来水管道约1.3万米。有中型水库1座、具有水利灌溉功能的山塘15口,主要采用沟渠引水,可灌溉耕地600余亩。2022年,成功申报1个新农村建设点,获批30万元项目资金,用于长塘新农村建设改造。

社会发展　黄花村建有黄花小学,可满足黄花村及周边村庄义务教育阶段的儿童就学需求,适龄儿童入学率100%。文化活动场所包括村委会(含党群服务中心)占地面积约450平方米、新时代文明实践站占地面积约200平方米、文化健身广场占地面积约450平方米、庙宇占地面积约700平方米。黄花村新时代文明实践站采取"一室多区"的布局建设,内设有学雷锋志愿者服务站、文化活动室、科普活动室等多个功能室。村内建有1所卫生所(室),接诊率较高,服务范围辐射到全村。村委会为村民提供代缴医保服务,2023年度农村医保参保率达100%。

特色地情　黄花村傩神庙始建于1991年,庙貌崇隆,是萍乡地区保存较为完整的一座中大面积傩庙。

简继芳墓。简继芳,字庆源,江西萍乡人。年幼时才智出众,13岁童子试,萍乡知县杨自治见而奇之,称为昆山牛玉。明穆宗隆庆元年(1567)举人,神宗万历五年(1577)第三甲第193名进士,累官云南按察副使。简继芳墓位于湘东镇黄花村喻家湾

黄花村傩神庙

西北"人形"山上,是萍乡市文物保护单位。墓冢直径2.9米,高1.7米,为内弧十级螺纹堆,四面是由桐油、砂石、石灰筑成的2米高的墓围,围墙外面是三沙筑成的挑水沟,墓围为阶梯递进式,中间最高离地3.5米,墓碑嵌于离地约1米的墓围后方。因为历时久远,上面的字大都被风化剥落,只有"辰时士"和"源之墓"几个字还清晰可辨。墓前有石狮、石马、石鹿、石象。

道田村

村情概况 据记载,明末吴耀魁从福建龙岩迁徙至此,因在洲上垦粮田而名稻田洲,后来演变为道田州,以此为村名。新中国成立前属第五区美昭乡,新中国成立初为黄花乡道田村,1958年为湘东公社道田大队,1968年与黄花大队合并为红花大队,1972年与黄花大队拆分开,仍名道田大队,1984年3月更名为湘东镇道田村,一直延续至今。

道田村位于湘东镇西南部,萍水河流经村北,320国道由北向西和沪昆铁路自东向西经过境内。全村区域面积3.5平方千米,辖11个村民小组、6个自然村,分别为峡山口、老虎山、牛水塘、泉水井、财谷冲、黄花桥。全村有407户2170人,常住人口1270人。户籍人口均为汉族。全村共有33个姓氏,其中吴、李、陈等姓人数均超过100人。

自然环境与资源 道田村地处萍水河西段沿河平原地带,地势南高北低,南以狮形山、红旗坳等山岭为屏障,北邻萍水河,地势平坦,属亚热带湿润季风气候,气候温和,四季分明,光照充足,雨量充沛。2017年因湘东区滨河新区建设需要,耕地被征收,只剩下黄花桥自然村45亩农田和少量林地。村内居民住宅呈现狭长态势,主要依主村道两边排列,已建成完善的自来水管道、燃气管道、生活污水处理管道。村内石灰石矿产资源较为丰富。

经济概况 道田村有优质石灰石资源,以此为依托,在改革开放初期拥有水泥、石灰、碳酸钙等行业,经济曾发展红火。近年来因资源不断枯竭及国家产业政策的调整,企业多处于停产状态。2017年土地被征收后,村民可用于种植的土地不多,种植的蔬菜大多是自用,商品蔬菜较少。村民主要在附近工业园区内企业务工。

2022年道田村集体经济年收入为20万元,主要是土地租金收入、劳务派遣收入、服务协调收入等。2022年,依托城区的发展,建设数字经济大厦1座,总占地面积518平方米、建筑面积为3626平方米,5~7层对外出租,盘活闲置道田小学教学楼及场地对外出租,2023年村集体经济收入23.45万元。

基础设施 道田村交通便利,已基本形成以沥青硬化路面为主的乡村道路网络。自来水、燃气全部到户,农电进行了第二次电网改造,给排水功能完备。通信网络信号覆盖率100%,宽带网络使用率约90%,有线电视使用率100%。村内有移动、电信、联通营业厅和邮政物流配送点。完成老虎山、牛水塘、泉水井、财谷冲、黄花桥5个自然

道田村鸟瞰

道田村文化大院

村的新农村建设改造，道田村村容村貌焕然一新。

社会发展 道田村境内有湘东云程学校和湘东区幼儿园第一部，满足了义务教育阶段适龄儿童的就学需求。文化活动场所包括村委会（含党群服务中心）占地面积约60平方米、新时代文明实践站占地面积约300平方米、文化健身广场占地面积约150平方米、庙宇占地面积约380平方米。村新时代文明实践站采取"一室多区"的建设形式，共设立4个集中活动室，包含图书馆、书画室、理论宣讲室等10个功能区域。村内建有1所卫生室，服务范围辐射到全村，村委会为村民提供代缴医保服务，2023年农村医保缴纳率达100%。全村有407户1446人享受失地农民保险，有27户39人享受农村低保，实现城乡居民医保全覆盖。

特色地情 黄花桥龙王庙始建于明永乐七年（1409），清乾隆、嘉庆、光绪年间相续增建，毁于"文化大革命"时期，重建于1988年、1999年、2008年，分别建成戏台、酒楼、念佛堂等供奉龙王、观音等神位，庙宇建筑面积800平方米，庙内存有清乾隆年石香炉一只、民国铸造的大钟一座。

村内原有山峰——猴子石，高数十丈，状似石猴，曾为湘东八景之一。萍乡县志记载："峡山口猴子石，岩洞万千。"古木参天，20世纪60年代因工业的发展而被毁没。村内还有狮形山、海螺石等山峰，雄伟壮观，后也因工业发展而消失。

江口村

村情概况 1949年8月前，江口村属萍乡县四维乡。1950年8月后属麻山区江源乡。1952年为第六区麻山乡。1958年分属麻山公社景星农场和桐田公社诗源大队。1962年属麻山公社江口大队、麻山大队和桐田公社诗源大队。1969年属麻山公社江源大队、麻山大队、新塘大队。1981年，上述三大队各有一部分合并划入湘东镇，称谷陂冲大队。1983年将谷陂冲大队位于萍水河东北岸的谷陂冲、水冲划入黄堂村。

1984年3月更名为湘东镇江口村,一直沿用至今。

江口村地处湘东镇南端,东面和北面均靠萍水河,南与麻山镇接壤,距离湘东10千米,省道S533穿村而过。全村规划面积4.5平方千米。下辖5个村民小组,全村总户数362户,总人口1722人。江口村共有10个自然村,分别为石灰冲、芦下、花园、大屋、庙湾、竹嘴上、江口、七湾、潭老上、津源庵。居住人口以汉族为主。2022年,江口村党总支被评为江西省2022年度乡村振兴模范党组织。村内共有23个姓氏,其中凌、陈、李、杨、易等10个姓氏的村民人数均超过100。

自然环境与资源 江口村山水秀美,清幽雅致。萍水河与麻山河交汇于此,状如鸬鹚之嘴,时常有雾,成"鸬鹚烟雨"美景,与"白鹭栖洲"互相呼应,相映成趣,为"萍水十景"之一。村内属于武功山脉,山林地面积广袤,林地面积3025.23亩,林木绿化覆盖率76%,主要植物有68属180种,乔木、灌木24科98种。2021年5月被评为江西省乡村森林公园。主要的植被有针叶林、常绿阔叶林、针阔混交林、常绿阔叶林和落叶阔叶混交林。常见野生动物有野山猪、獐子、野鸡、鹌鹑、山鹰、野兔。

经济概况 江口主要以发展农业和文旅产业为主。2000年以前,江口煤炭资源丰富,煤矿产业发展兴旺,其中最著名的是上官岭煤矿。随着煤炭产业的衰落,江口村基础设施落后,经济发展跟不上,变成了一个偏远的穷山村。2021年,为打破村级产业发展瓶颈,引领全村村民走出一条强村富民之路,江口村深入探索文旅、农旅产业发展新路径,成立萍乡市江口强村富民综合发展有限公司,吸引村民及社会组织凭资金、资产、资源入股。紧盯"烟雨江口·艺术美村"的目标定位,依托零799艺术区,建成以三石竹艺博物馆、艺江源研学空间、闲来书院、庐夏集工坊街、风雨廊桥、花卉苗木基地、共享民宿、露营基地等产业项目为主要载体的乡村艺术景区,极大丰富了游客"吃住行游购娱"体验,带动了400余位村民在家门口就业,村级集体经济收入实现

江口村鸬鹚烟雨桥

江口村零799艺术区

从5万元到100万元的"翻倍式"增长,顺利迎接了2023年全省旅游产业发展大会现场观摩。

基础设施 江口村交通便利,对外道路通过2019年白改黑道路改造4千米后,现均为沥青路面。村内道路网完善,路宽3.5~5.5米,主要为沥青路面,生活道路约4米宽。建有桥梁3座,2010年建好的江口大桥,解决了全村老百姓的出行难问题。村民日常做饭烧水使用的能源主要为电能和液化气,少数家庭使用蜂窝煤、木柴。村民主要生活用水为自来水。村内有水利灌溉功能的山塘10口,主要采用沟渠引水,可灌溉耕地200余亩。

社会发展 江口村文化活动场所包括村委会(含党群服务中心)占地面积约1050平方米、新时代文明实践站占地面积约200平方米、文化健身广场占地面积约500平方米。江口村新时代文明实践站采取"一室多区"形式建设,内设有学雷锋志愿者服务站、图书阅览室、书画室、关爱未成年人活动中心等多个功能室。2023年,江口村新时代文明实践站被评为江西省五星级文明实践站。村内建有1所卫生所(室),服务范围辐射到全村。村内有859人享受失地农民保险,有56户74人享受农村低保,其中农村类26户,城镇类30户。村内有路灯210盏,均为太阳能路灯。

特色地情 凌氏宗祠。17世纪中叶,凌氏先祖从世界客都梅州出发,辗转赣州、吉安、永兴、炎陵至萍乡,后定居江口。清乾隆二十年(1755)始建江口嘉珍公祠,乾隆末年(1795)复建萍西凌氏宗祠。2009年,宗祠翻新,2019年再度扩建,至今保存了槽门古迹和大段原围墙,扩建后的宗祠分庭院、正厅、侧厅、先祖寝堂、议事厅,占地面积为700多平方米。赣、湘、桂八修族谱,萍乡地区发放奖学金和凌敬维教育基金颁奖仪式多次在此举行,村文艺表演都在这里展现风采,从客都传承下来的凌氏非物质文化遗产竹龙,队伍长期在庭院集训,年年欢天喜地闹元宵。

和平村

村情概况 和平村新中国成立初期属湘东区黄家乡,1957年属湘东乡,1958年为湘东公社和平大队,1965年更名为黄家洲大队,1967年更名为红卫大队,1983年复名为和平大队,1984年3月为湘东镇和平村村民委员会,沿用至今。

和平村位于湘东镇南端,南与腊市镇接壤,东与麻山镇相连,是一个三镇交界的行政村落,区域面积3平方千米。全村分为10个自然村,分别是大坡里、三溪湾、大坡口、大屋里、黄家洲、石桥头、坳咀上、颜家坪、窑灶坡、江家湾。有18个村民小组,有人口

和平村红卫电站

和平村和平小学

626户2678人,其中男性1396人,女性1282人,人口较多的姓氏有黄、颜、江、李、刘、张。

自然环境与资源　和平村地势较为平坦,气候温和,四季分明,村庄地势坡度变化不大,村内居民住宅较为集中。矿藏资源主要以白云石、煤炭为主。林业资源主要有油茶树、柚子树、樟树、杉树等,面积约1200亩,森林覆盖率55%,其中生态公益林120亩,杉树、松树、竹子等杂林620亩,经济林柚子树410亩。

经济概况　和平村以农业为主,主要种植水稻、红薯、玉米和柚子,水田面积680亩。养殖业以养殖土鸡、羊、牛、猪等为主,皆为家庭散养,其中养羊的有3户,养猪的有1户。村内工业方面有集体企业1个,为和平水力发电站,年收入3万元,有茶叶盒厂、鞋面厂、制衣厂等小型加工厂。区农发公司大棚蔬菜基地1个,占地面积187亩,有大小菜棚107个,大棚蔬菜基地村级年收入3万元,带动80位村民就业。

基础设施　和平村道路一半为沥青路面,一半为水泥硬化路面,村庄道路网基本完善,交通较为便利,建有桥梁2座,村内变压器有9台,总功率4000瓦,村民日常做饭烧水使用的能源主要为电能和液化气。2009年全村通自来水,生活用水主要使用自来水。水利灌溉功能山塘3口,主要采用河渠供水。

社会发展　村内有小学1所、新时代文明实践站1个、文化广场1个。其中小学建设于2002年,当时校名为上海隆波第二希望小学,由上海隆波集团资助建校,后面更改为和平小学。学校有教师15人,在校学生113人,配有图书室、美术教室、音乐教室、多媒体教室等多种功能室。新时代文明实践站共设4个集中活动室,包含健身室、阅览室、文化活动室、未成年人活动室等多个功能区域。文化广场占地面积约130平方米,配有1个标准的篮球场。村委会为村民提供代缴医保服务,农村医保缴纳率达99%。2023年村内低保户有153户200人,残疾人15人,脱贫户2户。脱贫工作全部做到"两不愁三保障",没有返贫现象。村内人居环境较好,有路灯400盏,均为太阳能路灯,日常卫生由第三方保洁公司管理。

阳干村

村情概况 阳干村新中国成立初期为湘东区阳干乡,1957年属湘东乡,1958年为集中、金城两个大队,属湘东公社,1968年两个大队合并为阳干大队,属湘东镇,1984年3月称为阳干村,之后村名一直沿用至今。

阳干村村委会

阳干村地处湘东镇中部偏南北侧地带,东靠大江村,南壤巨源村,西邻泉塘村,北接萍乡钢铁厂,距镇政府约6千米。全村面积2.68平方千米,共有8个自然村,分别是荷叶塘、马道里、上彭、朱家屋场、阳家屋场、喻家屋场、林家坊、凌角岭。有人口433户1656人,主要姓氏有彭、刘、谢、贺、肖、邬、晏等,其中彭姓为第一大姓。

自然环境与资源 阳干村属丘陵地形,地势起伏较小,属亚热带湿润季风气候区,四季分明,气候温和,光照充足,霜期短,作物生长期长。村内绿化率达50%,有耕地742.48亩,其中水田占438.79亩,旱地占303.69亩。山林面积为71.1亩,水域面积为39.18亩。

经济概况 阳干村主要种植水稻、油菜、小麦、蔬菜等农作物,2012年为改善粮田抛荒撂荒现象,促进农业增效、农民增收,将全村粮田进行流转,引进种田大户,主要种植两季水稻。有粮田438.79亩,种植早稻312亩、油菜38亩、杂粮88.79亩。村集体经济收入主要靠资产租赁、土地流转收入。2023年,阳干村集体经济收入为21万元。

基础设施 阳干村庄道路网基本形成,交通便利,村内有320国道附线(樟大线)和萍钢公路通过,均为沥青路面。村内生产道路约9千米,生活道路约20千米,路宽3~6米,主要为水泥路面。从2018年起,朱家组、上彭组等6个村民小组先后完成了道路"白改黑"。村内有路灯200余盏,均为太阳能路灯。村内实现了自来水、电、燃气全

阳干村朱家屋场凌塘

覆盖,满足了村民日常生活的基本需求。有荷叶塘、凌塘、担水塘等具有水利灌溉功能的山塘4座,主要采用沟渠引水,可灌溉耕地200余亩。2013年起,全村先后完成7个新农村建设点建设改造,其中朱家屋场新农村建设点是湘东区新农村建设示范点。

社会发展 阳干村文化活动场所占地面积约3990平方米,主要是村委会(含党群服务中心)占地面积约1000平方米、新时代文明实践站占地面积约210平方米、文化服务中心占地面积约780平方米、庙宇占地面积约2000平方米。其中新时代文明实践站采取"一室多区"建设形式,共建立4个集中活动室,包含理论宣讲室、市民教育活动室、文化活动室、健身活动室、未成年人活动室等多个功能区域。村内建有1所卫生室,为村民日常医疗服务提供了极大的便利,村委会为村民提供医保代缴服务,2023年,农村医保缴纳率达100%。村内有低保户39户52人、残疾人39人、脱贫户2户6人。

五里村

村情概况 五里村以境内的五里亭得名。1949年8月前属湘东乡,1950年8月后属湘东区泉田乡。1958年属湘东公社。1962年从湘东公社划出属大城公社。1966年复归湘东公社。1968年属湘东镇。1971年从湘东镇划出,成立湘东区农科所。1986年3月撤销区农科所设立泉田乡,同时设立流田村、五里村。2003年9月泉田乡并入湘东镇,同时流田村并入五里村,之后村名一直沿用至今。

五里村位于湘东镇东部,山清水秀,人杰地灵,交通区位优越,距离镇政府仅1千米。东邻青山镇大城村,南接新坳村,北连甘泉村,西与樟里村接壤。全村管辖面积为5.6平方千米,有18个村民小组,分别是下湾组、五里组、蚂蝗塘组、月形组、万里组、新庄1、2、3组、新塘组、细塘组、顺塘组、樟木桥组、上、下樟树组、石陂上组、上湾组、袁家屋组、刘家屋组。总户数1050户,总人口4298人,人口较多的姓氏有李、邹、钟、周、何、刘、曾姓等。

自然环境与资源　　五里村属半丘陵半山地地形,地势北高南低,村庄地势坡度变化不大,平地多,村内有萍水河支流樟里河自东向西穿村而过。全村绿化率达60%,耕地面积152亩,林地面积为1603亩,占比62.15%,主要为油茶林、松树林、杉树林和樟树林。五里村地理条件优越,洪灾较少,近年来随着水利设施的逐渐完善,能更精准地控制水量排放来应对洪灾。

经济概况　　五里村农业主要种植水稻、油茶、玉米、红薯,养殖土鸡、猪、羊、鸽子、鱼等。2023年,水稻种植面积约82亩,种植户约100户;油菜种植面积约70亩,种植户约85户。养殖业发展规模较大的有湘东区德明养殖场;五里村经济以工业为主。2003年之前,五里村产业发展较少,村级集体经济薄弱。2020年,成立五里村集体经济合作社。五里村工业以劳动密集型的陶瓷产业为主,如萍乡市五星陶瓷有限责任公司、萍乡市启才陶瓷有限公司、江西微纳特电瓷有限公司等,其余企业如萍乡九鼎牧业有限公司、萍乡市佩雅时装有限公司等。五里村商贸繁荣,每月逢三、逢八有大型赶集,村内集镇全长600余米,有商铺200余户,其中商超13家、小卖部20家、餐饮店13家,门类齐全。年营业额达100万元以上商家6家、年营业额达100万元以上商家2家,集镇长期从业人员400余人、临时性从业人员600余人。2023年,五里村集体

五里村村委会

经济收入达30余万元。

基础设施 五里村道路网基本形成,交通便利。320国道以及东环路穿过村庄,均为沥青路面。村内生产道路约7.8千米,生活道路约9.4千米,路宽3.5~5.5米,主要为水泥路面;兼具生产生活功能的集镇段约1.6千米,为沥青路面。有小型桥梁5座、涵洞2口。村内有路灯180盏,均为太阳能路灯。通信网络信号覆盖率100%,宽带网络使用率约90%,有线电视使用率100%。有变电器15台,总功率5200瓦,家庭通电率100%。村内全部接入燃气供村民日常做饭烧水使用。村民主要生活用水全部为自来水,基本满足了全村村民日常生活用水需求。2022年,成功申报1个新农村建设点,获批30万元项目资金,用于细塘自然村新农村建设改造。

社会发展 五里村与邻村樟里村、甘泉村共同建有御泉湾小学,可满足五里村及周边村庄学龄前和义务教育阶段儿童的部分就学需求。文化活动场所占地面积约3750平方米,其中村委会(含党群服务中心)占地面积600余平方米、新时代文明实践站占地面积150余平方米、文化健身广场占地面积1800余平方米、庙宇占地面积1200余平方米。五里村新时代文明实践站采取"一室多区"建设形式,共设立4个集中活动室,包含图书馆、四点半课堂、市民宣讲室等10个功能区域,为群众提供了一个良好的学习娱乐场所。村内建有2所卫生所,服务范围辐射到甘泉、樟里、新垅等周边村庄。村委会为村民提供代缴医保服务,2023年度农村医保缴纳率达100%。五里村有520户860人纳入失地农民保险。2022年打造居家养老服务中心、幸福食堂,为村内老年人提供养老服务;2023年,打造5+2就业之家,为返乡农民工、家庭主妇和大龄待业人员提供就业服务。全村有66户88人被纳入城镇低保,有35户44人被纳入农村低保,

五星村百年樟树

特困人员4人,脱贫户3户。

特色地情 村内有一座姚家洲火车站站台遗址,该遗址位于湘东镇五里村,该站台建于民国时期,为近现代文物,于2012年3月29日被湘东区人民政府公布为第二批区级文物保护单位。光绪二十二年(1896),由于水路运输不便,加之安源煤矿的发展,盛宣怀奏请朝廷同意修筑了从安源到湖南醴陵的铁路,然后又延伸到了株洲。在修筑过程中,中国著名铁路专家詹天佑曾主持修建,并在建设姚家洲车站和湘东大桥时亲自踩水车。1905年12月,萍株铁路终于全线竣工,前后耗时6年多,这是江南最早的一条铁路。株萍铁路的建成,便利了萍乡的交通,促进了萍乡工业经济的发展,同时也带来了社会观念和生产关系的变更。

革命烈士钟邦武(1907—1930),号青松、醉霞、怡谷,男,湘东镇五里村上樟树组人。1923年考入萍乡县立中学,1924年冬加入中国共产主义青年团。1925年春任共青团萍乡特别支部书记。1926年夏转为中共党员,任中共萍乡特别支部书记。1927年2月任萍乡县总工会教育部部长,并参加了国民党萍乡县党部的筹建工作,任执行委员,并任县农民协会执行委员、县总工会工人子弟学校校长、县儿童同乐团团长、县教职员联合会委员等职。萍乡"六五"事变后,被反动派通缉,逃至南昌,在共青团江西省委工作。参加南昌起义后到上海工作,后被国民党特务认出,被捕入狱,先后囚于上海、苏州、杭州。1930年牺牲于杭州监狱。

黄堂村

村情概况 黄堂村由一口名为黄塘的水塘而得名,而后逐渐演变成现在的黄堂。随后在2003年经过村级区域重组,和附近的诗源村合并,形成了现在的黄堂村。

黄堂村位于整个萍水河段的核心位置,辖区面积5平方千米,与烟雨江口村隔水相望,与浏市古街以浮桥相接,东接麻山镇桐田桥,西连新湄村漆家岭。2017年修建完成的533省道穿村而过,距镇政府约7千米。全村下辖9个村民小组,有1206户4943人,居住人口以汉族为主。共有128个姓,以李、吴、刘、黄、陈五大姓氏为主。

自然环境与资源 黄堂村坐落在萍水河畔,依山傍水,民风淳朴,生态宜人,属半丘陵半山地地形,地势东北高西南低,山地地势坡度变化大。黄堂村矿产资源以煤炭为主,资源丰富。黄堂村森林覆盖率达45.56%,林地面积5338亩以樟树林、桉树林、枫树林、松树林为主。村内有一处近2000平方米的大型溶洞,洞内景观奇特。先后获江西省省级石岩湾水生态文明示范村、萍乡市城乡环境先进村等荣誉。

经济概况 黄堂村是一个农业大村,主要经济收入依靠种植水稻、油菜、柑橘、梨子,养殖土鸡、土鸭、鹅、牛羊、鸽子等。2022年,全村水稻种植700余亩,有种植户849户,油菜种植916亩,有种植大户1户。柑橘、梨子等果树种植面积330余亩,果树种植户20户。土鸡、羊、鸽子、蜜蜂等皆为家庭散养,未形成规模。为促进农业生产,增加集体经济收入,黄堂村于2021年成立集体经济合作社,鼓励村民采取资金资产、土地、劳动力等灵活多样的入社或入股方式成立农业发展专业合作社,解决农村劳动力富余的问题,带领村民完成土地流转,增收致富,2023年黄堂村集体经济收入为53.6万元。黄堂村第二产业以煤炭开采和劳动密集型工业为主,煤矿开采曾一度是附近经济发展的支柱行业,目前黄堂村的黄堂煤矿、三丰煤矿两座煤矿已停止运营,仅有红桥煤矿仍在开采运营;劳动密集型产业有强发鞋面加工厂。黄堂村商贸发展繁荣,集市每五天一次,逢农历初一、初六有大型赶集。2021年,建设农贸市场,修建道路,有效带动了商贸消费。目前,村内赶集道路全长600余米,有17家商铺,集镇长期从业人员50余人,临时性从业人员达200余人。

基础设施 黄堂村交通便利,道路网基本形成。全村有2条主干道,长5千米,省道S533、县道X131穿村而过,上接萍乡,下连湘东。村内"白改黑"道路约10千米,兼具生产生活功能的集镇段约1.8千米,为沥青路面。有桥梁5座。村内有路灯500盏,太阳能路灯360盏和电路灯140盏。建有垃圾集中处理中心4个。通信网络信号覆盖率100%,有线电视使用率100%。村内有邮政物流配送点。全村通电率达100%,有变压器15台,总功率6000瓦。村民日常做饭烧水使用的能源主要为电能和液化气。实现全村通自来水。2021—2023年,完成赣煤石岩湾新农村建设点建设,修建了石岩湾广场、文化广场。

黄堂村

黄堂村石岩湾广场

社会发展 黄堂村有2所学校,其中黄堂小学有学生115人,教学班6个,教职工15人。黄堂小学附属幼儿园是一所农村公办幼儿园,辐射黄堂村、和平村、新湄村3个村,有幼儿95人,教职工10人。黄堂村的文化活动场所占地面积约8600平方米,其中村委会(含党群服务中心)占地面积约600平方米、新时代文明实践站占地面积约300平方米、文化健身广场10个占地面积约6000平方米、庙宇3座占地面积约1700平方米。黄堂村新时代文明实践站采取"一室多区"建设形式,共设立6个集中活动室,包含理论宣教室、图书馆、市民教育室、家长学校、未成年人活动室等8个功能区域。村内建有1个卫生所(室),村委会为村民提供代缴医保服务,2023年度农村医保缴纳率达100%。全村共有819户1332人享受了失地农民保险,有脱贫户8户25人,监测户1户1人,低保户64户222人,五保户13人,残疾人95人。

特色地情 黄钟杰(1882—1910),辛亥革命烈士,江西省萍乡市湘东镇黄堂村谷皮冲人。早年加入黄兴领导的华兴会,后转入中国同盟会,任中国同盟会湘赣外务委员。他辗转在萍乡、浏阳、醴陵一带积极组织开展革命活动,四处发动群众,播撒革命火种,并深入煤矿和醴陵清军营中,与那些同情革命的工人、士兵促膝谈心,发展同盟会员100多人。1910年2月,在湘东浏市街头开展宣传工作时被捕,在狱中,他大义凛然,视死如归。4月8日,他在萍乡县城西郊高呼口号,慷慨就义,年仅28岁。1912年冬,黄兴来萍乡,为其题"光昭吴楚"匾额,举行追悼会。后建立黄钟杰烈士墓,黄兴题墓名和墓联,联曰:"一死结成新世纪,万山罗拜此英魂。"新中国成立后,黄钟杰被追认为革命烈士。

黄堂村龙王庙,始建于乾隆六年(1741),距今有280多年的历史,现存有乾隆年间刻碑一块,目前建有大殿、厢房、戏台、广场,主殿供奉东海龙王兄弟,偏殿供奉有观音、关公和本地的福主金龙大王。每年的农历五月二十日是龙王的寿诞日,这天会举办庆寿活动。

黄堂村傩神庙,"傩"起源于我国古代驱鬼逐疫的原始宗教活动仪式,后来演变成兼容祈祷与逐疫、娱神娱人的一种民间艺术形态。黄堂村有一傩神庙,经过整修,展现着昔日的风采,淋漓尽致地展示着"剪恶除凶""护国安邦""降吉纳福"等古傩意蕴。

新湄村

村情概况 新湄村位于湘东镇东南部,西临萍水河,S533穿境而过。全村面积7.6平方千米,距离镇政府8千米。全村下辖13个村民小组,分别是水口山、杉坡里、下湄、大冲、上湄、中湄、冲头、茶家岑、枇杷坳、峰子冲、肖家屋场、漆家湾、欧家屋场。有1099户5136人,其中常住人口3784人。

村内居住人口以汉族为主,共有89个姓氏,其中李、彭、叶、文、刘、欧、张、袁、魏、漆、肖、兰12个姓氏的村民人数均超过100。

自然环境与资源 新湄村坐落于萍水河畔,是个依山傍水、自然环境优美的小乡村,主要矿产资源有白云石、煤炭、瓷泥、石灰石等。村内绿化率达80%,林地面积为2889.40亩,主要植被有针叶林、竹林等。常见野生动物有獐子、野鸡、鹌鹑、山鹰、野兔等。

经济概况 村内以种植水稻、玉米、大豆、西瓜、蔬菜、苗木为主。过去,由于种植结构单一、经济效益低下,大量粮田闲置,严重影响了村集体经济的健康发展。为了改变这一状况,新湄村积极引进罗氏虾养殖基地和牧草种植基地等多个农业项目,盘活闲置旧房,支持村民投资开办水口山生态食府。引进萍乡市农业龙头企业——萍乡市鸿稻农业发展有限公司,采取公司与村经济合作社股份经营的形式,投入1500余万元,新建农事化服务中心,形成了可辐射至湘东区的育秧、水稻实验、稻谷烘干、稻谷仓储等系统化、现代化农业产业。2023年,新湄村集体经济收入达58.7万元。

基础设施 新湄村道路网基本形成,交通较为便利。S533穿过村庄,为方便村民出行,全村推进沥青铺设。村内有路灯300盏,均为太阳能路灯。新建卫生服务中心,为村民提供更好的医疗服务。新湄村村级公墓被评为"绿色殡葬改革先进示范点"。结合当地文化,打造了"廉政八景",包括"清风长廊""诚信桥""忠国爱民""爱莲池"等。因地处萍水河畔这个得天独厚的地理位置,湘东区润泉自来水厂坐落在新湄,全村都通了自来水,湘东城区及周边村庄的自来水都出自新湄。2023年,成功申报1个新农村建设点,获批30万元项目资金用于下湄新农村建设改造。

社会发展 全村文化活动场所占地面积3026平方米,村委会(含党群服务中心)266平方米、新时代文明实践站占地面积240平方米、文化健身广场占地面积1800平方米、居家养老服务中心占地面积120平方米、庙宇占地面积600平方米。其中新湄村新时代文明实践站共设立5个功能室,包含理论宣讲室、市民教育室、文化活动室、科普教育室、健身活动点等多个功能区域。村内建有2所卫生所(室),村委会为村民提供代缴医保服务,2023年度农村医保缴纳率达100%。

新湄村惜字亭

特色地情 村内有一棵古樟树,合围10.6米,冠幅28米,树高25米,旁边建有一座"樟帝庙"。据庙内石香炉记载,樟帝庙始建于西晋永嘉元年(307)。2002年10月,萍乡市文化局将"樟帝庙址和古樟"列为文物保护对象。

惜字亭,始建于清雍正年间,已有200余年历史,曾被毁后,又重新修缮。古人怀着保留当地美好灵气,使新湄村永远兴盛之意建造此亭。清朝时期,本村文人袁澄清为惜字亭作了一首七言绝句《古亭夜月》:"孤亭欹影傍流泉,阅历霜星不计年。几夜月明凭眺望,广寒应许问前缘。"

叶正良(1905—?),湘东镇新湄村人。毕业于南昌鸿声中学。1927年在南昌参加八一起义,任连部政治教员。起义部队在广东潮汕失利后,辗转于苏南、上海、东北三省等地从事革命活动,曾多次被捕,抗战时期就义于哈尔滨。

巨源村

村情概况　巨源村古属萍乡县归圣乡花冲社,自古以来山清水秀,生态优越,是典型的江南鱼米之乡。1958年,巨源煤矿落户巨源村,煤炭开采一度使得这个村庄成为远近闻名的富裕村,新中国成立后取名为巨源村。

巨源村位于湘东镇东南方向,全村面积6平方千米,东与大江村相邻,西至泉塘村,北至阳干村,南至腊市镇。下辖15个村民小组,分别是红砖厂、长坡里、袁家大屋、杉坡里、年塘、熊家山、花冲、易家湾、罗家湾、宋家山、铁路塘、鱼子塘、吴家山、荷叶塘、金线岭。有1050户4326人,其中常住人口2756人,居住人口以汉族为主,全村以肖、曾、吴、何、袁、巫、刘姓为主。

自然环境与资源　巨源村地势东高西低,村庄地势坡度大,平地少,自然环境优美,绿化率达75%。农田面积1290亩,林地面积3000余亩,主要为樟树林、松树林、杉树林,林木资源丰富。1958年,巨源煤矿落户巨源村,经过近60年的地下采矿,生态环境遭到严重破坏。2021年起,巨源村在上级的支持下,对花冲坡和杉坡里废弃矿山片区进行生态修复治理,完成矿山修复面积近1200亩。目前,全村生态环境逐步恢复并持续向好。

经济概况　巨源村主要种植水稻、黄蜀葵、油菜、金南柚等。巨源村流转高标准

巨源村居家养老服务中心

巨源村高标准农田

农田846亩，承包给2个种植大户进行全面制种，种植油菜、水稻。巨源村有2个规模较大的合作社，分别是安祥红金南柚种植专业合作社和泰众黑山羊养殖基地合作社。2022年，为促进农业生产，村"两委"鼓励村民采取资金资产、土地、劳动力投入等灵活多样的方式或入股方式来发展壮大集体经济，有效破解土地抛荒撂荒问题，引进种植大户到巨源村栽种市场热销的樟树港辣椒和黄蜀葵等药材，带动本地劳动力就业38人。2023年，巨源村集体经济收入达53.55万元。

基础设施 巨源村庄道路网基本形成，交通便利。村内主干道均为沥青路面，村内生产道路约8千米，生活道路约30千米，路宽3.5~5.5米。村内路灯实现全覆盖，共计安装314盏，均为太阳能路灯。通信网络信号覆盖率为100%，宽带网络使用率约90%，有线电视使用率为100%。村内有邮政物流。村民日常做饭烧水使用的能源主要为电能和液化气，村内10—15组村民使用燃气。村民生活用水主要为自来水，供水保障率为100%。2021年，巨源完成易家湾至公益性公墓道路硬化1860平方米，完成荷叶塘老旧小区升级改造，完成道路"白改黑"6200平方米。建立了文化休闲广场，道路两旁进行了绿化、亮化、美化，基本消除了巨源村脏乱差的现象。2022年，把一百多穴坟墓全部迁往公墓或立改卧，解决了几十年来"乱坟岗"的问题。2022—2023年，完成巨源村石咀岭、红砖厂和罗家湾新农村等省级新农村建设点建设改造，新建一个生态停车场300平方米。

社会发展 村内有居家养老服务中心1个，位于巨源村红砖厂，占地面积240平方米，以村带社区的形式，为巨源村、长荷社区的老人、未成年人提供服务。巨源村原有集小学和附属幼儿园于一体的巨源小学，占地面积800平方米，因生源减少，在2023年撤并。文化活动场所占地面积约4640平方米，其中村委会（含党群服务中心）占地面积约480平方米、新时代文明实践站占地面积约200平方米、文化健身广场占地面积约3600平方米、居家养老服务中心占地面积240平方米、农家书屋占地面积120平方米。其中巨源村新时代文明实践站采取"一室多区"建设形式,共设立4个集中活动室,包含理论宣讲室、未成年人活动室、科普宣传室等7个功能区域。村内建有2所卫生所(室),农村医保缴纳率达100%。村内有吴家山舞蹈队、巨源村腰鼓队、爱心志愿服务人员有45人,定期开展文艺活动。村内卫生打扫和垃圾处理主要采取"村内聘请+公司承包"模式,各村民聚居点均配备垃圾收集设备,村内环境干净整洁。全村有农村低保人员98户136人,城镇低保人员86户131人,脱贫户3户8人,监测户3户10人。

特色地情 村内有3座寺庙:二王庙、周塘庙、释音寺,分别位于红砖厂、吴家山、什竹坡。二王庙是一座庙貌保存较为完整的古庙,初建于花冲简家坡口(后改名为庙冲口),后又迁建在巨源钩形湾上水龙形头上。

新垅村

村情概况 新中国成立初期,新垅村分属樟树乡、澜潭乡,1953年属澜潭乡,1957年属湘东乡,1958年为湘东公社新垅大队,1968年合并到新村大队,1971年又从新村分离出来,还叫新垅大队,1984年称湘东镇新垅村。

新垅村地处湘东镇东部,东邻青山镇、马岭村,南靠新中村,西壤新村村,北接萍乡铝厂,全村面积2.8平方千米,东环路穿境而过,交通便利。下辖14个村民小组,分别是罗家冲、马岭、廖家里、新屋里、袁树坡、刘家屋里、上谭家里、下谭家里、伍家屋场、缪家里、沙龙坡、胡家里、婆观石、刘家老屋,有676户2199人,全部为汉族。全村共有26个姓氏,以刘、谭、廖姓为主。

自然环境与资源 新垅村属丘陵地形,地势高,四季分明,光照充足,雨量充沛。匣泥、硅藻土较为丰富。耕地面积700余亩,山岭面积2000余亩,主要有油茶林、果树林、杉树林和樟树林。

经济概况 新垅村农业以种植水稻、油菜为主。2023年,水稻种植面积约433.5亩,种植户约467户;油菜种植面积约200亩,种植户约40户。养殖业以养殖土鸡、土猪、黑山羊、鸭、狗、蜜蜂等为主,其中土猪、鸭、狗均有规模养殖,土鸡、黑山羊、蜜蜂等皆为家庭散养。2023年引进梅花鹿特色养殖产业,梅花鹿养殖户1户,年末存栏60

新坽村村委会

头,全年出栏30头。工业以劳动密集型的轻工业为主,规模较大的有萍乡市湘东凤发印刷厂。该厂位于新坽村沙龙坡组,主营印刷生产销售,有固定员工40余人,带动村内劳动力10余人就业。村集体经济收入主要靠新坽小学出租、橘子园出租、水库出租、资源性资产发包等。

基础设施 新坽村庄道路网基本形成,交通较为便利。刘家屋里、上谭家里、胡家里3个村组道路均为沥青路面。村内生产道路长约2.3千米,生活道路长约10千米,路宽3.5米,村主干道主要为水泥路面。村内有路灯100盏,均为太阳能路灯。建有垃圾集中处理中心1个。通信网络信号覆盖率100%,宽带网络使用率100%,有线电视使用率100%。有变电器8台,家庭通电率100%。村民日常做饭烧水使用的能源主要为电能和液化气。村民主要生活用水为自来水,每家每户都安装了自来水蓄水池,铺设自来水管道9千米,少数组使用深井水,满足村民日常生活用水需求。罗家冲水库、新塘水库具有水利灌溉功能,主要采用沟渠引水,可灌溉耕地200余亩。2019年,成功申报1个新农村建设点,获批30万元项目资金,用于胡家里新农村建设改造。

社会发展 新坽村建有文化活动场所,占地面积约5270平方米,村委会(含党群服务中心)占地面积约320平方米、新时代文明实践站占地面积约50平方米、文化健身广场占地面积约4000平方米、圣和寺占地面积约900平方米。其中新坽村新时代文明实践站采取"一室多区"建设形式,共设立多个集中活动室,包含图书室、理论宣讲室、市民宣讲室等10个功能区域。村内建有1所卫生室,村委会为村民提供代缴医保服务,2023年度农村医保缴纳率为100%。2023年,全村有450户享受了失地农民保险,有51户62人被纳入农村低保、20户29人被纳入城镇低保,有9户9人被纳入特困。

樟里村

村情概况　1949年8月前属湘东乡；1950年8月后属湘东区泉田乡；1958年属湘东公社；1962年从湘东公社划出属大城公社；1966年复归湘东公社；1968年属湘东镇；1971年从湘东镇划出，成立湘东区农科所，大队撤销；1986年3月撤销区农科所设立泉田乡，为樟里村；2003年9月泉田乡并入湘东镇，仍名樟里村，以境内有一大樟树而得名。

樟里村位于湘东镇中部，驻泉湖垅湘泉东路中段南侧。东接五里村，南邻峡山口街道新村居委会，西毗五四村，北接甘泉村。全村总面积5.6平方千米，森林面积1127亩，耕地面积60亩，全村共有835户，4000余人，流动人口逾万，共设立村民小组17个，分别为仓冲组、泉垅组、前进组、樟江组、桥边组、街口组、后街组、远大组、李家屋组、沙里组、沙坡组、黄土圾组、发油区组、凉伞组、上盆形组、下盆形组、枫树组。

全村共有60余个姓氏，其中刘、李、周、肖、张为樟里村大姓，总人数超过2000。

自然环境与资源　樟里村地形整体呈不规则菱形，地势南低北高，北、西、南三面有小山，中间平坦，植被种类丰富。但由于支持政府城市建设，村内林地面积仅约0.5平方千米。受地形和水文条件影响，樟里村于2019年暴发过一次洪灾，但未造成人员伤亡和严重财产损失。

经济概况　2005年以前，樟里村民大多务农或外出务工。后随着政府规划和城镇化发展，樟里村引进了很多劳动密集型的轻工业企业，如萍乡市金利包装有限公司、萍乡市时代工艺包装有限公司、萍乡市佩雅时装有限公司、江西天涯种业有限公

樟里村黄土圾组新农村建设点

樟里村观音阁

司、萍乡市湘东区王子包装厂等。现樟里村商贸繁荣，村内有商铺100余户，其中大型商超6家、小卖部25家、餐饮店18家，还有衣帽服饰、电器、家具、移动电信、诊所、美容美发、五金、水电安装、汽车修理、建材等店铺，长期从业人员500余人，临时性从业人员200余人。2023年，樟里村集体经济收入27.496万元。

基础设施 樟里村地处湘东镇城区中心，村庄道路四通八达，交通十分便利，全村已基本与湘东城区融为一体。浙赣铁路、320国道在境内自东向西穿过，城镇化率达80%。村内樟里河支流自东北向南穿村而过，龙伏山屹立于村庄西北部，依山傍水。320国道穿过村庄，沥青路面覆盖率高达90%以上。村内有路灯300余盏，均为太阳能路灯。建有垃圾集中处理中心1个。通信网络信号覆盖率100%，宽带网络使用率约90%，有线电视使用率100%。村内有移动、电信、联通营业厅和邮政物流配送点。有变电器20余台，总功率5000千瓦，家庭通电率100%。村内自来水和燃气覆盖率100%。已完成打造仓冲组、黄土圾组、凉伞组3个新农村建设点。

社会发展 樟里村教学资源优质，教育发展迅速。樟里村境内有新世纪开心幼儿园、湘东镇幼儿园、远大小学、御泉湾学校、湘东镇中、湘东职专，可满足樟里村及周边村庄学龄前和九年义务教育阶段儿童的就学需求，九年义务教育覆盖率100%。文化活动场所占地面积约2400平方米，其中村委会（含党群服务中心）占地面积约600平方米、新时代文明实践站占地面积约300平方米、文化健身广场占地面积约1500平方米。樟里村新时代文明实践站采取"一室多区"建设形式，包含图书馆、四点半课堂、未成年人活动室、理论宣讲室、科普宣传室等10个功能区域。村内有艺术团体2

所,分别为红星舞蹈队和樟里村老年艺术团,艺术团体骨干成员20余人,爱心志愿者服务人员35人,设立了军鼓队、广场舞队、巾帼腰鼓队、文体队、合唱队、锣鼓队、中老年二胡队7个小分队,面向全村开展业余文艺活动。村内建有2所卫生所,服务范围辐射到全村。村委会为村民提供代缴医保服务,2023年度农村医保缴纳率达100%。村内有低保户120户215人,残疾人68人。

特色地情 境内有观音阁1座(位于后街组)、南岳寺2座(分别位于前进组和沙里组)。龙伏山为区级公墓山。

甘泉村

村情概况 甘泉村曾名"洞口泉",洞口泉是石山下一溶洞,又名曹源洞。曹源洞距萍乡市区13千米,离湘东城区中心3千米。因位于洞岭(古称金山)之下,又洞中溪流源自曹家山,故称为金山曹源洞。洞内怪石林立,中间分上下两层,上至洞岭出口,下至小溪,石山下有泉水流出,河水清澈异常,终年不断经樟里汇入萍水河,满足全村生产生活用水,因此得名甘泉村。

甘泉村村委会

甘泉村位于湘东镇东部,东邻安源区柳源高枧村,南邻五里村,西邻樟里村,北邻裕升村,面积2.5平方千米,下辖13个自然村,分别是上坡、大屋、杨家湾、榨屋、下洞、中洞、上洞、青泥、上顺塘、姚背冲、易家湾、邓家湾、下垅,有620户2820人。村内共有27个姓氏,其中人口较多的姓氏有周、刘、杨、彭、赖。

自然环境与资源　甘泉村属丘陵地形,村民依山而居,洞口泉由北向南汇入萍水河,景观河坝供村民早晚休闲散步,村内石灰石资源丰富,林地面积1200亩,主要有油茶、杉树、毛竹等,绿化率达70%。

经济状况　甘泉村主要种植水稻、油茶、红薯,水稻种植面积500亩,其中引进种植大户水稻种植面积200亩、中稻300亩、油茶300亩。养殖业以养殖猪、牛、羊、鱼为主,规模养殖企业有萍乡市水产科学研究所,占地面积210余亩,以养殖草鱼、武昌鱼、红鲫鱼为主。工业以资源开采为主。几年前,甘泉村还只是一个产业萧条的村,随着城镇化发展及村"两委"立足村的优势,积极引进4个产业。有大型建材采矿企业1家,为萍乡市鑫元建材有限公司,年产值1.5亿元左右,上缴税收1000万元以上,带动村民60人就业。还有萍乡市可外乐工贸有限公司和醴陵市大力轻钢实业有限公司(木盒厂),解决当地村民就业100余人。2023年,甘泉村集体经济收入为27.8万元。

基础设施　甘泉村村庄道路网基本形成,交通较为便利,国道至高枧村X809县道穿村而过,与青山镇高枧村接壤,均为沥青路面,企业生产道路2千米,路宽6~8米,村组路约9千米,路宽2.8~4米,均为混凝土硬化路面。村内有桥梁3座。村内道路有路灯400余盏。建有垃圾集中处理中心1个。通信网络信号覆盖率100%。有变压器16台,家庭通电率100%。燃气管道安装到户率达80%,村民主要使用电能和液化气。自来水到户率100%。水利设施有抽水机站1个、村级小型水库1座、大小山塘40余口,主要用于养鱼和储水抗旱,可灌溉耕地200余亩。2015年、2019年申报2个新农村建设点,共获批90万元新农村建设改造项目资金。

社会发展　甘泉村九年义务教育阶段和学龄前儿童就读于本镇御泉湾中心小学和中心幼儿园。2021年,新建村委会办公楼和居家养老活动中心,建筑面积1200余平方米,设置党群服务中心、新时代文明实践站、综治中心,其中新时代文明实践站采取一室多区建设形式,共设置图书馆、市民教育室、理论宣讲、四点半课堂等10个功能区域;村组文化健身广场6个,占地面积约7000平方米;足球场1个,占地面积约2000平方米,为群众提供了良好的学习娱乐场所。村内有1所卫生所,方便村民就地就医。村民委员会为村民提供异地医保报销服务,城乡医保参保缴费率100%。全村有500户1200余人享受了失地农民养老保险,有城镇低保49户66人,农村低保42户56人,脱贫户1户5人,监测户1户2人,特困户4户4人。

特色地情　境内有7座寺庙,分别为观音寺、龙王庙、大王庙、孙真寺等。相传,观音寺庙初建于明代太祖年间,名为金山寺,有佛门尊师,执掌悠久。后有曾师,法号享昌,兴建均塘庵。至清代,将神像遣送均塘,留下观音神像,现放山腰洞口内。当时有知县邓梅亲手刊碑于洞口,名为观音庵,碑现在萍乡博物馆。民国时期,在出水洞右侧,增建本坊福主二王庙,但观音庵受杨斋公执掌。1948年,僧人还俗,后此庙为地方名人信士管理。

洞口泉。西安事变后,张学良曾被幽禁在萍乡绛园。幽禁期间,张学良曾游历过此洞。《张学良遗稿》(幽禁期间自述日记和信函)记载,1937年12月10日"骑自行车游洞口泉,约二十里,洞深大,可容千人,归来已夜八点矣"。

泉塘村

村情概况 泉塘村位于湘东镇西南角上,东邻巨源村,南、西与下埠镇接壤,北接阳干村。韶井公路(128县道)穿村而过,交通便利。村内有多处泉水井,一年四季都有泉水源源不断从地下冒出,从不干涸,夏季清凉,冬季温暖,故名泉塘村。辖区面积4.7平方千米,下辖12个自然村组,分别为熊家湾一组(沙子岭)、熊家湾二组、下山塘、扫上、芋麻园、龙脑坝、黄家塘、泉塘山、秧田冲、万里、新塘、塘背。有925户3540人。全村共有80多个姓氏,其中熊、彭、刘、李、王、邬、晏姓村民人数均超过100。居住人口以汉族为主。

自然环境与资源 泉塘村属丘陵地形,地势高,因得天独厚的泉水井出名,本村有

泉塘村宫灯坡

泉塘村健身广场

4口泉水井,分别在芋麻园、龙脑坝、黄家塘、泉塘山组,汇聚一起成为日星河的源头,流经木马村、泉塘村、阳干村进入湘东河,供应上千亩农田的灌溉需求。在1998年和2019年分别遭遇过大型洪灾。泉塘村耕地面积1120余亩,山岭面积1140余亩,水产养殖地面积273亩。

经济概况 2004年之前,泉塘村经济发展以传统农业为主,收入难以提升。2004年后,泉塘村先后引进萍乡中昶新能源有限公司、萍乡市金源陶瓷有限公司、江西省天欣瓷业有限公司、萍乡市泰富盛工业材料有限公司、萍乡市安达瓷业有限公司、江西省萍乡市净霞山泉有限公司等工业企业10家,带动本村劳动力200余人就业。在农业方面,泉塘村主要种植水稻、油茶、油菜、红薯,其中水稻种植面积约460亩,种植户30户,流转给农业大户200余亩;油菜种植面积约80亩,种植户20户。有黑山羊养殖户6户、肉猪养殖户6户、土鸡养殖户2户。2023年,泉塘村集体经济收入为35.56万元。

基础设施 泉塘村庄道路网基本形成,交通便利。村内生产道路约50千米,生活道路约30千米,路宽3.5~5.5米,主要为沥青路面和水泥路面。兼具生产生活功能的集镇段长约1千米,有桥梁3座。设有路灯600余盏。建有垃圾集中处理中心1个。通信网络信号覆盖率100%。有邮政物流配送点,有2家超市。有变电器18台,家庭通电率100%。全村覆盖燃气和自来水,村民日常做饭烧水使用的能源主要为燃气,少数人使用液化气。村民主要生活用水为自来水,有1个集中供水点,位于黄家塘。有黄家塘大塘、陈家塘大塘、下山塘山塘、下山塘长塘、熊家湾阳思塘、熊家湾落子塘等具有水利灌溉功能的山塘50余口，主要采用沟渠引水，可灌溉耕地600余亩。

社会发展　泉塘村有小学1所、幼儿园1所、文体广场12处、卫生室2所。文化活动有苎麻园百姓大舞台、熊家湾文体广场、扫上文体广场、陈家塘文体广场、黄丫塘文体广场等12处文体广场，健身器材完备。村内建有2所卫生所(室)，服务范围辐射到木马、阳干等周边村庄。村委会为村民提供代缴医保服务，2023年度农村医保缴纳率达100%。全村有农村低保77户99人、城镇低保46户66人、特困7户11人。

特色地情　村内有钟馗庙1座，建于1930年，有钟馗众神大殿和观音大雄宝殿、酒楼、宿舍、戏台、会议室等，占地面积约3100平方米。前面还有一条小溪，绿水从西向东而流，山脚下还有天然一小井，清澈见底，泉水滚滚而涌，素有"龙眼"之称。

大江村

村情概况　新中国成立初期，属湘东区阳干乡，1957年属湘东乡，1958年为湘东公社集民大队，1963年属阳干公社，是公社所在地，1966年复属湘东公社，1968年属湘东镇，仍为大江边大队，1984年3月改称大江边村，简称为大江村。

大江村地处湘东镇南部，毗邻萍乡钢铁厂，萍水河贯穿全境，交通便利，环境优美，民风淳朴。全村面积2.1平方千米，其中耕地面积900余亩，下设7个村民小组，共有13个自然村，分别是乌陂洲、下乌皮洲、张家祠、滚子宕、赖塘坡、盆形岭、狗坡岭、大江边、华桥上、陈家洲、香铺里、林家祠、枧上。有800户3468人，其中男性1779人、女性1689人。有常住人口2657人。

全村共有107个姓氏，其中人口较多的姓氏有易姓（402人）、刘姓（306人）、彭姓（247人）、肖姓（237人）、陈姓（196人）。

大江村村委会

自然环境与资源　大江

大江村千年古樟树

村属丘陵地形,村庄地势坡度变化小,平地多,村内有萍水河自南向北依村而过。石英砂矿产较为丰富,含硅率达99%以上。绿化率达80%,林地面积为500余亩,主要为油茶林、樟树林以及其他树林。

经济概况 大江村主要种植水稻、油菜,养殖土鸡、土鸭、鸽子等。2022年,水稻种植面积400余亩,种植户200余户;油菜种植面积350余亩。大江村商贸繁荣,每日皆有早市营业。村内集镇全长800余米,有商铺40余户,其中商超3家、小卖部16家、餐饮店2家,还有家具、诊所、美容美发、汽车修理、建材等店铺。

基础设施 大江村庄道路网基本形成,交通便利。湘麻公路穿过村庄,均为沥青路面。村内生产道路约3.5千米,生活道路约13千米,路宽3.5~5.5米,主要为沥青路面。兼具生产生活功能的集镇段约1千米。通信网络信号覆盖率100%,宽带网络使用率约90%,有线电视使用率100%。村内有邮政物流配送点。有变电器9台,总功率3600千瓦,家庭通电率100%。村内接入燃气管道,村民日常做饭烧水使用的能源主要为燃气、电能和液化气。燃气覆盖率95%以上,自来水覆盖率100%。大江村共7个村民小组,每个组均建有篮球场及娱乐场所。

社会发展 大江村建有大江幼儿园和大江小学,可满足大江村学龄前和小学教育阶段儿童的就学需求。文化活动场所占地面积约6350平方米,主要是党群服务中心占地面积约1500平方米、文化健身广场占地面积约2350平方米、庙宇占地面积约2500平方米。其中大江村新时代文明实践站采取"一室多区"建设形式,设立多个集中活动室,包含图书室、四点半课堂、市民宣讲室等10个功能区域。村内建有2所卫生所,村委会为村民提供便民服务,2023年度农村医保缴纳率达100%。大江村有392户1516人享受被征地社保或农保,84户103人享受农村低保。

特色地情 境内有普缘寺、张公庙,每年有宗教文化活动和传统文娱戏活动。境内二组张家祠萍水河畔有一棵古樟树,树龄1200多年。在萍水河张家祠段,河面上横卧着一座桥——冷潭湾跨河渡槽,竣工于1970年,是一座过水、行人两用渡槽。

云程社区

社区概况 云程社区位于湘东镇中心位置,距离镇政府942米。2021年1月由原湘东镇前后街社区、下街社区合并成立,因辖区内云程公园小有名气而改名为云程社区。社区规划面积1.5平方千米,辖居民小区33个,分别是新苑小区、大桥七层楼、防空洞七层楼、云程花苑、广电家属楼、原人事局家属楼、原粮食局家属楼、原地税局家属楼、原区政府家属楼、春风小区、公路局家属楼、审计局家属楼、湘鑫苑、虹韵雅苑、泉湖小区、原教委家属楼、湘东中学家属楼、税务局家属楼、原计生委家属楼、审计局家属楼区域内、原信用社家属楼、原中医院家属楼、住建局家属楼、原检察院家属楼、纪委家属楼、法院家属楼、原土地局家属楼、自来水公司家属楼、原计委家属楼、中国银行家属楼、建设银行家属楼、原妇保家属楼、原人大家属楼。户籍人口6214人,2208户,常住人口约8000人,流动人口1780人,分4个网格,下设14个居民小组,居住人口以汉族为主。云程社区商贸经济繁荣。以商户、商业街为主,有商铺265户,长期从业人员350人,临时性从业人员500余人。中型规模菜市场1个,中型超市1个,小型商店、超市13个。

基础设施 社区交通便利,路网纵横分布。内有建设路、云程路、湘泉东路、泉湖南路4条主干道,有云程花苑、春风小区2个形成规模并配备了物业的小区,还有31个单位家属楼。社区配备了3所幼儿园,分别是泉湖垅中心幼儿园(公立)、程成幼儿园(私立)、新世纪幼儿园(私立)。附近有湘东小学、远大小学、湘东镇中学、湘东中学、区特殊学校。社区内配有卫生所、大药房8家、公立妇幼保健院1家。内有移动、电信、联通营业厅和邮政、申通、圆通、德邦、韵达等物流配送点。配备5家银行网点,分

云程社区党群服务中心

云程社区云程公园

别是工商银行、邮政银行、建设银行、农业银行、农商银行。全辖区水、电实现"户户通"和24小时不间断安全优质服务。

社会发展 社区配备党群服务中心、综治中心、民心警务室、红色驿站、2个新时代文明实践点、7个志愿活动室,以及云程公园、月亮广场2个集休闲、娱乐、健身于一体的活动场所。卫生所(室)为居民提供了365天不打烊、预约等服务。社区内有低保户178户254人,残障人士163人。

特色地情 云程烈士陵园前身为抗日烈士骸骨塔(塔下集中安葬了600余具抗日阵亡将士遗骸)。1944年6月至9月,侵华日军先后两次由浏、醴犯萍,驻萍国民革命陆军第五十八、七十二、九十九军等奉命在湘东地区阻击,当地群众积极支援前线,给日寇以沉重打击,迫其撤退。在激战中,以身殉国者达数百人,忠骨抛于荒野,惨不忍睹。日军撤离萍乡后,经当时的国民革命军七十二军军长傅翼提议,经江西省政府批准,由萍乡县政府出面组织,于1944年冬在湘东云幡岭(今云程岭)顶峰修建"抗日阵亡将士骸骨塔",收殓在抗日战斗中阵亡的军民骸骨,刻碑立志,以为纪念。江西省政府主席王陵基撰写了碑志,称颂其为"忠魂塔"。第七十二军军师将领均题写了碑文,以示纪念。萍乡市人民政府已于1984年将其列为市级文物保护单位。后因年久失修等原因,原塔被毁,1992年由当地政府进行了原貌重修。重修后的"抗日阵亡将士骸骨"塔成为湘东区的爱国主义教育基地。

浏市社区

社区概况 浏市原又称浏公庙、浏市街、金沙湾等,后又改名为浏公市(原在军用地图上标为此名)。浏市则是浏公市的简称,后改称浏市。浏市建置历史悠久,新中国成立前曾设凤鸣乡乡公所,新中国成立后曾为浏市街道办事处、浏市居委会,2012年后改为浏市社区居委会。

浏市社区地处湘东镇南端,沿萍水河紧靠湘麻公路,与和平村、大江村接壤,和黄堂村隔河相望,距离湘东约6千米,是被农村包围的城镇社区,面积不足1平方千米,但有着深厚的历史和文化底蕴。辖区有常住户247户,常住人口613人,户籍人口467人。下设浏市上街、下街2个居民小组。2022年10月,被国家卫生健康委、全国老龄办评为全国示范性老年友好型社区。

基础设施 浏市社区道路网基本形成,交通较为便利。S232湘麻公路是辖区主干道,街内均已铺设石板路,沿街道路设有路灯、景观灯笼、商超商铺等。社区内通信网络信号覆盖率100%,有线电视使用率100%。有变电器2台,家庭通电率100%。居

浏市社区古街廉洁展馆

浏市夜景

民日常做饭烧水使用的能源主要为液化气。

社会发展 浏市社区文化活动场所占地面积约820平方米,其中居委会(含党群服务中心)占地面积约150平方米、新时代文明实践站占地面积约170平方米、文化健身广场占地面积约500平方米。浏市社区新时代文明实践站采取"一室多区"建设形式,设有图书阅览室、文化活动室、科普宣传室等多个功能室。社区成立了社会治理综合体,完善了健身休闲活动场所,具备居民自治和劳动保障、民政民生、文体娱乐等多方面生活服务功能。社区内有中医院和卫生所,服务范围辐射到全社区及周边地区,2022、2023年度居民医保缴纳率达100%。

近几年浏市依托萍水河景观绿化带优势,原址原貌重建了久负盛名、蕴含码头商业文化且具有古韵风格的浮桥,设置了浮桥夜景灯光秀、民俗戏台、浏市古街、诚信杂货铺、浏市米行、千年古庙等人文景观,打造为一个集古色民俗、商业传承、诚信经营、现代农旅于一体的城市文旅特色商业街区。

特色地情 浏市坐落在萍水河畔,因有座浏公真人庙而得名,曾经是赣西物资集散地,商船从这儿可直达湖南渌江,商贸交易热闹活跃,素有"小南京"之称。境内现还保留着古建筑物浏公庙,此庙宇始建于南宋宝庆元年(1225),庙内有碑文为据。庙内有一联:得道为仙,即石堙金钟皆作遗念;有功则祀,看湘头赣尾遍地长青。每年的9月23日,是浏公庙内奉祀的浏公老爷的生日,这天会举办隆重的庙会,邀请戏班唱戏,庙会持续时间大约一周。

长荷社区

社区概况 长荷社区成立于2015年7月,位于湘东镇西南方向,距萍乡城区19公里,距湘东镇5千米,自然环境优美,植被茂盛,社区坐落在原巨源煤矿矿区。2015年7月,移交地方政府实行社会化管理,成立什竹坡、杉坡里、长坡里、荷叶塘4个居民委员会。2021年1月将矿区原有4个社区居委会合并成立"湘东镇长荷居民委员会"。社区总面积2.3平方千米,有1501户3226人,下辖4个居民小组,分别是什竹坡、杉坡里、长坡里、荷叶塘。

基础设施 社区交通便利,省道从矿区附近通过,有铁路专用线在峡山口车站与浙赣线接轨。2015年之前,道路管网基础设施破烂陈旧,2015年在移交地方政府湘东镇管理后,政府投入了大笔资金,用于整治、改造,在原本破烂不堪、垃圾遍地、道路坑坑洼洼的老旧矿区铺设了近4千米的沥青主干道,拆除老旧危房几十栋,并对居民区公共设施进行了改造,让濒临废弃的老矿区变成了山清水秀、道路整洁平坦、水电到户、路灯明亮、居民生活满意的新社区。

社会发展 长荷社区现所在地位于巨源杉坡里,党群服务中心占地面积近200平

杉坡里巨源煤业历史古迹

荷叶塘居民区

方米,为居民提供优质高效的民生服务。有文化广场3处,占地面积约1000平方米,为常住居民提供了良好的活动健身场所。新时代文明实践站占地面积约400平方米,设立了居民宣讲室、图书报刊阅览室、集中活动室、老年食堂等功能室,为广大居民提供了良好的学习娱乐生活场所。

特色地情 巨源煤矿"杉坡里斜井",位于长荷社区杉坡里,1958年8月,杉坡里斜井开工兴建,设计生产能力21万吨。1961年8月,胡家坊建井工程处改称巨源煤矿,含杉坡里、花冲、冬瓜槽小井,设计生产能力分别为21万吨、10万吨、9万吨,最高年产量达51万吨。2012年3月29日,被湘东区人民政府公布为第二批区级文物保护单位。

鲲鹏社区

社区概况 鲲鹏社区成立于2023年11月,地处湘东镇西北部,东至行政路,南至滨江南路,西至滨河北路,北至320国道。辖区总面积1.954平方千米,因辖区地形似鲲鹏展翅,亦代表着社区居民对未来生活的美好憧憬,故取名为鲲鹏社区。社区中各小区总楼栋数为100栋,有户籍人口536人,社区设有23个网格,常住人口7600余人,流动人口1267人,居住人口以汉族为主。社区地势平坦,辖萍水春天、知雅苑、云程富嘉、赣西明珠、白果树、香榭帝景、德文滨江、未来城、碧桂园、御水蓝城、湘东供销冷链11个居民小区,湘东区人民政府、湘东区财政局、国家电网、湘东区人民医院、湘东区文化中心、湘东区体育馆、湘东区第三幼儿园、湘东云程学校等位于社区内。

基础设施 社区交通发达,群众出行便利,距离沪昆高速4.6千米。社区水清岸绿、美丽宜居。辖区内设立多个垃圾分类站,垃圾定点倾倒,定期清运。社区道路硬化实现全覆盖,网络通信建设全面完成,社区燃气和自来水通至每家每户。

社会发展 因为城镇化发展,河洲、道田部分地区历经滨河新区拆迁等项目建设,新建了多处小区,但因长期处于无管理状态,当地居民在享受行政管理、惠民政策上存在诸多不便,为适应新形势发展要求,亟待对上述区域进行管理。2023年11月29日鲲鹏社区正式成立,社区设置了党群服务中心、消防应急综治中心、退役军人服务站、学雷锋志愿服务站、新时代文明实践站(内设理论宣讲室、文化活动室、健身活动室、市民教育室、科技科普活动室)、社区就业之家、党员活动室、未成年人活动室、矛盾调解室和图书阅览室等。社区为居民提供代缴社保医保服务。社区内有1所九年义务制学校和1所公办幼儿园,分别为区直属九年义务制学校湘东云程学校和湘东区中心幼儿园二部。社区内有1家综合性二级甲等人民医院湘东区人民医院,医院占地面积2万平方米,建筑面积1.7万平方米,有职工200余人,中级以上职称的技术人员70余人。

鲲鹏社区就业之家

鲲鹏社区龙舟公园

特色地情 社区内有1所龙舟公园,建立于2018年,东起昌盛大道,西至黄花大桥,临萍水河而建,全长2.6千米。公园以市民的生态、休闲、体育活动、龙舟赛活动为主题,建成的一条集绿色、生态、文化、经济、品牌等于一体的龙舟文化载体和绿色生态走廊。每年端午节期间,区政府定期在龙舟公园举行龙舟比赛,吸引数万名群众观看,现场热闹非凡。

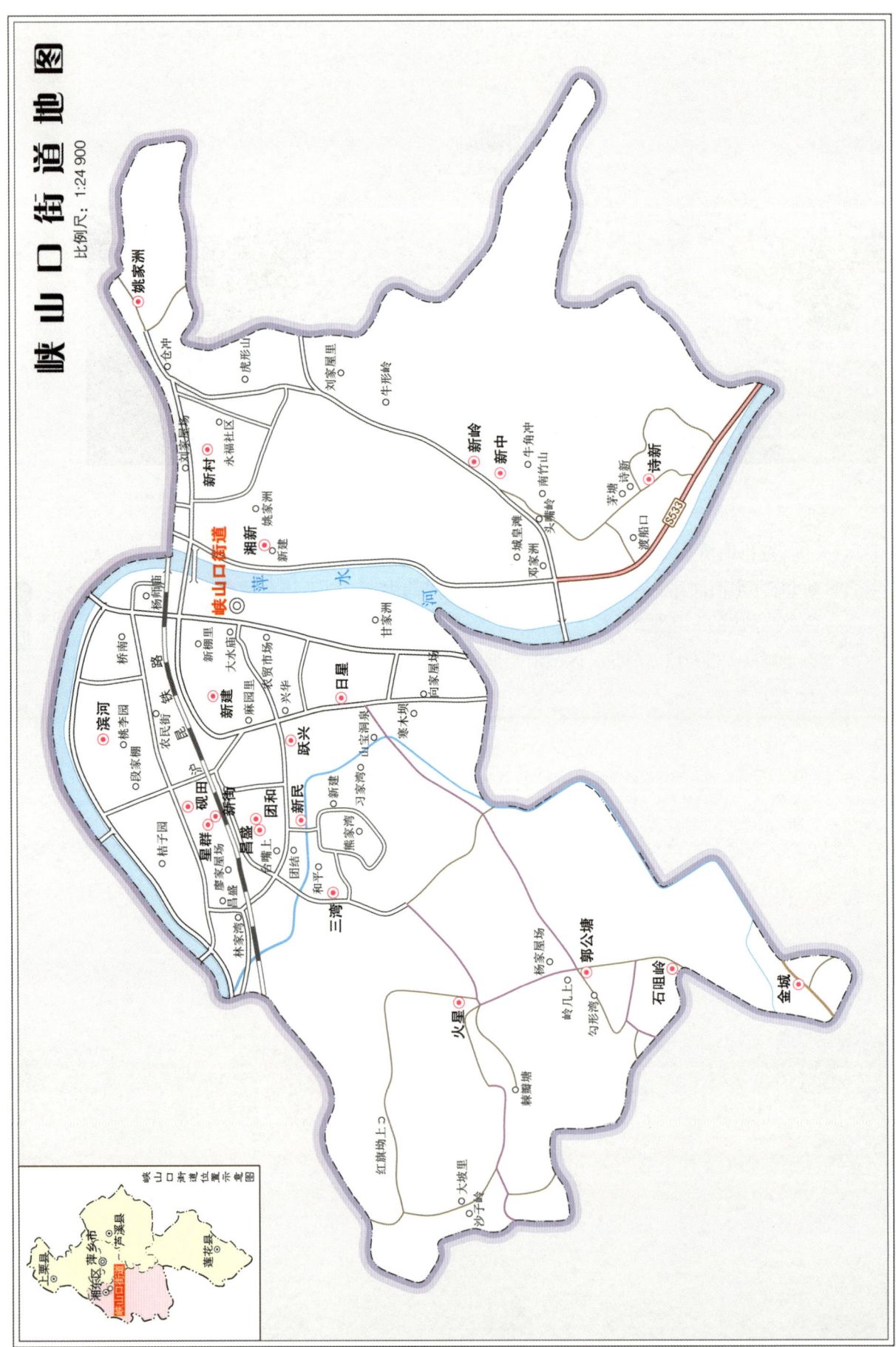

峡山口街道

峡山口街道地处湘东区城区中心。2003年,萍乡钢铁厂、萍乡电厂、萍乡铝厂管辖的兴华、星群、三湾、跃进、胜利、民主、新建、团结、和平、金城、郭公塘、火星、湘新、石咀岭、昌盛、新街、诗新、新村、姚家洲19个居民委员会和湘东镇管辖的新建、日星、新村、新中、砚田5个村组建峡山口街道,于2004年1月挂牌成立。

峡山口街道地处萍乡市西部,湘东区东北部,东连320国道,南接533省道,西邻下埠镇,北与湘东镇接壤。其行政区划是以萍钢、萍电、萍铝等大中型企业为中心,辖21个社区,其中5个城市社区(新建、砚田、新村、新中、日星),6个由企业自主管理的企业社区(星群、三湾、金城、郭公塘、火星、石咀岭),10个城镇社区(新街、诗新、姚家洲、新岭、滨河、昌盛、团和、新民、跃兴、湘新),全街总面积13.8平方千米,总人口4.7万人,居住人口以汉族为主。

峡山口街道地处萍水河西段沿河平原地带,地势东南高西北低,渐次倾斜,地形东南为丘陵,西北为平原。辖区东边有一条萍水河支流,它自东向西流,最终流入湖南湘江。辖区农业以种植、养殖为主,主要种植葱、白菜、油菜、红薯、芹菜、萝卜、包菜、豆类等蔬菜,养殖土鸡、鸭、鹅、羊、猪等。利用荒地建设湘新社区蔬菜基地,完成新中煤渣岭造林绿化100余亩等。

全街有山塘12口,总面积为22345平方米,其中重点山塘5口。全街农作物播种面积613.2余亩,水稻种植面积达140亩,其中早稻种植140亩。全年生猪存栏1000头。截至2023

峡山口街道湘东区第二幼儿园

年,辖区共有规上企业40家,其中工业企业11家,服务业企业8家,建筑业企业9家,房地产企业3家,限上批零住餐业企业9家。2023年工业企业完成总产值247913.72万元;服务业企业完成营业额42503.9万元;建筑业企业完成营业额504975万元;房地产企业完成销售额9302万元;限上批零住餐业企业完成424756万元。

2023年,峡山口街道大力发展壮大社区集体经济,其中5个社区实现年经营性收入15万元以上(砚田社区、日星社区、石咀岭社区、火星社区、三湾社区),3个社区实现年经营性收入30万元以上(星群社区、新中社区、郭公塘社区),1个社区实现年经营性收入230万元(新建社区)。

峡山口街道交通条件便利,境内浙赣、京沪两条铁路线路经过,交接533省道、东环线公路、319国道、320国道。峡山口辖区内公交线路峡山口专线,从早6点至晚8点,日发87班次。

通信网络信号覆盖率100%,宽带网络使用率约90%,有线电视使用率90%。辖区内各社区(村)均有移动、电信、联通营业厅和邮政物流配送点。家庭通电率100%,社区内燃气管道、自来水管道到户率100%。

辖区内有萍水河和日星河,可灌溉菜田100余亩。在老旧小区改造项目中,桂花园、砚田、日星、火星等9个老旧小区得到全面提升;在原抛荒撂荒45亩的基础上对滨江东路70余亩荒地进行扩充,建成新中社区蔬菜基地;建设萍钢小学停车场,增设停车位100余个,合理规范钢城路车辆停放秩序,有效缓解交通拥堵。

峡山口街道九年义务教育覆盖率100%,阶段学校共有3所,其中初中1所,为萍钢中学,共有学生1357人,29个教学班;小学2所,分别为萍钢小学和新村小学,其中萍钢小学有学生1858人,44个教学班;新村小学有学生183人,6个教学班。全街教师总数为241人。学前教育有公办幼儿园1所,为新村小学附属幼儿园,有幼儿35人;民办幼儿园9所,共有幼儿1220人。

2020年,通过盘活废弃资产,投资近800万元,将原电厂闲置十余年的职工俱乐部打造成1座总面积达1650平方米的综合文化站,并于2020年9月正式对外开放。文化站内设图书馆、健身活动室、老年活动中心、室外风雨篮球场等场所。其中,峡山口街图书室藏书设备齐全,拥有数字资源4TB,具备阅览、科普、书法、娱乐、培训、展览等功能,图书总量最高时达8.2万册。全街打造了镇级新时代文明实践所1个和社区级新时代文明实践站21个。每个社区都建设有面积大小不一的党群服务中心、新时代文明实践站、图书阅览室,成立了社会治理综合体,建成居家养老服务中心,完善了健身休闲活动场所,兼具居民自治和劳动保障、民政民生、文体娱乐等多方面生活服务功能。

全街社区都安装了路灯,且均为太阳能路灯。

2023年峡山口街城镇最低生活保障对象923户1326人,城乡居民基本养老保险参保人数1490人,城乡居民医疗保险参保人员18798人。

峡山口街道保留了非遗文化夜龙灯送福队伍,传统风俗仪式感浓厚。春节正月初三至正月十五"夜龙灯"送福入户,喜气洋洋,热闹非凡,在抖音、快手和各媒体的报道下广泛传播,吸引了各个地方的群众来打卡、观看。街道文化还有花锣鼓队、弦乐队、军鼓队、太极拳队、柔力球队、星欣舞蹈队、星耀舞蹈队、舞狮队。

临水而兴的湘东,有悠久的龙舟文化。湘东地区举办龙舟赛已有数百年的历史。在这里,每到五月,河里赛水龙舟,岸上划旱龙舟。新中国成立前,湘东河每年都会划龙舟,以庙社为单位进行比赛。但是,由于民风强悍加上受旧时宗族斗争的影响,河东河西素来不睦,龙舟赛上经常发生械斗,甚至惹出人命官司。无奈之下,衙门只好强令湘东一些地区改在陆地划旱龙舟。在一些民间艺人的推动下,久而久之,湘东的旱龙船这一形式融合了民俗文化和艺术文化,成了一种独特的民俗文化,表达了民众祈求来年风调雨顺、五谷丰登,祈福国泰民安的美好心愿,也大大丰富了民间节庆文化活动的形式。如今湘东旱龙舟已成为省级非物质文化遗产。

砚田社区

社区概况 砚田社区原为砚田村,1949年8月前属湘东乡,1950年8月为湘东区砚田乡,1958年为湘东公社砚田大队(原湘东公社包括现在的砚田社区、新建社区、日星社区、火星社区、星群社区、三湾社区),1984年3月为湘东镇砚田村,1986年析出一组设立星群居委会,2003年9月砚田村划归峡山口街道办事处管辖。2007年砚田村委会由村更名为砚田社区。

砚田社区位于峡山口街道北部,横贯四通路、桥南路两条主路,环抱萍水河,南靠星群居委会,西面紧邻昌盛居委会,北毗滨河居委会,南面以沪昆铁路为界,辖区面积1平方千米。下辖4个居民小组,分别为柑子园居民二组、段家棚居民三组、桃李园居民四组、桥南居民五组。

常住居民1305户,4515人,为峡山口街道21个社区之中人口第二多的社区。社区共有22个姓氏,其中以李、林、张、文、廖、肖、黄、彭、刘姓为主,人数均超过100。

砚田社区地处萍水河西段沿河平原地带,地势东南高西北低,地形东南为丘陵地带,西北为平原地带。

经济概况 顺应城镇化发展,砚田社区95%以上的农田已用作建筑用地,剩余的

砚田包傩寺

小部分耕地居民多用于种植应季蔬菜,自给自足,未形成规模。截至2023年,砚田社区辖区内注册企业80余家,商铺100余户,其中大型商超1家,其余多为小型个体户。事业单位有湘东区实验小学、湘东区第二幼儿园、湘东区派出所。砚田圩场是峡山口街唯一的一个自发性集贸市场,每月逢五、逢十为赶集时间。2023年,砚田社区集体经济收入约16万元。

基础设施 随着时间推移,辖区内多数自建房已拆旧建新,大多数居民都住上了自建房。在城区老旧小区改造的助力下,辖区内安置小区基础设施也已提升改造,辖区内已完成燃气、自来水入户全覆盖,实施"白改黑"工程。社区内外道路均为沥青路,所有路灯已安装完毕,污水管道已改造完毕。

社会发展 砚田社区辖区内有湘东区实验小学、湘东区第二幼儿园,学生小学毕业后大多前往附近萍钢中学、云程中学继续学习,可满足九年义务教育需求。社区设有健身走道、室外篮球场、足球场等基础设施,可满足居民健身娱乐需求。

新村社区

社区概况 新村社区在新中国成立初期属湘东区澜潭乡,1957年属湘东乡,1958年为湘东公社新村大队,1968年为湘东镇新村大队,1984年3月改称新村村,2004年划属峡山口街道办事处,更名为新村居民委员会。社区有7个居民小组,分别为新姚小区、欣荣小区、欣欣小区、牛形岭、铁路背、虎形山、永福小区。社区共626户2645人,其中男性1284人,女性1361人,常住人口2524人,流动人口121人。居住人口均为汉族,社区居民以刘、姚、向、张、邓5个姓氏为主,占总人口数的53%。

自然资源与环境 新村社区坐落于湘东区境内,东邻湘东镇,西与峡山口街新建社区隔萍水河相望,南与原萍乡发电厂、新中居委会相邻,北跨湘赣电气化铁路与湘东镇相接,辖区总面积2平方千米。

新村社区以某部队军用场道路和铁路专用线及电厂铁路专用线为界,东面为虎形山、牛形山地,属半山地地形,地势东高西低,西面为平原地带,多为农田。新村社区有虎形山和牛行岭,山岭面积分别为30亩、45亩,树林较密集。

经济概况 新村社区主要种植水稻,水稻种植面积约56亩,种植户约30户,养殖土鸡、羊、鸽子、猪等皆为家庭散养,未形成规模。

新村历史上民办企业较为发达,曾办有马力电机厂、瓷厂、耐火材料厂、建筑工程

新村社区新农村建设点

队、金属软管厂、酱油厂等。2023年,新村社区集体经济收入为10万元。

基础设施 新村社区对外道路包括东环路和峡山口东路,均为沥青路面,路况良好;社区内道路宽5.5~6.5米,生活道路长约9.1千米,均为沥青路面。

新村社区通信网络信号覆盖率100%,宽带网络使用率约90%,有线电视使用率100%。社区内有移动、电信、联通营业厅和邮政物流配送点,家庭通电率100%。居民日常做饭烧水使用的能源主要为燃气和液化气。居民主要生活用水为自来水,铺设自来水管道约1.2万米,基本满足了全社区居民日常生活用水需求。2016年新村社区进行了燃污管道、公共区域巷道"白改黑"等民生工程建设,已于2023年完成辖区内基本覆盖。

2023年新村社区老俱乐部、东环路虎形山、五七组牛形山、四六组牛形山、老农机站、一三六组等新农村建设点沿边水沟改造工程全面完工,新铺设盖板长约500米,明渠改造为暗渠,并在源头处加设拦截网。

社会发展 新村社区辖区内原有新村中学和新中小学,新中村与新村村分设后,新中小学(原河佳小学)仍沿用"新村小学"名。2010年7月新村中学并入萍钢中学。

新村社区文化活动场所占地面积包括党群服务中心约40平方米、新时代文明实践站约100平方米、文化健身广场约500平方米。其中新村社区新时代文明实践站采取"一室多区"建设形式,设立5个集中活动室,包含图书馆、理论宣讲室、科普宣传室等9个功能区域。

新村社区有580户802人享受失地农民保险,有142户211人享受农村低保。社区人居环境良好,社区道路网基本形成。社区内有路灯约210盏,均为太阳能路灯,覆盖社区各主要路段。

特色地情　彭光贤(1917—1998),男,江西萍乡湘东人,1953年加入中国共产党,全国劳动模范。彭光贤历任新村农业生产合作社主任、湘东人民公社社长,曾任江西省人大常委会委员、中共十二大代表。早年从事水稻栽培试验,1951年种植水稻,平均亩产约518千克,1951年获农业农村部爱国丰产奖。1973年至1978年采用早稻、晚稻、小麦迟熟品种,进行一年"三熟三种"种植试验,平均亩产高达1564.5千克,1979年获全国劳动模范称号。

新村新城庵位于新村社区牛形山区域,占地面积约1500平方米,法定代表人为范水生,供奉仰山二王、南岳神和观音菩萨,每年农历八月初二为祭祀香期,偶尔会有小型庙会活动。

新建社区

社区概况　新建社区新中国成立初期属湘东区砚田乡,1957年属湘东乡,1958年属湘东公社日星大队和砚田大队,1964年成立新建大队,属湘东镇管辖,1968年与砚田大队合并,1972年从砚田大队分出,改称新建大队,1984年改称新建村。2003年划为峡山口街管辖,更名为新建社区。

新建社区属湘东区主城区,面积约为1.5平方千米,距离萍乡市区约15千米。东邻新村社区,南接日星社区,西与江西萍钢实业股份有限公司相近,北与砚田社区接壤。新建社区下辖5个居民小组:铁桥头组、大水庙组、新棚里组、农贸市场组、麻园里五组。

社区常住人口2068人,其中男性1067人,女性1001人。社区共有103个姓氏,以廖、张、彭、黄、刘、陈姓为主。

经济概况　20世纪80年代分田到户时,社区有220亩耕地,后因地方城市建设,部分蔬菜地、水田被征收。

20世纪80年代中期在砚新装卸队联办企业基础上多方筹资,建设了化工厂、电镀厂、建筑队等村办企业,2000年工农业总产值达到5600万元,其中企业总产值3114万元。后因市场环境和集体企业经营方式等问题,企业改制或关停,大部分村民自己转

新建社区星舰国际

入加工业、修理业、商业、运输业和其他第三产业就业。

新建社区主要经济收入有星舰国际、服装商城、社区综合楼、新街精品街部分店面、萍钢小学门口店面等商业和场地租赁收入,2023年社区集体经济收入230余万元。社区在2016年成立股份合作制,居民每年分红500元/人次,60岁以上老人慰问金600元/人次,80岁以上老人900元/人次,还有考入大学学子助学金、服役军人慰问金等福利,民生事务每年合计支出约150万元以上。

基础设施 新建社区区域所有主干道路属公路行政部门维护管理,社区巷道基本为沥青路面。社区居民全部实现水、电、气、网络四通,每个组(即屋场)都建设有停车场和小广场活动点,其中两个组还建有篮球场、健身器材等体育设施。

社会发展 新建社区学生全部在萍钢小学、萍钢中学或附近其他学校就读。新建社区附近有湘东区中医院、赣西医院、社区卫生服务中心等医疗保障机构。

新中社区

社区概况　新中社区曾与新村、新垅村同为1个大村——"新村村",隶属湘东镇,1992年新村村拆分为2个村,新中村得以恢复。2003年,更名为"新中社区",划归峡山口街道办事处管辖。

新中社区地处峡山口街西北方,东邻新垅村,南接新湄村,西靠萍水河,北与新村接壤。社区居民总户数637户,总人口2433人,常住人口2143人,分为9个居民小组。

新中社区共有39个姓氏,以曾、陈、邓、刘、汤、邬姓为主。

新中社区地属半丘陵半山地地形,地势北低南高,呈现纵向狭长态势。辖区内绿化率达60%,林地面积为400亩,树木种类主要为山竹林、松树林、杉树林和樟树林及其他杂树等。

经济概况　新中社区主要种植水稻、油菜和各种蔬菜瓜果,养殖土鸡、鸭、鹅、猪、牛、羊、鸽子、蜜蜂等。2023年水稻种植面积约105亩,种植户约100户;油菜种植面积约30亩,种植户15户。土鸡养殖户1户,全年出栏1000只;山羊养殖户1户,全年出栏80头;家猪养殖户1户,全年出栏30头。

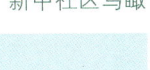

新中社区鸟瞰

新中社区居家养老服务中心

新中社区工业以劳动密集型的轻工业为主。其中萍乡众诚中空吹塑塑胶制品有限公司主营业务为生产小塑料桶;萍乡市萍盛皮具厂主营业务为皮包加工,有固定工人20人。2023年,社区辖区内有小型商店3家、小卖部6家、餐饮店5家、诊所1家、美发店1家、铝合金店1家、摩托车维修店1家、汽车修理2家。

2023年,新中社区集体经济收入30余万元。

基础设施 辖区内有姚麻线铁路、S533省道、环城东路县道、滨江东路城镇公路。社区内的村组路经2021—2022年的升级改造,现已实现95%为沥青路,改造牛角冲组道路时拆除违章建筑5处。社区自筹资金150余万元,打通"断头路",实现厂用路与民用路分离使用,其中居民自发捐款99000余元。此路全长约1100米,宽6米。居民还自发捐款安装路灯23盏;社区自筹资金60余万元对茅塘一、二组道路进行"白改黑"改造,路长2.5千米,宽3米,还安装了70余盏路灯,惠及居民1200余人。辖区内有水利灌溉功能的山塘5口,社区居民栽种水稻、蔬菜主要是在萍水河中自行抽水灌溉。

2019年成功申报2个新农村建设点,获批60万元项目资金,用于渡船口新农村建设改造;2020年成功申报2个新农村建设点,获批60万元项目资金,用于城隍滩新农村建设改造;2022年成功申报2个市新农村建设点改造,获批20万元项目资金,用于牛角冲新农村建设改造;2022年成功申报2个老城区改造项目,获批500余万元项目资金,用于电厂老家属楼建设改造,有效提升了社区的居容居貌。

社会发展 辖区内建有集小学和幼儿园于一体的新村小学1所,占地面积达4000余平方米。学生小学毕业后,主要前往萍钢中学就读初中,可满足新中社区学龄前和九年义务教育阶段儿童的就学需求。

辖区内建有1个卫生所,服务范围辐射到新村、大江边等周边社区和村庄。社区有90%的居民享受失地农民保险;有152户237人享受了城镇低保,其中常补类3人,非常补类234人。社区人居环境良好,道路网基本形成;社区内道路旁每30米左右间隔就安装一盏路灯,均为太阳能路灯;社区内建有垃圾分类集中处理站1个;"厕所革命"整治厕所84个。

日星社区

社区概况 日星社区于1958年归属湘东公社砚田大队。砚田大队于1961年9月拆分为新建大队、火星大队和日星大队。1968年5月,湘东公社与湘东镇(新街)合并,统称湘东镇,下属仍为大队、生产队,人民公社的体制不变。1984年,新建大队拆分为新建大队和日星大队。日星社区于2003年转入峡山口街管辖。

日星社区位于湘东区城乡接合部,东邻萍水河,西南靠萍乡萍钢安源钢铁有限公司,北邻湘东城区三产最繁荣的商业街,人口密度大且流动人口多。辖区内总面积3.8平方千米,下辖7个居民小组,分别为红日、宏星、三宝洞泉、星耀、寒木坝、星星、甘家洲。共有462户1869人,其中男性932人、女性937人,常住人口1760人。社区共有27个姓氏,向姓为第一大姓。

日星社区属半平地半山地地形,地势西南高东北低,平坦用地少。船形岭林地面积为62.1亩,山上主要种植樟树。

经济概况 日星社区农田约119亩,主要种植葱、白菜、油菜、红薯、芹菜、萝卜、包菜等蔬菜,种植户约212户。另外,甘家洲河岸边新引进黄桃种植,种植面积22亩。

日星社区工业以劳动密集型的轻工业为主,包括服饰加工厂、不锈钢门窗加工制作等,解决了300余人的就业问题。社区周边商贸较为繁荣,流动商贩众多。截至2023年,辖区内有商铺70余户,其中大型商超2家、小卖部27家、餐饮店3家、汽车美容修理店7家、机械维修店2家、诊所2家、美容美发店3家、五金店8家、水电安装店2家、建材店12家、石材店3家。年营业额达100万元以上商家3家,长期从业人员450余人。2023年,日星社区集体经济收入为15万元。

基础设施 日星社区道路网基本形成,交通非常便利。对外道路有韶井公路、日星路和樟太线,均为沥青路面,路况良好。辖区内巷道道路宽3.5~5.5米,主要为水泥路面;生活道路长约12.3千米,兼具生产生活功能的段长约1.5千米,为沥青路面。此外,还建设有小型桥梁5座。

辖区内供电变压器5台,总功率1600千瓦,家庭通电率100%。日星社区有萍水河和日星河,可灌溉菜田100余亩。2017年,日星居委会重建办公楼,位于日星路(原日星水泥厂),办公楼占地面积320平方米,共四层,建筑总面积4200平方米。

社会发展 日星社区的幼儿一般就读于新街社区的中心幼儿园或新街中心幼儿园,小学生、初中生集中就读于新街的萍钢小学和萍钢中学,中学毕业后,学生主要前

日星社区移风易俗馆

往湘东中学、麻山中学等学校就读。

日星社区有1000余人享受失地农民保险;有74人享受低保;每年冬春救助20余人。2023年度居民医保缴纳率达100%,凡自己购买医保的,居委会将每年为每人承担50元。日星社区人居环境较为良好,辖区道路网基本形成;辖区内有路灯100余盏,为太阳能路灯或通电路灯;建有垃圾分类站7个;"厕所革命"整治厕所、污水处理已全面覆盖。

新街社区

社区概况 新街社区曾名"湘东新街",又名峡山口街,1962年划为居民区,1998年成立新街居民委员会。

新街社区地处峡山口街新街步行街内,与新建社区相邻,辖区面积0.8平方千米。社区下设中心街、步行街、老火车站家属区,2023年社区户籍人数857户,常住人口2264人。社区内有两条萍水河支流自西向东穿流而过。

经济概况 新街社区以步行街、中心街商贸为主,2023年,有商铺180余户,其中大型商超5家、小卖部10家、餐饮店17家、衣帽服饰店123家、移动电信店5家、美容美发店15家、五金店2家、金银珠宝店3家；年营业额达1000万元以上商家3家，年营业额达300万元以上商家16家，长期从业人员700余人，临时性从业人员200余人。福乐购百货超市成立于2013年，主营食品、果蔬、日化、服饰，年营业额1000万余元，长期雇佣员工82人。乐岛大厦成立于2015年，主营足浴、KTV、住宿，长期雇佣员工45人。百凯莉服装商场成立于2002年，主营服装、鞋帽，年营业额500万余元，长期雇佣员工30人。好运多服装商场，成立于2000年，主营服装、鞋帽，年营业额500万余元，长期雇佣员工38人。义乌小商品直销超市成立于2017年，主营小饰品、生活用品、文具，年营业额300万余元，长期雇佣员工26人。

基础设施　新街社区道路均为沥青路面，路况良好；辖区内道路宽3.5～5.5米，交通较为便利，设有2个公交站点，可供乘坐的公交车有13路、66路、63路等，方便居民日常出行。

移动、联通、电信等运营商的信号覆盖良好，通信网络稳定。新街社区分别有2家快递投放点，提供包括快递收发、包裹暂存等物流服务。

社会发展　新街社区内有艾迪尔蓝天幼儿园，可满足新街社区及周边社区学龄前儿童的就学需求，中小学生主要前往萍钢中学、萍钢小学等学校就读。

新街社区有17户26人享受社区低保。新街社区人居环境良好，有路灯160余盏，建有垃圾分类站2个、绿化花池21个、步行街休息石凳5组、雨污分流基础设施1千米、步行街化粪池10个。

特色地情　新街社区辖区内有1个百年老站，老火车站建于清朝末年，于1898年设立峡山口车站，主要运输煤炭。新中国成立后，因峡山口火车站运输便利，萍乡钢铁厂、萍乡电厂、萍乡纸厂、萍乡石油库、中国人民解放军后勤部军需仓库都在周边陆续建设起来。1996年5月，中央二套的《小站情深》特别报道了峡山口火车站党支部文明服务、爱岗敬业、吃苦奉献的精神。随着经济的快速发展，老峡山口火车站渐渐满足不了当地的运输需求。

湘东文化步行街

20世纪90年代初,峡山口站与姚家洲站合并,后在姚家洲站进行改造扩建升级,原峡山口站仅保留货场、仓库、职工家属住宅等设施。

诗新社区

社区概况 诗新社区地处峡山口街道东南部,东邻湘东镇新湄村,西、南接萍水河,北连新中居委会。1992年因萍乡发电厂灰坝扩建征地,原麻山镇诗源村危家冲岭下、横冲、江口3个自然组的村民农转非后落户湘东镇新中村茅塘。1997年从新中村析出,新设立居民委员会,分设时各取"诗源""新中"首字得名"诗新",属湘东镇,2003年9月划入峡山口街道办事处。

辖区总面积约0.37平方千米。社区共有76户384人,有姓氏12个,其中人口较多的姓氏有危、吴、李、陈。

诗新社区为平原地形,居民住宅较为密集。

基础设施 诗新社区交通便利。地处湘东区峡山口街道东南角,距离湘东城区约1千米,省道S533近在咫尺,县道X130临街穿过。

社会发展 诗新社区与新中、新村社区共建1所小学,距离社区400米,可满足3个社区及周边村庄小学生阶段儿童的就学需求,初中阶段学生就读于峡山口街萍钢中学,学前教育和九年义务教育全覆盖。

社区办公楼于2011年底建成投入使用,占地面积约240平方米,新时代文明实践站占地面积约170平方米,采取"一室多区"建设形式,设立3个集中活动室,包含图书阅览室、理论宣教室、家长学校、未成年室等7个功能区域,

诗新社区

满足居民日常学习、娱乐需求。

社区卫生所接诊率高,服务范围辐射到周边社区。社区为居民提供代办医保缴费服务,2023年度医保缴纳率达100%。2023年社区有67人享受失地农民保险,有17人享受城镇居民最低生活保障。社区人居环境良好,道路、通道三纵七横路网基本成形,有路灯33盏,均为太阳能路灯,建有垃圾分类处理站1个。

姚家洲社区

社区概况 姚家洲居民委员会成立于1988年,是萍乡铝厂厂属居委会,与萍乡铝厂调解委员会两块牌子、一套人马共同管理。姚家洲居委会管理的范围为原萍乡铝厂生活区。

萍乡铝厂的厂址是经过萍乡市重工业局踏勘之后确定的,这里原是一片荒山丘陵,当地人称"乱葬岗马道坡"。1958年"大跃进"时,原江西省商务厅曾在此建红旗铝厂,1960年后,留下的建筑物等财产交给当地政府管理,之后在此设立敬老院。萍乡铝厂于2008年政策性破产后,社会性事务移交地方管理。姚家洲居委会于2010年3

姚家洲社区绿荫广场

月移交给湘东区峡山口街管理,负责姚家洲社区居委会的工作。

姚家洲社区位于赣西边陲,交通方便,北面与533省道接壤,离320国道距离只有500米,有自己专用的铁路专线,厂址靠浙赣铁路姚家洲车站南面,距萍乡市区12千米,与湖南省醴陵市相隔30千米,离湘东镇老街2.5千米、新街3千米。厂区东面和北面与五里村交界,南面与新坺村交界,西面与樟里村交界,社区面积为300亩,其中生产区约250亩、生活区约50亩。

姚家洲社区有十几栋楼房,设7位楼栋长,共有1094人,其中男性594人、女性500人,常住人口380余人。

姚家洲社区属丘陵地形,由东南向西北倾斜,海拔80米。三面环山,中间是小河谷盆地。

基础设施 姚家洲社区前有浙赣线铁路,并设有姚家洲车站,公路有湘赣线及320国道。1988年原萍乡铝厂扩建时,建了专用货运站台,主要原料及产品都利用自备站台装卸。居民用水由湘东自来水公司直供,用电由姚家洲变电站采用110千瓦专用架空线路直供,另有距厂22千米远的跑马坪220千瓦变电站用110千瓦专用架空线路供电,双回路供电,极大地确保了供电平稳、安全,居民用电由湘东供电所供电。原萍乡铝厂生产区有250亩土地,并建有厂房和办公场所,企业于2008年政策性破产后,一直处于招商引资的状态。

新岭社区

社区概况 1958年,市属国有企业萍乡市造纸厂成立,新岭社区是在原萍乡市造纸厂的基础上成立的,职工和家属归企业管理。2010年12月萍乡市造纸厂破产改制后,于2011年3月设立新岭居民委员会,管理因萍乡市造纸厂破产改制后的居民,因在牛形岭下新设居委会而得名。

新岭社区地处峡山口街道东南部,位于湘东东环路南段东侧。东连湘东镇新坺村,南邻新中居委会,西至萍水河,北毗湘新居委会,社区面积260亩。社区居民大多居住在原萍乡市造纸厂家属楼居民区、牛形岭自建房居民区及新岭社区牛角冲和泉湖垅居民区。

基础设施 新岭社区交通区位优越,紧邻533省道,距离320国道3千米,距湘东区人民政府3千米,距萍乡城区13千米,东连湘东镇街新坺村,南接峡山口街新中社

新岭社区

区,占地面积为260亩(含原萍乡市造纸厂厂区面积)。新岭社区主要有2个居民集中居住区:一是原萍乡市造纸厂家属楼、牛角冲居民区,二是新岭社区泉湖垅居民区。社区人口结构(指常住人口):男性147人,女性140人;老年人(60岁以上含60)65人。

社会发展 原萍乡造纸厂居民区附近建有1所集小学和幼儿园于一体的新村小学,占地面积达4000平方米。泉湖垅居民区附近建有湘东区中心幼儿园、萍钢小学,可满足社区适龄儿童就学需求。学生小学毕业后,主要前往萍钢中学就读初中,可满足九年义务教育阶段学生的就学需求,九年义务教育覆盖率100%。

滨河社区

社区概况 因北面紧临萍水河滨江段,并根据小区名"家兴滨河花园小区"取名"滨河社区"。滨河社区地处峡山口街滨河南路,距离萍乡市区17千米,东面与北面紧邻萍水河,南面与砚田社区接壤,西面与昌盛社区交界。滨河社区目前下辖5个小区,分别是滨河花园一期、滨河花园B期、经济适用房、滨江国际一期、滨江国际二期。社区有2195户6060人,其中男性3048人,女性3012人。常住人口3214人,流动人口

2846人。居民以汉族为主。

滨河社区属平原地形，地势平坦开阔，整体呈现东西纵向狭长态势，水资源丰富。

经济概况　滨河社区商贸繁荣。2023年，有商铺56家，其中小卖部12家、餐饮店13家、电器店1家、家具店3家、移动电信营业点1家、大药房4家、美容美发店7家、五金店3家、水电安装店2家、汽车修理店2家、建材店4家、广告印刷店2个、电脑科技店2个。年营业额100万元以上商家3家。

基础设施　滨河社区内道路面积为34271.99平方米，主要为沥青路面。小区外滨江南路与砚田路、桥南路相连，道路四通八达，交通便利。滨河社区通信网络信号覆盖率100%，宽带网络使用率约100%，有线电视使用率100%。社区辖区有移动、电信、联通营业厅和邮政物流配送点。老地方超市、泰美超市、家家福超市配有POS机，居民可刷卡消费。滨河社区有变电器5台，总功率4000千瓦，家庭通电率100%。小区接入燃气管道，居民日常做饭烧水使用的能源主要为燃气和电能。居民主要生活用水为自来水，铺设自来水管道约3.4万米，能满足全社区居民日常生活用水需求。

社会发展　社区附近有湘东区第二幼儿园、砚田村实验小学、萍钢中学和云程学校等学校，基本满足滨河社区九年义务教育阶段儿童的就学需求，九年义务教育覆盖率100%。

滨河社区文化活动场所占地面积包括居委会约90平方米、新时代文明实践站约390平方米、文化健身广场约1500平方米、生态足球场950平方米。滨河社区新时代文明实践站采取"一室多区"建设形式，设立5个集中活动室，包含理论宣传、市民教育、科普宣传、文化活动室等5个功能

滨河社区一角

区域。

社区内有3个大药房,服务范围辐射到滨河花园A、B期,滨江国际一、二期。峡山口社区卫生院定期为社区60岁以上的老人和妇女免费体检,做到无病早预防,有病早发现、早治疗。居委会为居民提供代缴医保服务,2023年度城乡医保缴纳率达100%。滨河社区有6户10人享受了城镇低保。

滨河社区人居环境较为良好,社区道路网全部形成;社区有路灯210盏,均为太阳能路灯;建有垃圾分类站7个。

昌盛社区

社区概况 萍乡市湘东区峡山口街昌盛社区位于四通路与钢城路交会处,成立于1996年,区位优越,毗邻萍水河,与砚田社区、星群社区相邻,位于萍乡市湘东区中心位置。

社区总面积约3万平方米,辖昌盛小区、桂花园小区、安居小区3个小区,有楼房30栋。截至2023年,有居民1414户,总人数4886人,村"两委"干部5名,社区党员40名,下设1个联合党支部和4个网格党小组。

昌盛社区有169个姓氏,以刘、彭、陈、李、张、王、黄姓为主。

昌盛社区属平原地形,地势平坦,平坦用地多,呈现横向狭长态势。社区内有大量绿化带,种有桂花树、樟树等。

经济概况 昌盛社区属于典型的企业转制老旧小区,随着原萍乡钢铁厂的逐步发展而慢慢形成的。社区无集体经营资产,无公共土地、矿产等自然资源,以劳动密集型的工业为主。2023年,社区有22户商铺、10家餐饮店、8家小卖部、4家理发店。

基础设施 昌盛社区道路网基本形成,交通较为便利,对外道路包括滨河南路、钢城路和四通路,均为沥青路面,路况良好,社区内道路宽3.5~5.5米,辖区内有1座大型桥梁,名为"昌盛大桥"。

昌盛社区内已完成移动、电信、联通三网合一,配备了快递收发点。居民日常做饭烧水使用的能源主要为电能和液化气,生活用水主要来自自来水公司,可满足全社区居民日常生活用水需求。社区人居环境良好,雨污分离已改造完成,单元楼道灯全覆盖,路灯均为太阳能路灯,建有垃圾分类站3个。

社会发展 昌盛社区内无中小学校建设,学生主要是到萍钢小学、萍钢中学等学

昌盛社区

校就读,可满足辖区居民九年义务教育阶段儿童的就学需求。

昌盛社区内无卫生所(室),周边有社区医院、赣西肿瘤医院、湘东中医院(二甲医院),可满足社区居民就医需求,昌盛社区为居民提供代缴医保服务,2023年度城乡医保缴纳率为100%,有24户30人享受了城镇低保。

昌盛社区文化活动场所占地面积约1500平方米,包括党群服务中心占地面积约300平方米、文化健身广场5处,其中社区网格驿站采取"一室多区"建设形式,共设立党员活动室、四点半课堂、老年活动室、便民服务室等多个功能区域,主要用于开展党员学习教育、便民服务、重大节日活动等;社区共享物业中心设置工具室、维修室,为居民提供家电维修、工具借用等暖心服务。

团和社区

社区概况 团和社区于1986年成立,由萍钢和平村与萍钢团结村2个村组成,取名"团和",属萍钢企业转制小区,2018年由湘东区峡山口街道正式接管。

团和社区位于湘东区峡山口街道钢城路,是湘东区的经济核心圈,交通便利,距离萍乡市区15千米,辖区总面积约为2万平方米。

团和社区设有2个网格,分别为第一网格和第二网格,房屋合计25栋,户籍人口

2338人,常住人口958人,其中60岁以上269人,青壮年598人,16岁以下91人。社区共有139个姓氏,以刘、李姓为主。

经济概况 团和社区商贸较为繁荣,截至2023年,辖区内有事业单位8家、商铺52家,商铺主要是餐饮、美容美发、快递、电信通信、小超市等。

基础设施 团和社区内基本为沥青路面,交通出行便利。通信、供电、给排水功能完备。通信网络信号覆盖率100%,宽带网络使用率约100%,有线电视使用率100%。社区内已实现顺丰、中通、圆通、百世、邮政等物流配送点全覆盖。

社会发展 团和社区方圆3千米内有2所学校,分别为萍钢小学和萍钢中学,可满足团和社区九年义务教育阶段的儿童就学要求。社区文化活动场所占地面积约8000平方米。辖区内有萍钢广场、钢城公园、休闲广场、健身广场、气排球场,为群众提供了良好的娱乐休闲场所。

团和社区周边有医院、卫生服务中心、药房。2023年度居民医保缴纳率达100%。社区有低保户28户,享受低保人员31人,特困人员2人。社区人居环境良好,小区内道路平坦,路面铺设了沥青、透水层,实施道路"白改黑",路灯全面覆盖;建有垃圾分类亭1个、汽车车位105个、摩托车车位10个,砌有树凳27个、石桌凳12套,设有2处公共晾晒区;社区主干道两侧设有7处绿化盆栽;污水管道改造,所有排水沟已清理并铺设了盖板;对楼栋外墙进行了粉刷、单元楼道刷白;对乱拉乱放的通信缆线进行了整治、美化、亮化;对社区门亭进行了改造升级,实现人车分流。设有健身器材、议事亭,建设社区养老服务中心,供居民平日休闲娱乐;安装电梯2台。

团和社区加装电梯后的住宅楼

新民社区

社区概况　新民社区是2006年由原萍钢新建村与萍钢民主村组合而成。

新民社区地处萍乡市湘东区峡山口街道西南部,辖区面积3.8万平方米,距离湘东区区政府1.2千米,距离萍乡市市区15千米,东邻跃兴社区,西接三湾社区,南靠船形山,北与团和社区接壤。

新民社区下辖2个小组,共有767户3907人,实际居住693户1783人。社区共有142个姓氏,以刘、李、彭姓为主。

新民社区地处城市中心,属于典型的工矿社区,无山地、无农田、无旱地。

新民社区内有大量绿化带,种有桂花树、松树、枇杷树、樟树、玉兰花以及映山红、海棠等,风景优美,绿意葱茏。

经济概况　截至2023年,新民社区内有小卖部5家、餐饮店4家、衣帽服饰店1家、茶楼3家、烟酒店1家、诊所1家、美容美发店1家、摩托修理店1家、快递店1家,都属于小微企业,解决村民就业20余人。

基础设施　新民社区对外主要道路花溪路、博升中路为双车道,宽6～8米;新建

新民社区钢城e家城市驿站

村内主路及楼栋间辅路、小路,"白改黑"道路改造8000余平方米,均为沥青路面,路况良好,总长约2.2千米;民主村内路面为水泥路。此外,还建设有小型桥梁3座。在老旧社区改造中,共拆除旧房、危房、棚房合计3栋24户,拆除历史搭建的钢棚、铁棚合计96处,铲除私设、私改菜地15处,新建小区"白改黑"道路改造8000余平方米,安装水泥栏杆1200余米,安装不锈钢栏杆1800余米,安装路灯96盏,新增停车位98处,各单元都进行了粉刷,对6栋110户公租房进行了房相改造等等。

社会发展 新民社区内无中小学校,学生主要是到萍钢小学、萍钢中学等学校就读。

社区内建有1所卫生所,周边有社区医院、赣西肿瘤医院、湘东中医院(二甲医院)满足社区居民就医需求。新民社区有52户75人享受低保。

跃兴社区

社区概况 跃兴社区是由原萍钢跃进村、兴华村、兴华南村、兴华北村4个村组于2006年合并而来。2018年,由峡山口街道办事处接管。

跃兴社区辖区面积约0.5平方千米,距离湘东区区政府1.2千米,距离萍乡市市区15千米,东邻新建社区,西接新民社区,南靠船形小区,北与新街社区接壤。

跃兴社区下设24个居民小组(共121栋居民楼)、24个邻长,并设有5个社区网格。截至2023年,户籍人口1783户5138人,常住人口1518户4259人,内有店铺商家21家,就业人员1062人。居住人口以汉族为主,还有少量蒙古族。社区共有122个姓氏,以刘、陈、李、文、张姓为主。社区有1个基层党组织,52名党员。

跃兴社区地处丘陵地带,地势平坦,呈现横向态势。社区内有大量绿化带,种有桂花树、樟树等。

基础设施 跃兴社区对外道路为峡山口西路和钢城路,均为沥青路面,路况良好,交通较为便利。从2019年以来,社区累计完成道路拓宽及"白改黑"道路改造近1万平方米,新修和改造下水管道2.6千米,新铺人行道1.5千米,新装路灯60余盏,拆除乱搭乱建及违章房屋86处。2023年社区污水处理、雨污分流、四网合一等民生基础工程日臻完善。通信网络信号覆盖率100%,宽带网络使用率90%,有线电视使用率100%。社区内有邮政物流配送点1个,燃气管道覆盖率100%,自来水管道全覆盖。

社会发展 跃兴社区是随着原萍乡钢铁厂的逐步发展壮大而慢慢形成的。2023

跃兴社区一角

年跃兴社区内有文化活动广场1个、小卖部2家、餐饮店2家、衣帽服饰店4家、诊所3家、美容美发店6家、快递店2家、裁缝店3家、精品店1家，解决居民就业24人。

社区党群服务中心设有新时代文明实践站、图书室、便民服务室。社区活动主要集中在网格驿站和共享物业站举行，驿站内配有图书角、医药箱、便民工具箱等。跃兴社区内无中小学校，学生主要是到萍钢小学、萍钢中学等学校就读。

社区内建有1所卫生所，周边有社区医院、赣西肿瘤医院、湘东中医院（二甲医院），可满足社区居民就医需求。跃兴社区42户50人享受低保，特困人员1人。

金城社区

社区概况　金城社区辖区内有座山，名为"金线岭"，城镇在"金线岭"脚下，"金城"二字便由此而来。

1951年转初级社，1954年转高级社，之后转为金城大队，1964年改为江仔边大队，1968年江仔边大队与集中大队合并改为阳干大队。1993年萍钢征地，与阳干村分开，恢复为金城公司，2015年转为金城社区。社区位于峡山口街最南端，占地面积0.9平方千米，320国道附线从中穿过，地理环境优美，有山有水。

金城社区有居民住户289户，分为5个居民组：马道里居民组、送水塘居民组、平步岭居民组、江仔边居民组、朱家屋场居民组，共有居民1389人。金城社区共有80个姓氏，以彭姓居民为主，有636人。

金城社区地势坡度变化大，地形比较复杂，自东南向西北倾斜。

经济概况　社区未形成规模的种植产业，牲畜等皆为家庭散养。截至2023年，社

金城社区居家养老服务中心

区辖区内有企事业单位7个,从业人员约140人;有店铺、商家4家。2023年,金城社区集体经济收入达32万元。

基础设施 社区辖区内道路宽3.5米,主要为沥青路面,路况良好,目前金城社区道路网基本形成,交通较为便利。辖区内通电率100%;通信网络信号覆盖率100%,宽带网络使用率约75%,有线电视使用率90%,社区内有邮政物流配送点。居民饮用水以桶装水为主,其次是山泉水。山泉水无工业污染源,水质优良。

金城社区文化活动场所占地面积约1600平方米,居委会(包括党群服务中心)占地面积约500平方米、平步岭新时代文明实践站占地面积约400平方米、马道里邻里中心占地面积约300平方米、江仔边篮球场占地面积约400平方米。其中新时代文明实践站采取"一室多区"建设形式,共设立4个集中活动室,包含图书馆、棋牌室、市民宣讲室、老年大学等10个功能区域。

社会发展 辖区内有1所卫生室,接诊率较高,服务范围辐射到石咀岭、阳干村等周边社区和村庄。另外,峡山口街社区卫生服务中心每年都为65岁以上的老人和其他重点人群免费体检,做到无病早预防,有病早发现、早治疗。2023年度医保缴纳率达100%。社区人居环境良好,道路网基本形成;社区内有路灯150盏,均为太阳能路灯;建有垃圾分类站3个。

星群社区

社区概况　星群社区面积0.25平方千米,因萍钢公司扩建征用社区土地,于1987年归属萍钢更名为"星群居委会"。"星群"取意群星璀璨之意,寓意群星汇集。"廖家屋场"和"砚田一队"是星群社区的常用名。在1986年以前星群社区为湘东镇砚田村第一村民小组,社区共有5个姓氏,其中廖姓居民占比90%,素有"廖家屋场"之称。

星群社区人口密集、交通区位优越,原峡山口火车站在居委会办公室门前,社区紧邻320国道。社区共有383户1053人,其中常住人口850人,流动人口203人。

星群社区地形平坦、狭长,房屋密集,多为自建的三层住房,有少量七层住房,铁路沪昆线从社区内穿境而过,社区道路均为水泥沥青道路,有公交车直通萍乡市区,交通便利。

经济概况　星群社区商贸较为繁荣,星群临时疏导区是湘东区最大的集市之一。截至2023年,社区内有各类商铺80余户,有中型商超1家、早餐店12家、美容美发店7家、水电安装店2家、电子加工厂1家、幼儿园1家、台球馆1家、小店若干。惠联

星群社区百年古樟

超市年营业额100万元以上,主营食品、果蔬、日化。2023年,星群社区集体经济收入达30万元。

基础设施　社区建造了体育活动中心,为居民提供了完整良好的体育健身设施和场所。在2021年旧城改造后,有保洁员进行常态保洁,社区马路、居民房屋前后、排水设施、环境难点、公共设施均得到治理改善。

社会发展　星群社区居民生活学习条件便利、就业率高。境内有1所"宝宝乐幼儿园",周边有湘东区第二幼儿园。初中、高中学生就近读书,高中生主要前往湘东中学、麻山中学就读。

社区有90%的居民享受职工社保,在江西萍钢实业股份有限公司及江西联达冶金有限公司工作。10%未享受社保的居民,社区为其发放基本养老金;有8户享受了低保。

特色地情　星群社区有1棵古樟树,树龄有350多年。根据廖氏族谱记载,是社区廖氏祖廷孝公所栽,当时栽樟树9棵。由于年代久远,历经多次战乱和人为砍伐(制樟脑),现仅存1棵,此树目前已申请文物挂牌保护。

郭公塘社区

社区概况　郭公塘因郭姓农户在此挖了很多比较大的鱼塘而得名。郭公塘居民委员会成立于1986年,是从湘东镇阳干村分离出来的。1985年阳干村为了支持萍乡钢铁厂的发展,将原5、6、7、8、9生产队和大江边村部分村民的粮田划给萍乡钢铁厂建厂办企业,5、6、7、8、9生产队、仙人坳、大江边村部分村民转为非农业户口,并成立郭公塘居委会,后更名为郭公塘社区。

郭公塘社区下设4个小组:一组荷塘坡,因塘里种了很多荷花而得名;二组勾形湾,因山的形状而得名;三组分为岭几上和寒木坝,都是由山的形状而得名;四组杨家屋场,因早年间杨姓农户在这里耕作而得名。郭公塘社区面积3.36平方千米,位于萍钢新厂区的旁边,与火星社区、石咀岭社区、金城居社区、阳干村、泉塘村、大江边村、日星社区、三湾社区相邻。

郭公塘社区共有居民496户,常住居民298户,户籍人口1662人,其中男性861人、女性801人,常住人口696人。社区共有86个姓氏,以彭、刘、王、曾姓为主。

郭公塘社区属于工业区,在萍钢生产区周边,山岭比较少,呈孤园态势。

经济概况　社区以工贸企业为主,包括萍乡萍钢安源钢铁有限公司、江西诺瑞环

郭公塘社区打造的15分钟活动圈

境资源科技有限公司、江西联达鸿基冶金建筑安装有限公司、萍乡市瑞祥洗涤有限公司、萍乡市康旭化工填料有限公司、萍乡市方大建材配送有限公司、萍乡钢铁冶金建设有限公司、萍乡市郭公塘企业公司等。

郭公塘社区商贸较少,截至2023年,辖内有小卖部1家、餐饮店2家、小型加油站1家。2023年,郭公塘社区集体经济收入为50万元。

基础设施 社区对外道路均为沥青路面,路况良好;社区内道路宽3.5~5.5米,主要为水泥沥青路面,生产道路长约2千米,生活道路长约9千米,交通较为便利。

社会发展 郭公塘居委会文化活动场所占地面积约6700平方米,其中村委会(包括党群服务中心)占地面积约600平方米、新时代文明实践站占地面积约100平方米、2个文化健身广场占地面积约4500平方米、庙宇占地面积约1500平方米。郭公塘居委会新时代文明实践站采取"一室多区"建设形式,共设2个集中活动室,包含图书馆、市民宣讲室等9个功能区域,为群众提供了一个良好的学习娱乐场所。

社区为居民提供代缴医保服务,2023年度农村医保缴纳率达100%。有14户16人享受了居民低保。

社区有路灯110盏,均为太阳能路灯;建有垃圾集中处理中心5个;"厕所革命"整治厕所86个,投入14万余元。

石咀岭社区

社区概况 社区因当地山头石咀山而得名。1985年萍钢公司在阳干征地扩建,将阳干村二、三、四组村民和大江边村十、十一组部分居民转入非农户口,石咀岭居委会于1992年成立。2015年归属于峡山口街道办事处管理,更名为石咀岭社区。

石咀岭社区地理位置优越,地处萍乡市湘东区西北部,距离湘东城区3.5千米,距离下埠镇5千米,东邻阳干村、南接萍钢厂区、西与湘东镇泉塘村交界、北与下山塘自然村接壤。

石咀岭社区下设4个自然组,分别为大江边、仙人坳、上彭、朱家屋场,社区共有人口128户400人,其中男性208人、女性192人,常住人口264人,流动人口136人,居住人口以汉族为主。

石咀岭社区地属半丘陵半山地地形,地势南高东低,平坦用地极少,呈现环山态势。

经济概况 从湘东镇阳干村分离出来后,为了生存,社区拓展业务,解决了居民的就业问题,成立了萍乡市石咀岭冶金有限公司,借助萍钢这块市场,承接了2个劳务项目,安排就业岗位60余个。在2005年投资300万元,征地15亩建了瓷厂,安排就业

石咀岭荷塘

岗位80余个。2023年,石咀岭社区集体经济收入18.8万元,其中瓷厂租赁收入12万元,仓库租赁收入6.8万元。

基础设施　2020年,石咀岭社区在萍乡市石咀岭冶金有限公司的支持下,对90%的道路进行了沥青铺设;对道路两旁进行绿化,设有80多盏太阳能路灯。

石咀岭社区通信网络信号覆盖率100%,宽带网络使用率100%,有线电视使用率100%。社区内有移动、电信、联通营业厅和邮政物流配送点。

石咀岭社区燃气覆盖率100%,自来水使用率100%,传统的深井水只有少数居民暂有保留,其余的已经填埋。

社会发展　石咀岭社区小学生就读分布面广,以萍钢小学为主,中学基本在萍钢中学、湘东中学完成学业,可满足石咀岭社区九年义务教育阶段儿童的就学要求。

石咀岭社区文化活动场所占地面积约1300平方米,其中社区办公室(包括党群服务中心)共3层,分别为文明实践站、3个集中活动室、8个功能室,羽毛球场占地面积约300平方米,养老活动中心占地面积约300平方米,能够满足社区居民学习娱乐需求。

社区内有2所卫生室,周边有赣西医院、湘东区中医院、社区卫生服务中心。

火星社区

社区概况　火星社区因"星星之火,可以燎原"而得名,居委会驻芳瓣塘,由原红旗坳上、沙子岭、大坡里、"黄牛不出栏"合并组成。新中国成立前属凤鸣乡管辖,新中国成立之初,属湘东区砚田乡管辖。2004年由湘东镇并入峡山口街道办事处。

火星社区地处峡山口街道,属于湘东区主城区。社区位于萍钢厂区内,距离萍乡市区14千米,与湘东区湘东镇道田村接壤,与湘东镇泉塘村熊家组相连,与峡山口街三湾社区、郭公塘社区相邻。

社区有5个居民小组,共有458户1485人,其中常住人口586人。姓氏以周、汤、王、刘、李、谢、朱、徐等姓为主。

火星社区属半丘陵半山地地形,以丘陵地形为主,辖区内地势西北高东南低,坡度变化不大,东部地势平坦,西部和北部较多山岭,植被丰富,绿化率达60%以上,主要以灌木为主,时常有鹰和白鹭出现。5个小组都分配有1口由集体打的井,水质含钙较高。社区内有水塘23口,在辖区各组内均有分布。

经济概况　火星社区企业以制造业为主,企业主要以钢材生产加工为主。截至

火星社区湿地公园

2023年,社区辖内共有7家企业,分别为萍乡市博鑫矿业有限公司、萍乡市宏盛石灰有限公司、江西辰宇粉体制品有限公司、萍乡市同鑫互利环保建材有限公司、江西联达冶金有限公司耐火材料厂、萍乡市众邦冶金有限公司、萍钢制氧厂等企业,主要服务于萍钢产业,企业内合计有工人300余人。2023年社区集体收入15万元。

基础设施 火星社区对外道路包括阳光路、火星路,均为双向两车道的沥青路面,路宽9米;社区内部辅路均为水泥路面,单向通行。2021年社区对火星路进行了提质改造;2022年对阳光路进行了"白改黑",社区投资300万元,居民自筹6万元,筹工筹劳千余人,顺利完成道路改造。

社会发展 火星社区辖内无中小学,学生主要前往萍钢小学、萍钢中学、湘东小学等学校就读,高中可就读于湘东中学、麻山中学等学校。

2023年初,社区迁至原萍钢二校,办公面积300平方米,社区活动场所建筑面积1000平方米,包括社区新时代文明实践站、居家养老服务中心、邻里议事亭、篮球场、健身场地等。

2023年度火星社区居民城乡医保缴纳率达100%。社区有27户35人享受城镇低保,其中享受一般补贴的有25户33人,享受特困补贴的有2户2人。火星社区人居环境良好,村庄道路网基本形成;村内有路灯53盏,均为太阳能路灯,社区正筹措资金安装太阳能路灯;"厕所革命"整治旱厕56个。社区志愿者活动丰富,2021年成立火星社区志愿服务队,有志愿者126人。后相继成立社区综合体等多支队伍,共有队员37人。

三湾社区

社区概况　三湾社区于1986年因萍钢建厂征地"农转非"而成立,原建有祠堂的习姓家族为"习家湾",熊姓家族为"熊家湾",林姓家族为"林家湾",由三大家族合并而得名"三湾"。总面积约4.5平方千米,4个居民小组,一组"台咀上"位于赣西医院后面,紧邻湘东区步行街。二组"习家湾"和三组"熊家湾"相邻,位于峡山口街花溪路,社区旁边。四组"林家湾"与湘东镇道田村相邻。

三湾社区共有528户1910人,其中男性1020人、女性890人,常住人口1100人,流动人口810人。三湾社区共有79个姓氏,以林、李、谢、张姓为主。

经济概况　萍钢建厂前,居民以种植水稻和蔬菜为主,偶尔养殖猪和鸡,未形成规模。

三湾社区工业主要以新型建筑材料制造、纸制品包装为主。1986年建成的萍钢水泥二厂生产的航海牌水泥远销各地,后因国家环保政策而停产倒闭。萍乡市浩宇新型建筑材料有限公司、萍乡市福晖建设有限公司,主要从事建筑工程、新材料行业。萍乡市晖弘特种纸业有限公司,主要从事纸制品包装,公司员工70余人。

三湾社区商贸较为繁荣,辖区内有多家贸易公司、文化艺术培训公司及其他服务公司,如:萍乡艺舟文化传媒有限公司、萍乡市湘艺文化传播有限公司、萍乡市天宏信息咨询有限公司等。2023年,社区靠近峡山口街区,附近有大型超市1家。社区内有商铺30余户,其中小卖部7家、餐饮店11家、衣帽服饰店2家,还有水果店、美容店、修理店等。三湾社区村级集体经济收入主要来源于厂房、店面租赁收入和投资收入等。

三湾社区居民委员会

2023年,三湾社区集体经济收入为22万元。

基础设施 三湾社区对外道路包括花溪路及峡山口街道街区,社区内路面为水泥路面,路况一般,道路宽3~5米。生产道路约1千米,生活道路约2千米,此外,还有桥梁2座、涵洞1个。社区有变电器4台,总功率1600千瓦,家庭通电率100%。社区内已接入燃气管道,居民主要生活用水来自自来水厂。

社会发展 三湾社区内无卫生所(室),居民就医可前往赣西医院或者峡山口街卫生服务中心。90%以上居民享受国家社保、普及医疗保险,少数是城镇居民养老保险,有20户27人享受了城镇低保。社区内有路灯136盏,均为太阳能路灯;建有垃圾集中处理中心1个、垃圾分类站3个。

湘新社区

社区概况 1958年萍乡安源发电厂建厂于此,1993年发电厂开始扩建,建立了电厂员工家属楼群。截至1997年,共计建成居民楼19栋,周边并配套相应设施,如:幼儿园、电影院、俱乐部等;成立萍电新建村,隶属湘东镇。2003年9月峡山口街道成立,萍电新建村更名为湘新社区,隶属峡山口街道办事处管辖。

湘新社区位于滨江东路,地处峡山口街中心地段,辖区总面积约500亩。社区办公楼是一个集办公、服务、休闲娱乐于一体的综合性活动场地,除居民楼外,还设有办事大厅、图书馆、篮球馆、新时代文明实践站、志愿者服务站、退役军人服务站以及社区居家养老中心等。

社区居民楼19栋,共43个单元,有常住户670户(常住人口930人),户籍人口1371人。居住人口目前以汉族为主。社区人员结构较为复杂,早年是以华能安源电厂职工及其家属为主,企业工厂搬迁后,多为华能安源电厂退休职工。随着社区近年来环境提升改善,地理位置优势显著,交通方便,配套设施齐全,吸引了部分在周边工作的人租住在社区内。

经济概况 2023年,社区有公司企业5家,小型超市、小卖铺3家,店铺3家,药店1家。湘新社区通信网络信号覆盖率100%,宽带网络使用率约98%(少数居民无需求)。社区辖区内有多个物流配送点,网上购物方便。家庭通电率100%,辖区内所有居民均已接入燃气管道,生活给水基本满足了辖区居民日常生活用水需求。2023年,湘新社区集体经济收入达23万元。

湘新社区居家养老服务中心

社会发展　湘新社区内设有金色童年幼儿园，周边有新村小学、萍钢中学等。

湘新社区文化活动场所占地面积约300平方米（包括湘新社区新时代文明实践站），篮球场占地面积400平方米。社区15分钟生活圈涵盖区中医院、社区医院，社区有20户28人享受了低保。2023年，湘新社区为江西省第二批绿色社区，社区已实施垃圾分类。

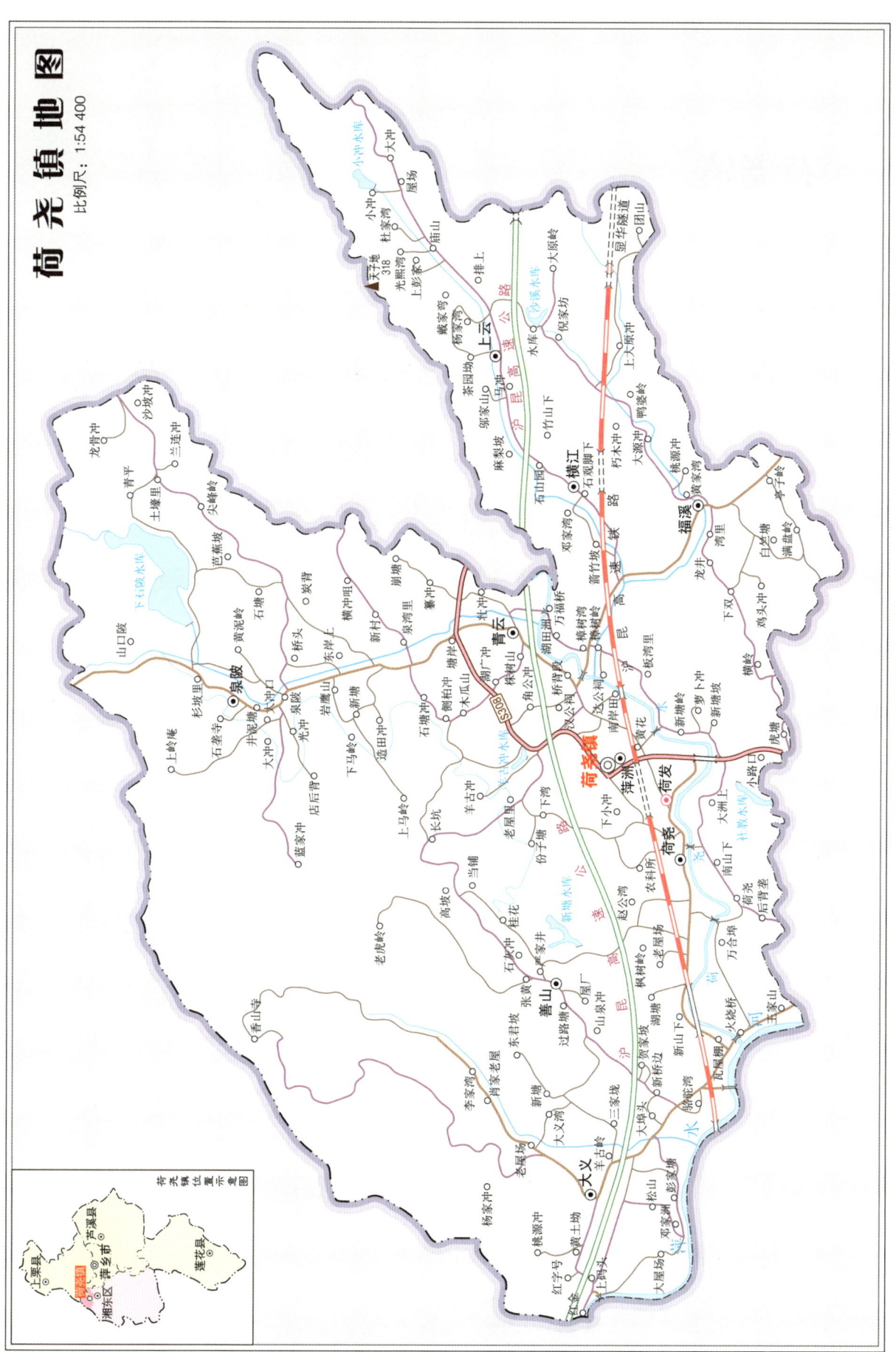

荷尧镇

荷尧镇位于湘东区北部,东靠安源区青山镇,西接醴陵市王仙镇,南邻湘东城区,北连上栗县长平乡,总面积53.58平方千米,因萍水、长平两河环绕,故称"河绕",后改称今名。

荷尧镇春秋时期,属吴国,战国时期,为楚地。西汉汉高帝时期,属荆州长沙郡。西晋时期,属江州萍乡县。明清时期,属萍乡县美俗乡。1912年之后,分属美俗、安金、安唐乡。1949年8月,隶属萍乡县第五区美昭、安金、安唐乡。1950年8月,属美昭区大义、美荷和长平区的起民、三合、青云、泉陂、福寿、溪塘乡。1952年,属第十区的美荷、善山、大义和第十一区的青云、泉陂、溪塘、福寿、三合、石坡、来源、起民乡。1956年,属湘东区美荷、大义、青云、三合乡。1957年,美荷、大义、青云、三合4乡合并为荷尧乡。1958年,撤乡,属湘东区荷尧公社。1962年,荷尧公社分为荷尧、青云、三合3个公社。1964年,撤销青云、三合公社,恢复荷尧公社。1971年,隶属湘东区荷尧公社。1984年4月撤公社,改为荷尧乡。1994年撤乡建荷尧镇。

境内辖9村1社区,分别是荷尧村、大义村、善山村、萍洲村、横江村、泉陂村、上云村、福溪村、青云村、荷发社区,共有203个村民小组,总人口39792人,居住人口以汉族为主。

荷尧镇地处罗霄山脉北段低山丘陵地区。地势东北高西南低。地形西北部为大屏山区地带,东部为低山丘陵地带,南部沿长平河和萍水河沿岸为小平原地带。主要山峰有大屏山,海拔最高点大屏山主峰位于善山村,高度为615.7米;海拔最低点邓家洲位于大义村,高度为67米。属亚热带

荷尧镇人民政府

湿润季风气候,气候温和,四季分明,光照充足,雨量充沛。荷尧镇境内河道属湘江水系,有大小河流3条,总长11.7千米,流域面积35平方千米,主要河流有长平河和萍水河。水库有5座,为泉陂村下石陂水库、新塘水库、小冲水库、沙溪水库、羊古冲水库。境内有水电站1座——骆驼湾水电站,系社会运营。

荷尧镇耕地确权面积12697.5亩,水田面积10871.85亩,林地面积50458.6亩。镇内有金盆工业园区,现有工业企业36家,涉及装备制造、创意包装、机械、陶瓷、鞋业、煤矿、鞭炮、矿山等行业。现有规上企业28家,其中工业企业10家。境内还有煤矿、鞭炮、非煤矿山等传统产业。

辖区内通信网络信号覆盖率100%,有线电视使用率100%,家庭通电率100%。全镇有移动、电信、联通营业厅和邮政物流配送点。其中,邮政所1所,移动、联通电信营业厅7个,移动用户数有18000人左右,宽带用户5000人左右。大多数超市配有POS机,居民可刷卡消费。

境内旅游资源丰富。有萍乡佛教四大名山之一、海拔600余米、一脚"跨湘赣"的佛门圣地大屏山,其位于罗霄山脉中段、萍醴交界处,东起佛教南宗教的杨岐山,西至醴陵,主峰高615.7米,面积近200平方千米,因它形似一架巨大的屏风矗立在萍醴边界,故名"大屏山",大屏山观音峡谷为萍乡十大徒步登山道之一。山上有"一刹贯两省"之吴楚古刹,史料记载,吴楚古刹为唐贞观年间越国公尉迟敬德途经大屏山时所建,宰相房玄龄为其撰写了《吴楚古刹碑》。吴楚古刹已被列为市级重点文物保护单位。瑾珊家塾已列为省级重点文物保护单位。荷尧境内还有千亩小(1)型的下石陂水库、长约4千米的太子溶洞,以及远近闻名的泉陂彭公景秀庙、将军庙、石龙寺等丰富的旅游资源。荷尧镇养殖业以萍乡两头乌猪为主。萍乡两头乌猪是江西省的优良地方品种,已有1000多年的历史,具有耐粗饲、抗逆性和适应性强、合群性好、繁殖力高、性成熟早、肉质鲜美等特点。2020年两头乌猪获评"国家级农产品地理标志"。荷尧镇已形成萍乡两头乌猪、荷尧赤松茸、大义白莲、青云蜜桃、善山脐橙等特色产品。

境内交通优势明显,沪昆高铁、昌金高速公路穿越腹地,贯穿东西,且高速湘东出口设在荷尧,开车到320国道和湘东城区仅需5分钟,到萍乡高铁站仅需20分钟,到长沙黄花机场也只需1小时。

荷尧镇九年义务教育覆盖率100%,有荷尧中学1所。荷尧中学共有教师58人,学生720人。小学有8所,分别是中心小学、大义小学、火烧桥小学、青云小学、泉陂小学、双福小学、横江小学、上云小学,共有小学教师157人,学生1800人;幼儿园共7所(处),其中公办中心幼儿园1所、民办(实验)幼儿园1所;小学分园5处,共有教师72人,幼儿643人。荷尧镇有卫生所1所,有卫生系统正式职工60人、临时职工28人。荷尧镇卫生所成立于1953年,是一所集医疗、预防、保健于一体的综合性公立医院,占地面积3000平方米,建筑面积5000平方米,开设门诊部和住院部,有内科、妇科、儿科、外科、骨科、中医内科、中医康复科、医技科,开放床位数60张,配备救护车1辆。荷尧镇下辖村卫生室26个,其中共有产权村卫生室7个。

荷尧镇历史文化底蕴深厚,著名人物有清代翰林父子肖若峰、肖立炎,清代反清起义军领袖邓海山,经济学家黄序鹓,国民政府财政部次长吴兴周。新中国成立后有中国科学院学部委员吴学周;南昌飞机制造厂厂长、党委书记,南京航空学院党委书记、院长吴继周;北京大学生命科学学院教授、博士生导师,国家973项目首席科学家昌增益;全国劳动模范熊启东等人士。

2023年全镇财政总收入16220.9万元,同比增长63.4%,其中税务系统收入16033.3万元、财政系统收入187.6万元、一般公共预算收入7981.7万元。实有税收3238.2万元,同比增长268.39%。江西森阅深海装备制造有限公司落地仅一年纳税突

荷尧镇

破1000万元。成功引进亿元以上工业项目5个,引进投资总额9.5亿元。新增规上企业7家,其中工业企业2家。全镇在库500万元以上固定资产投资项目26个。2023年度全镇所有村级集体经济收入均超过20万元,其中荷尧村、善山村集体经济收入达到50万元。

2020年,萍乡湘东区荷尧镇人民调解委员会被司法部授予"全国模范人民调解委员会"称号。2023年先后获得"省级人大代表联络示范站""市级五星级代表联络站""全市安全生产工作先进单位""萍乡市美丽乡镇""萍乡市基层医保示范点""萍乡市示范型退役军人服务站""市二星级敬老院""萍乡市乡镇'十个一'标准化体系建设先进乡镇"等多项荣誉称号。

泉陂村

村情概况 泉陂村曾名"泉陂上",古属"荷尧乡"。泉陂村由下石陂水库、大冲大队、青平大队、爱民大队、泉丰大队、炭背大队合并而成,因泉陂泉水井比较多而取名为泉陂村。1949年8月前属安金乡第一、二保。1950年8月后属长平区泉陂乡。1958年更名为荷尧公社泉陂大队。1962年属湘东区青云公社。1964年复属荷尧公社,仍称泉陂大队。1984年3月改为荷尧乡泉陂村。1994年8月属荷尧镇。2003年9月下石陂水库农业排组并入。

泉陂村地处320国道区域,交通便利。地势北高南低,山清水秀,环境优美,海拔260米左右。下辖28个村民组:农业排、龙骨冲、婆光塘、土壕、青平、尖峰岭、上炭背、石塘、炭背、东岸上、上东岸、泉湾、泉塘、泉陂上、井湾、井泥塘、大冲、光冲、兰家冲、排上、柳术坑、大冲口、下岭安、上岭安、杉坡、山口陂、肖家湾、架古石。全村共有1493户5028人,其中常住人口2763人,姓氏以彭、李、周、文、赖、田姓为主,上述姓氏村民人数均超过100。

经济概况 主要种植水稻、油茶、油菜、红薯,养殖土鸡、羊、蜜蜂等,工业为劳动密集型的轻工业,以泉陂包装加工厂为主。泉陂村商贸较为繁荣,每月逢七有大型赶集。村内泉陂集镇全长400余米,现有商铺40余户,其中大型商超3家、小卖部27家、餐饮店3家、移动电信1家、诊所4家、美容美发店3家、五金店1家、水电安装1家。2023年,泉陂村集体经济收入达25.77万元。

社会发展 泉陂村建有幼儿园和集中小学于一体的小学,可满足泉陂村及周边

泉陂村下石陂水库

村庄学龄前和小学教育阶段儿童的就学需求,小学毕业后,学生主要前往荷尧中学就读初中。

泉陂村文化活动场所占地面积约2450平方米,其中村委会(包括党群服务中心)占地面积约350平方米、泉塘占地面积200平方米、彭公景秀文化健身广场占地面积约1300平方米、大子庙宇占地面积约200平方米、大冲广场占地面积400平方米。泉陂村新时代文明实践站采取"一室多区"建设形式,设立4个集中活动室,包含图书馆、四点半课堂、市民宣讲室等5个功能区域。村内建有4所卫生所(室),服务范围辐射到青云四丰、马岭等周边村庄。

泉陂村交通较为便利,主干道路为沥青路面,路况良好;村内道路宽5.5~9米,主要为水泥路面,生活道路约9.1千米,兼具生产生活功能的集镇段约1.8千米,为水泥路面。村内有桥梁2座,泉陂村有变电器19台,总功率6000千瓦,家庭通电率100%。村内未接入燃气管道。村民主要生活用水为深井水,有2个集中供水点,分别位于泉塘、井湾;有自来水蓄水池2座,可蓄水150立方米,铺设自来水管道约8千米以上。村内有下石陂水库,具有水利灌溉功能的山塘13口,主要采用沟渠引水,可灌溉耕地980余亩。

特色地情 景秀祠。彭公景秀(1542—1624),名天佑,号景秀,葬泉陂村山口坡龙形山。彭公景秀先后在今江西鹰潭龙虎山张天师府和江苏镇江句容三茅山学道,精通医术,一贯以行医为业,救死扶伤,扶贫济困。彭公景秀仙逝后,乡人在清康熙十一年(1672)为其修建祠宇,雕塑真身。

泉陂霞岭庵,位于大屏山脉尾部东、泉陂村境内。此庵始建于宋绍兴十七年(1147年),吸引了南岳仙道(月江印)等在此布道。康熙十八年(1679)和咸丰五年

(1855),进行过两次大修缮,现今还有月江印等三座仙道古墓在庵旁边,距今400余年,保存完好。月江印是临济宗第23代弟子,南宋年间从杨岐山来此建庵,坐禅传教。据传杨岐宗派有42代祖师。有史料可查者,有杨岐方会禅师、慈化普庵和霞岭庵月江印三处。明万历四十四年(1616),月江印仙逝于霞岭庵异葬于庵前,至康熙十八年(1679),他的弟子法海等十二人为祖师竖塔刻碑。

青云村

村情概况 青云村,因境内有青龙山而得名。1949年8月前属安金乡第一保;1950年8月属长平区青云乡;1958年属荷尧公社名青云大队;1962年属湘东区青云公社;1964年仍属荷尧公社;1984年3月为荷尧乡青云村;1994年8月属荷尧镇。

青云村地处荷尧镇东部,东邻上栗县长平乡福寿村,南、西连萍洲村,北至泉陂村。辖区面积3.99平方千米,耕地1320亩。沪昆高速公路于境南从东到西过,有省道S308北通上栗长平,南接319国道。青云村下辖21个自然村组:万福桥、福田洲、木瓜山、石岭、壮冲、石塘、瓦窑、湖广冲、塘岸、侧柏冲、岩仁山一组、岩仁山二组、岩仁山三组、造田组、新村、崩塘、横冲仔、桥头、新塘冲、下马岭、上马岭。全村共有1098户3906人,其中常住人口2492人。全村共有40多个姓氏,以黎、昌、田、杨、李为主。

青云村靠近太屏山风景名胜区,绿化率达70%,林地面积为540亩,主要为油茶林、松树林、杉树林和樟树林。

经济概况 青云村主要种植水稻、油茶、油菜、红薯,养殖土鸡、羊等。百亩秋雪蜜桃基地占地面积110亩,2023年产量达到1万千克,收益达8万元。青云村商贸较为繁荣,每月逢一、六有赶集。村内青云集市有商铺40余户,其中大型商超5家、小卖部17家、餐饮店3家、电器店2家、家具店1家、移动电信店3家、诊所4家、美容美发店2家、五金店1家、水电安装店2家、修理店1家、建材店2家。村民采取资金资产、土地、劳动力等灵活多样的方式加入农业发展专业合作社。2023年,青云村级集体经济收入23.19万元。

社会发展 青云村村庄道路网基本形成,交通较为便利。对外道路有308省道和808县道,均为沥青路面,路况良好;村内道路宽3.5~5.5米,主要为水泥路面;生产道路约8.2千米,生活道路约9.1千米,兼具生产生活功能的集镇段约3.8千米,为沥青路面。村内有桥梁7座,其中小型桥梁4座、涵洞型桥梁1座。村内有变电器10台,总功

青云村

率4000千瓦,家庭通电率100%。村内未接入燃气管道,村民主要生活用水为深井水,区级自来水有2个集中供水点,分别位于上马岭、横冲仔;铺设自来水管道约1.6万米。青云村有上马岭、横冲仔、壮冲等具有水利灌溉功能的山塘11座,主要采用沟渠引水,可灌溉耕地1000余亩。2022年,青云村成功申报了1个新农村建设点,获批30万元项目资金,用于新村组新农村建设改造。青云村建有幼儿园和公办青云小学,可满足青云村及周边村庄学龄前和小学义务教育阶段的就学需求。村内建有2所卫生所(室),服务范围辐射到全村及周边村庄。

萍洲村

村情概况 萍洲村于1970年由桐田村、裕丰村、长丰村合并成立。20世纪60年代以前,隶属长平乡区、青云乡。该地区垄中宽广,正中有个南岸田,周围被双河包围,洲上夏天萍草茂盛,故而得名为夏萍洲,后改为萍洲村。

萍洲村有沪昆高速、沪昆高铁、S308省道穿过全村,离湘东区域4千米,有高速挂线直达,东邻横江村、北邻青云村、南邻荷尧村、西邻山泉村与大屏山接壤。辖区15个村民小组:桐田、凤形、吊钟山、新塘、板湾、南岸田、徐家山、大桥、珠树山、铁炉坡、羊古冲、丁家冲、水口湾、长坑、老屋,全村共有1300户4480人,其中常住人口2951人。村内黎姓占全村人口50%以上,桐田组以文姓为主,新塘组以刘姓、谢姓、林姓为主,长丰地区以李姓、刘姓为主。

经济概况 萍洲村主要种植水稻、油茶、油菜、红薯,养殖土鸡、鸭、牛、羊、鱼等,2022年全村水稻种植面积1000余亩,早稻种植面积500余亩,通过土地流转由种植大户和少量农户耕作。村内有镇工业园区,村办企业1家,每年上交集体收入10万元以上。村内沪昆高速挂线两边商贸一条龙,很好地促进了经济的发展。萍洲村商贸较为繁荣,村内每月逢三、八赶集,集市长1千米,商铺100余家,其中大型超市5家、餐饮店15家。2023年,萍洲村集体经济收入为31.22万元。

基础设施 萍洲村境内荷尧至长平柏油路,路况良好,交通便利,与上栗县接壤,夏萍洲至长坑道路宽6米,长2.2千米,为柏油路。全村有长约10千米、宽3.5米的组道柏油路,大型桥梁2座,水电路网等交织稳定。萍洲村申报13个新农村建设点,获批资金近400万元。村级投入5万元,组织村级自筹30余万元,拓宽丁家冲组道850余米。改造提升萍洲村居家养老服务中心,坚持开放老年食堂,2100余人次参与食堂用餐和娱乐活动。投入3万余元建设徐家山健身活动场所,安装健身器材,丰富村民业余生活。

社会发展 萍洲村内有私立中心幼儿园1所、中心小学1所、初中1所、村级卫生室1所、个体卫生诊所3所。

特色地情 瑾珊家塾又名黎氏公祠,省级文物保护单位,位于江西省萍乡市湘东区荷尧镇萍洲村桐田组。该祠堂为清代黎家秀才黎洛田所建,坐北朝南,面宽13米,长21米,面积273平方米,干打垒砖木混建、硬山顶、风火墙、南方传统民居建筑,侧房马头墙上绘有彩色幅纹图案,前为门厅,后为正殿,正殿内有描金镂空花板门。黎瑾

萍洲村鸟瞰

萍洲村村委会

珊,出生于夏萍洲侧柏冲,生于咸丰二年(1852),同治时期秀才,在功成名就后返乡办学,开设瑾珊私塾,殁于1925年。2023年4月,投资40余万元启动瑾珊家塾修缮工程,2023年6月完工。

荷尧村

村情概况 1949年8月前属安金乡和美昭乡的一部分。1950年8月后分属长平区起民乡和美昭区大义乡。1952年属第十一区来源乡、起民乡和第十区的大义乡。1958年为荷尧公社荷尧大队。1962年冬拆分为南山、高尚、来源3个大队。1964年又合并为荷尧大队。1972年分出西部设立山泉大队。1984年3月更名为荷尧乡荷尧村。1994年8月属荷尧镇。2003年9月荷尧农科所并入,以驻地得名。

荷尧村位于荷尧镇的中部,东邻本镇萍州村,南与湘东镇美建村相邻,西与老关镇前进村相邻,北与本镇善山村相邻。辖区面积达7.5平方千米。辖区有30个村民组:大洲上组、南山下组、南山下组、龙古湾组、万合埠组、后背六组、王家山组、火烧桥组、火烧桥组、骆驼湾组、新桥边组、柑子湾组、瓦屋棚组、新山下组、孟家山组、老屋场组、枫树岭组、罗家塘组、赵公湾组、小冲组、小冲组、草塘组、柏树湾组、槐树下组、万合埠组、骆驼湾组、新山下组、新山下组、枫树岭组、农科所组。2023年,原有30个村民小组、10个网格、10个党小组。总户数1851户,总人口数6274人,常住人口5111人。

村民姓氏以周、刘、文、肖、李、吴为主,以上姓氏占全村人口的50%以上。

经济概况　荷尧村主要种植水稻、油茶、油菜、红薯,养殖土鸡、鸭、猪、牛、羊、鱼等。2022年全村水稻种植面积1300余亩,早稻种植面积600余亩。村内有镇工业园,民营经济发达。

荷尧村商贸较为繁荣,村内每月有3个村组赶集,分别是荷尧街道逢四、九赶集,槐树下逢二、七赶集,火烧桥逢五、十赶集;有2个农贸市场,商铺200余家,其中大型超市6家、餐饮店8家。2023年,荷尧村集体经济收入51.25万元。

基础设施　沪昆高速、沪昆高铁贯穿荷尧村,308省道荷尧街道到王家山组与湘东镇美建村接壤,沥青路面,路况良好,路面宽7~8米,里程约3千米;133县道由火烧桥至骆驼湾大桥与老关镇前进村接壤,沥青路面,路况良好,路面宽8米,里程约0.8千米。全村村组柏油公路约10千米,路面宽3.5米;水泥路约50千米,路面宽3.5米,路况良好。大型桥梁2座,小型桥梁3座。全村水电路网等交织稳定。村内有变压器140余台,家庭通电率100%,全村75%的村民均用湘东润泉公司的自来水,剩余25%的村民饮用本村农饮工程的水。村内有新塘水库和石教小(2)型水库,有2座河坝(狮子坝和骆驼湾大桥坝),水塘37口,能保障全村农田两季的丰收,保障村民的生产生活和农业用水。申报15个新农村建设点,获批资金近750万元。建设中的荷尧村农贸市场,总建筑面积1591.3平方米,规划布置禽畜肉、蔬菜、水果等8个种类,预计有摊位68个。

社会发展　村内有1所中心小学。村内享受失地保险的有400余户,享受城乡居民养老保险的有1000余人,脱贫户13户,监测户1户。全村人居环境良好,主道路灯覆盖率70%,生活垃圾集中投放点30座,全村"厕所革命"改厕240余个。完成了农科

荷尧村赤松茸基地

高铁穿行在荷尧村

所老旧小区、火烧桥街道改造提升项目和火烧桥到村部沿线人居环境改造提升工程。完成3个省级新农村自建点建设,道路"白改黑"11000平方米,打造文化广场600平方米。

特色地情 黄序鹓,字绍志,号季飞,光绪三年(1877)正月初八日生。光绪二十三年(1897)县试优附生,留学日本,就读于日本早稻田大学政治经济系。毕业后回国在民国南京政府财政部筹备处任职,历任财政部金事、赋税司科长、税法委员会主任委员、众议院议员、国宪起草委员会委员、国民政府考试院考选委员会专门委员第一组主任、民国第一届高等考试典试委员会典试员、政治经济组主任委员兼国文组财政组委员等职。后任国民政府立法院立法委员、财政经济两委委员、自治法土地法劳动法三法起草委员会委员兼考试院考选委员会专门委员、设计组主任、专门委员会办公室主任等职。著有《中国经济史长编》等著作。

吴学周(1902—1983),谱号同棠,名化予,中国科学院院士,物理化学家,中国分子光谱研究的奠基人之一,化学科学研究的卓越组织者。吴学周是中国最早把光谱数据应用于分子常数和热力学函数计算的光谱学者,为中国物理化学的发展作出了杰出的贡献。他确立了学科方向和科研课题,先后组织建立了分析化学、高分子化学、半导体电化学、无机化学、结构化学、有机化学等学科,并亲自参与研究工作,指导科研人员持续攻关,修改论文,为寻找新的半导体材料、解决自动氧化和老化的问题提供了理论依据。在他的积极倡导下,1959年长春应化所建立了中国第一个光谱实验室,20世纪60年代发展成为中国超纯分析基地。

吴继周(1915—1990),飞机制造专家,1915年2月生,1936年加入中国共产党,曾任中共清华大学支部书记、长沙市委委员、区委书记、湘鄂赣特委宣传部部长等。新中国成立后,历任江西省袁州行署专员、中共袁州地委副书记、南昌飞机制造厂厂长兼党委书记、南京航空学院院长兼党委书记、第三机械工业部顾问;中共七大代表、第六届人大政协委员。曾参与领导试制成功新中国第一架飞机,调试后批量生产。1951年7月,转到国防工业战线,奉命组建南昌国营320厂,担任厂长兼党委书记,成为新中国航空工业最早的一批建设者。带领全厂工程技术人员和广大职工于1954年成功地制造出新中国第一架飞机。

熊启冬,全国劳模,历任萍乡市人大代表、政协委员,2000年全国劳动模范。1945年9月出生,1960年9月参加工作,1970年4月加入中国共产党。历任萍乡南山大队民兵连长,江西省蚕桑示范场团支部书记,萍乡荷尧大队民兵营长兼萍乡独立团五营七连连长,萍乡造纸厂协收员,荷尧人民公社上游水库场长,荷尧文化站副站长,荷尧供电站站长,荷尧村民兵营长、副主任、副书记、村民委员会主任等职。先后获得"全国劳动模范""全国绿化带头人""中国好人""江西省劳动模范""龚全珍式好党员好干部"等诸多荣誉。

万寿宫,相传建于清嘉庆元年(1796),位于火烧桥组。

大义村

村情概况 大义村曾名"大义口",地处大屏山,因地势而称"屏山龙形里"。明洪武年间,居于此地的邓、马、卢、林、文、陈、温、黄八大姓氏召开族人大会,决议八姓结为异姓兄弟,睦邻乡里,同舟共济,并共建八姓公祠,名为"大义祠"。此后该地就叫"大义口",俗称大义。土地改革时,按照地理位置将大义口划分为红光大队、新平大队、黄金大队。1966年成立村党支部,三个大队合并成大义大队,1984年改为大义村。

大义村北连荷尧镇善山村,南接老关镇仁村,西邻湖南省醴陵市,东靠荷尧镇荷尧村,距离荷尧镇政府5.4千米,距离萍乡市区21.6千米。共有12个自然村:三甲垅、大埠头、金鱼石、红字号、新禾塘、庙前岭、杨梅塘、羊古岭、东君坡、新塘、道义湾、肖家老屋;共有26个村民小组,1641户5739人,其中常住人口4216人。大义村共有44个姓氏,主要姓氏有文、邓、黄、张、林、曾、刘、李、温、肖、陈、周,上述姓氏村民人数均超过100。

经济概况 大义村煤矿资源较为丰富,有永发煤矿和横岭煤矿,永发煤矿成立于1998年,位于大义村黄土坳组,年产值600万元;横岭煤矿成立于2001年,位于大义村

大义村文氏宗祠

老屋场组,注册资金15万元。萍乡市众鑫新型建材有限公司成立于2014年,位于大义村李家湾场组,主营业务为空心砖生产。

大义村主要种植水稻、油茶、油菜、红薯、白莲等,养殖土鸡、鸭、羊、牛、蜜蜂等。近年来,村"两委"采取资金资产、土地、劳动力等灵活多样的入社或入股方式,成立了规模较大的萍乡市水峰种养专业合作社。

大义村商贸较为繁荣,每月逢一、六都有大型赶集。村内集镇全长300余米,有商铺20余户。

2023年,大义村集体经济收入34.54万元。

基础设施 G60沪昆高速从大义村境内横穿而过,距离最近高速通口(湘东出口)5.4千米,区域内省级公路姚大线长2.1千米,均为沥青路面,贯穿本村,上山至李家湾便道全长2.47千米,为沥青路面。大义村有变电器29台,总功率4680千瓦,家庭通电率100%。村内未接入燃气管道,村民主要生活用水为深井水与麻山自来水,有1个集中供水点,位于大义口;有自来水蓄水池2座,可蓄水300立方米,铺设自来水管道约3万米。大义村有拱桥、杨家冲、杨梅塘等具有水利灌溉功能的山塘28座,主要采用沟渠引水,可灌溉耕地1000余亩。

社会发展 建有荷尧镇中心公立幼儿园和大义小学。小学毕业后,学生主要前往荷尧中学、云程中学等学校就读。大义村文化活动场所占地面积包括村委会(包括党群服务中心)约500平方米、新时代文明实践站约360平方米、文化健身广场约3000平方米、庙宇约950平方米。大义村新时代文明实践站采取"一室多区"建设形式,共设立4个集中活动室,包含图书馆、四点半课堂、市民宣讲室等10个功能区域。村内建有2所卫生所(室),服务范围辐射到荷尧、善山、屏山等周边村庄。

特色地情 吴楚古刹。地处赣湘边界处,坐落于大屏山中段天宝峰山腰,此地数吴头楚尾,故称"吴楚古刹",始建于大唐贞观十三年(639),初称皇觉寺。唐贞观十三年(639)大将尉迟敬德,路经此地,在此建立了屏山佛寺;宰相房玄龄还为寺撰写了《吴楚古刹碑》。古寺有两道山门,左为江西山门,右为湖南山门。

魁星阁。又名保安塔,区级文物保护单位,位于大义村肖家老屋,始建于清咸丰七年(1857),翰林大学士肖若锋心忧慈母,四方奉养,遂不复出。在籍日以课儿孙为事,名心素澹。著书立说,创办教育,资助族人子弟读书求仕,为一方平安,捐资建魁星阁。塔高十米,共七层,呈六边形,每层六面都有形态各异的人物画像、栩栩如生的虫鸟花卉和飞禽走兽的浮雕。塔的二层正面有拱门,其上方刻有"魁星阁"三个大字,两边刻有一副对联,上联"云山起翰墨",下联"星斗焕文章"。后改名保安塔,寓意国泰民安,保境安民。

惜字塔。市级文物保护单位。清同治九年(1870),萍乡人文瑞金等32人捐资建造,至今保存完整。塔为葫芦顶,四层六面三开窗,塔身由花岗石砌成。塔上镌刻"惜字亭"三字,并刻有"炉火纯青销垒块,纸灰飞瓦点江波"和"保一方风水,化断缄残篇"等多副对联。旨在警示后人铭记先辈,尊重知识,尊重人才,尊重历史,孝敬孔子,珍惜文墨;希望子孙后代安分守己,继往开来,将先辈的精神发扬光大。

肖若锋(1810—1885)。又名玉铨,字梦祥,号庚笙,大义口(现荷尧镇大义村)人,清朝时期知府候选人。肖若锋为清道光十四年(1834)县试第一名,袁州府试第二名,道光二十五年(1845)中进士,授翰林院编修。咸丰元年(1851)为国史馆编修,咸丰九年(1859)援例以知府候选。肖若锋做学问潜心进取,以虚取人。同仁称他"为人浑金璞玉,无势力之心,无喜愠之色"。他一生淡泊明志,刚正不阿。自我评价曰:"貌清癯,神清腴,意清娱,口不谀……平生心迹勿念糊,性坦率,情迂拘,志求仁,学问见克己功夫,隙为一腔热血,致劳七尺顽躯。"咸丰七年(1857),在官府划拨部分资金的情况下,肖若锋为募捐倡修湘东黄花浮桥四处奔忙,筹得田产60余亩,他自己捐租谷500多担。浮桥修成后,又于桥旁设桥局,作长期管理维护之所,并题写对联:"吴楚通衢,黄花古驿千秋变;官民义举,红板新舟万古桥。"咸丰九年(1859)因母病归家,不久父母相继去世。他无心官场,居家不出,以教育子弟为乐。

肖立炎(1862—1916),字鼎年、景霞、孟起,肖若锋之子,清朝翰林院庶吉士。肖立炎从小才华过人,15岁考取生员。16岁参加童子试入县学,这年,阳湘吴公到江西,看到他的试卷,大为赞赏,破例让他补县学子弟员。光绪二十年(1894)中进士,授翰林院庶吉士。翌年,萍乡大旱,民不聊生,黄爱堂等请币购粮输萍赈济灾民,肖立炎力为襄助,奔走巡视,务使款不虚縻,民沾实惠。光绪二十四年(1898)授刑部浙江司主事,时萍乡煤矿开办,煤矿主人以为地方人士软弱可欺,不肯缴纳地方税捐。他知道后,挺身而出,仗义执言,限令该矿停闭,由地方公办。萍乡煤矿不得已,才立约签字,按出煤吨数纳捐,增加了地方财政收入。

邓海山(1844—1892)。清光绪年间荷尧大义村邓家洲人,清末萍浏醴起义军首领。他出身贫寒,自幼靠打柴为生。成年后到清营当兵,在兵营精练武艺,打仗勇猛,屡建奇功。数年后回家乡开设武馆,为乡人传授武艺。其间游走醴陵、浏阳、湘潭等地以武会友,切磋武艺。后又结义哥老会,以反清扶贫为宗旨开展活动,哥老会成为萍、浏、礼三县有影响的反清秘密武装。1891年他前往大安里联络富绅罗凤冈,游说其加入哥老会。一年后队伍不断壮大,并秘密策划反清起义。1892年9月12日,他组织萍乡、醴陵、宜春、万载、安福、莲花等地哥老会九千余人聚集在大安里,他被哥老会推举为首领(起义总指挥)。在他的领导下,哥老会提出了"反清驱洋、劫富济贫"口号,严明起义纪律。数日后在大安里揭竿而起,浩浩荡荡的队伍向萍乡县城进发,攻打县城失败后,他们撤退到湘东云程岭与清兵血战数日,终因寡不敌众,加上叛徒出卖,起义失败,邓海山被俘,清军将其解往南昌,在南昌英勇就义。

善山村

村情概况 善山村以境内善山冲而得名。1994年8月属荷尧镇山泉村。1949年8月前属美昭乡第三保。1950年8月后为美昭区大义乡善山村。1958年为荷尧公社善山大队。1976年改为善山林场。1981年复为善山大队。1984年3月为荷尧乡善山村。1994年8月属荷尧镇。原山泉村1949年8月前属安金乡第十一保。1950年8月后属长平区起民乡山泉村。1958年属荷尧公社荷尧大队。1972年与荷尧分开,为山泉大队。1984年3月改为荷尧乡山泉村。1994年8月属荷尧镇。2003年9月山泉村并入,仍名善山村。

善山村位于荷尧镇西北部,东邻泉陂村,西邻醴陵石山村、屏山村等,北邻上栗长平,海拔684米,面积7.64平方千米。山林面积1万余亩,山林覆盖面达95%,村内村组

善山村

公路畅通，交通便利，距沪昆高速湘东出入口4千米。村内有15个村民小组：档埠、贺家坡、屋场、过路塘、张黄、严家井、桂花、高坡、老虎岭、松树下、周公岭、山路石、牛栏坡、雷公槽、祠堂。全村共有693户2344人，其中常住人口889人。

经济概况 善山村主要种植水稻、油菜、红薯，果树有脐橙、冰糖柚等，养殖黑山羊、黄牛、香猪、鸡、鸭、鱼等。村内有萍乡市楚航包装有限公司、萍乡市湘醴林食品有限公司、萍乡市荷尧建材有限公司。萍乡市湘醴林食品有限公司于2012年注册成立，主要加工生产肉类、水产、蔬菜等食品，主打产品有酱板鸭、鸭掌、手撕鱼等酱卤产品50多种。是全市唯一的一家酱卤食品加工企业，年产值1000多万元。2021年11月，村集体投资60万元入股萍乡市湘醴林食品有限公司，占股15.4%。2021年，村里引进萍乡市楚航包装有限公司，该公司到2023年有3条自动生产流水线。2023年，善山村集体经济收入51.87万元。

基础设施 善山村主干道、村组道路均已硬化。村内有移动信号塔3座、水塔1座，接通湘东润泉自来水。村内有长城水库和新塘水库，西渠道4000米，水塘15口，保障村民的生产生活和农业用水。

社会发展 善山村居家养老服务中心、党群服务中心、卫生服务室、新时代文明实践站建设，新农村建设点桂花、屋厂、张黄等共投入200余万元。

特色地情 香山庵，古称香山寺，坐落在大屏山紫光峰下，西连滴水观音阁，东连彭公景秀庙，有盘山水泥公路直达。寺庙古朴大方，庙堂正对面峰峦起伏，溪水潺潺，院后茂林修竹，古树参天。香山庵始建于唐朝年间，1990年修建时挖掘出唐代梵钟，现藏于萍乡市博物馆。

滴水观音阁坐落于大屏山中段位山路石，占地4000平方米，始建于80年代初。滴水观音像高二丈余，白净玉体，手持净瓶，引山上甘泉自瓶口溢出，名曰"滴水观音"。滴水观音座向右下坡有一禅寺,名曰吴楚观音禅寺,有可容纳500人的佛堂。

老虎岭石佛寺位于萍西大屏山东部老虎岭玉山里,此地山峦起伏,树木浓郁,梯田遍布,常年清泉潺潺,花果飘香。据保存至今的古碑碑文,古寺始建于明洪武三十一年(1398),距今六百多年。由于布道得力,声名远扬,至明崇祯十三年(1640)改建扩大。后又在清乾隆四十六年(1781)进行了第二次扩建,前殿取名为"石佛寺",后殿为"金霞观"。观内高僧传道、坐禅,颇有名气,门下弟子多时有二十余人。历经多次改扩建,最后毁于"文化大革命"。直到改革开放后,地方仁人志士和广大信众捐资筹款,经过数年的努力,将古寺整修一新,恢复其原貌,从此又见香烟缭绕,钟鼓齐鸣,信士、僧道不惜路远,登山爬坡,来此诵经拜佛,烧香敬表,祈祷太平。

福溪村

村情概况 原双福村1949年8月前属安金乡第十保;1950年8月后属长平区溪塘乡;1958年为荷尧公社双福大队;1962年属湘东区三合公社;1964年复归荷尧公社,仍名双福大队;1984年3月为荷尧乡双福村。原沙溪村1949年8月前属安金乡第四保;1950年8月后为长平区溪糖乡和三合乡一部分;1958年为荷尧公社沙溪、红星两大队;1962年为湘东区三合公社沙溪大队;1964年复归荷尧公社;1984年3月为荷尧乡沙溪村;1994年8月属荷尧镇。2003年9月双福与沙溪合并,各取尾字称福溪村。

福溪村处于荷尧镇东侧,与湘东镇裕升村、美健村相邻,与本镇上云村、横江村相邻,县道X808穿境而过,交通便利。总面积6.78平方千米,共有1009户3500人,常住人口2220人。有19个村民小组:大元岭、水库、倪家坊、圹山、大元冲、鸭坡岭、肖家湾、双巷、桃元冲、黄家湾、沙溪桥、湾里、龙井、下双、横岭、吉头冲、白竹塘、鸭主坡、亭子岭。主要姓氏有刘、李、周、黄、黎、赖、陈、昌等,其中刘、李、周、黄、黎等姓氏人口数均超过300。

经济概况 福溪村主要种植水稻、玉米、油菜、红薯,养殖猪、土鸡、土鸭等。村内养殖场2处,主要养殖家猪和萍乡两头乌猪。村内有花炮厂和鞋厂各一处。福溪花炮厂成立于2002年,位于福溪村鸭主坡组,主要生产花炮,固定工人约200人。强丰鞋业于2017年成立,主要业务是给国内品牌鞋业代加工,年产值约200万元。福溪村商贸较为繁荣,每月逢六就有大型赶集。村内街面长230余米,商铺20余户,其中大型商超3家、小卖铺10家、餐饮店2家、诊所1家、五金店2家、美容店1家、修理店1家、肥

福溪村两头乌猪养殖基地

料店1家。2023年,福溪村集体经济收入达21.33万元。

基础设施 福溪村对外道路为乡道X808,均为沥青路面,路况良好;村内道路宽3.5~5.5米,主要为沥青路面和水泥路面。村内有变电器14台。具有灌溉功能的山塘水库共有17座,主要采用沟渠引水,可灌溉800余亩。2023年完成红冲岭水塘和樊家冲水塘修缮,水渠修缮工程完成3133米。

社会发展 福溪村目前建有双福小学及其附属幼儿园,可满足村内学前和小学教育阶段儿童的就学需求。村境内建有1所卫生所;村内有路灯50盏,均为太阳能路灯;"厕所革命"整治厕所278个。

特色地情 桑福寺,位于福溪村湾里组,建成于清朝道光年间,于1995年被毁,2000年重修。桑福祠福主大王庙是在清朝道光年间由当时的合社人民乐捐集资创建而成。

横江村

村情概况 横江村位于荷尧镇东部,东邻本镇上云村,南与本镇福溪村相邻,西与本镇萍洲村相邻,北与上栗的长平福寿村相邻。村内有18个村民小组:幺房山下组、竹山下组、黄家祠堂组、石山园组、麻梨坡组、矮冲仔组、老屋场组、柑子园1组、柑子园2组、黄冲组、龙家屋场组、庙下组、西冲组、祠堂组、汪家屋场1组、汪家屋场2组、石观脚下1组、石观脚下2组。全村共有667户2273人,其中常住人口1498人。横江村曾名庆国大队,1958年改名为横江村。

经济概况 横江村主要种植水稻、油菜、红薯,养殖猪、土鸡、土鸭、羊等。横江村商贸繁荣,每月逢二就有大型赶集。村内街面长100余米,商铺20余户,其中小卖铺7家、早点店1家、诊所4家、五金店1家、理发店2家、修理店1家、肥料店1家、打米厂1家、榨油厂2家。2023年,横江村集体经济收入21.11万元。

基础设施 横江村对外道路为乡道X808,均为沥青路面,路况良好;村内道路宽5米,主要为沥青路面和水泥路面。具有灌溉功能的山塘水库9座,主要采用沟渠引水,可灌溉600余亩。

社会发展 横江村目前建有横江小学及其附属幼儿园,可满足村内学前和小学教育阶段儿童的就学需求。文化活动场所占地面积约3800平方米,其中村委会占地面积约600平方米、新时代文明实践站占地面积约200平方米、全民健身广场和篮球

横江村油菜田

场占地面积约3000平方米。横江村新时代文明实践站采取"一室多区"形式建设,包含图书馆、科普室、市民宣讲室、书法室、健身室等多处功能区域。横江村境内建有4所卫生所,定期给村内老年人免费体检。

上云村

村情概况 上云村位于荷尧镇东部,东、南分别与安源区源头村和温盘村相邻,北与上栗县的长平村相邻,西边是本镇的横江村。全村面积约为3.5平方千米。总户数699户计2286人,其中常住人口1190人,下辖13个村民小组:杨家湾、茶园坳、上马冲、屋场组、光绪湾、杜家湾、庙山、丁家湾、戴家湾、排上、甘塘岭、下马冲、邬家山。主要姓氏分布:上云村屋场、排上、光绪湾、杨家湾以黎姓为主,上马冲、下马冲茶园坳以彭姓为主。

1950年8月后属长平区三合乡。1958年为荷尧公社庆国大队。1962年分为上云、庙山、马冲三个大队,属湘东区三合公社。1965年冬复合为上云大队,属荷尧公社。1969年与横江大队合并为庆国大队。1973年与横江大队分开,仍称上云大队。1984年3月改为荷尧乡上云村。1994年8月属荷尧镇。

上云村有小(2)型水库1座,灌溉上云村和横江村的耕地,经过横江流入萍洲河。

经济概况 上云村有944亩耕地、3780亩林地,主要种植水稻、油茶、油菜、红薯,养殖土鸡、鸭、牛、羊、鱼等。2023年全村水稻种植面积800亩(制种),通过土地流转由种植大户和少量农户耕作。2023年,上云村集体经济收入31.28万元。

基础设施 上云村境内有柏油路贯穿全村,路况良好。全村水电路网等交织稳定。沪昆高速途经下马冲、上马冲、甘塘岭3个村民小组。村内有移动、联通、电信塔各1座。村内有变压器20台,家庭通电率100%。有小冲小(2)型水库、水塘21口。

社会发展 村内有1所小学、1所村级卫生室。村委会党群服务中心、新农村建设点和居家养老活动中心共计约1000平方米,篮球场1个,图书阅览室1个。村主干道路灯覆盖率100%,生活垃圾集中投放点8座。

特色地情 庙山古井,位于江西省萍乡市湘东区荷尧镇上云村庙山组,建于清代,原是麻石结构,重修后井台为水泥井台。古井清澈见底,出水量大,主要作为村民的生活用水,井口现经修缮成梯形状,宽5.13米,长2.9米。

大冲盘古石仙庙,位于江西省萍乡市湘东区荷尧镇上云村大冲组。据传建于唐

上云村

代,庙外部红砖结构,白粉墙体,内有天然公母青石,由石壁天然生成。石公高3.3米,宽3米,石母高2.5米,宽2.1米。石仙庙在当地知名度较高,信士颇多,具有一定的人文和历史价值。

荷发社区

社区概况　荷发社区系杭长高铁拆迁安置区,经区政府批复于2013年8月8日正式成立。总面积0.18平方千米,荷尧中心小学、中心幼儿园、荷尧供电所、荷尧镇垃圾压缩站坐落于其中,沪昆高速从中穿过,环境优美,交通方便,是荷尧镇政治、经济、文化的中心。户籍数32户,户籍人口120人,常住人口1248人,下设5个居民小组、2个网格管理机制。荷发社区共有21个姓氏,其中文、李、刘、黎姓居民人数均超过100人。

经济概况　商铺20余家,其中大型商超5家、小卖部6家、餐饮店3家、电器店1家、家具店1家、移动电信营业点1家、诊所1家、五金店1家、石材店1家。年营业额达10万元以上的商家有4户。有鞋面加工厂1家,主要做鞋面加工;优加选电商主营业务是电商和包装。

基础设施　荷发社区对外道路均为沥青路面,社区内道路主要为水泥路面。家庭通电率100%。已接入燃气管道,村民所用能源主要为电能和液化气。机构建有污水处理站,所有污水已接入污水管,排入污水处理站。湘东润泉自来水已全面接通到

荷发社区一角

社区。

社会发展 建有中心幼儿园和中心小学。文化活动场所占地面积包括居委会约360平方米、新时代文明实践站约180平方米、文化健身广场约150平方米、群众大舞台约1200平方米。社区建有1所卫生所。

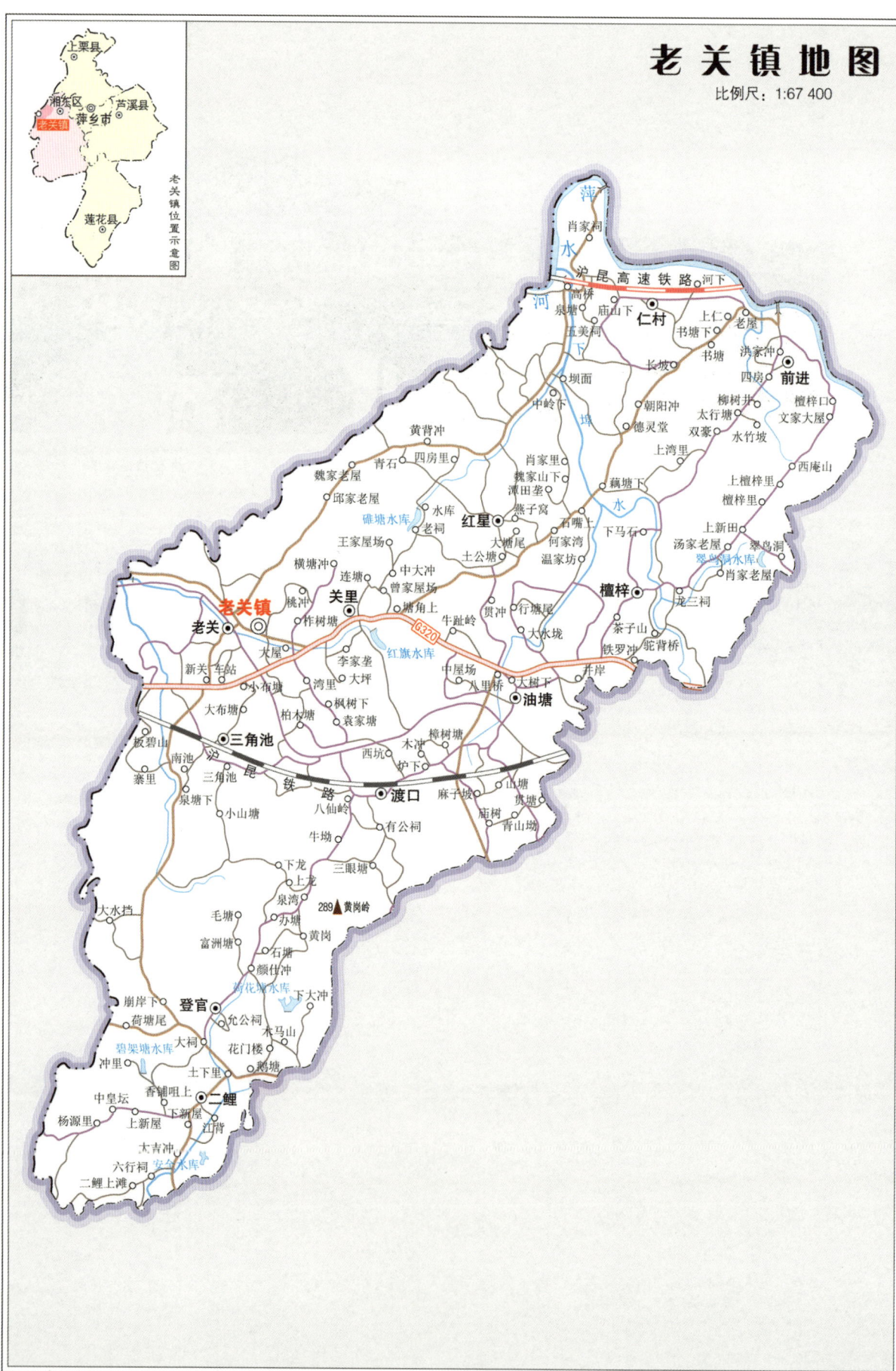

老关镇

老关镇历史悠久,相传春秋时期设关卡在此。明嘉靖年间(1522—1566),知县杨自治在老关建营房、置关楼,现关卡虽毁,城墙遗迹尚存,故称"老关"。自康熙二十二年(1683)起,老关有归对乡、怀信里、萍乡县第五区昭信乡、萍乡市第四区昭信乡、萍乡县美昭乡、老关公社、老关乡等称号。1993年7月1日正式撤乡建镇,改为老关镇。

老关镇地处赣湘边界、萍乡市西部、湘东区西北部,东连湘东镇,南邻下埠镇、排上镇,西接湖南省醴陵市东富镇、王仙镇,北与荷尧镇隔河相望。全镇总面积54.5平方公里,耕地面积1151.09公顷,林地面积2734.9公顷,森林面积2513公顷,森林覆盖率47.69%。镇政府驻地位于老关村商贸街。

2023年,镇里有11个村民委员会:老关村、关里村、登官村、红星村、前进村、仁村村、三角池村、渡口村、二鲤村、檀梓村、油塘村。有8673户,总人口37313人,常住人口26721人。境内人口大多数为汉族。

老关镇地处罗霄山脉北端丘陵地带。地势东南高,西北部较低平。主要山峰有黄岗岭。海拔最高点黄岗岭位于登官村,高度为289.9米;海拔最低点陂头洲位于仁村村,高度为65.4米。老关镇属亚热带季风性湿润气候,气候温和,四季分明,光照充足,雨量充沛,霜期较短,春季温和天气易变,夏季炎热期较长,秋季天高气爽,冬季寒冷少雪。多年平均气温17.2℃,1月平均气温5℃,7月份平均气温28℃。农作物生长期年平均257天。无霜期260天左

老关镇双园桥

右。平均年降水量1614毫米,降雨集中在每年4—6月,5月最多。老关镇境内河道属湘江水系,有大小河流2条,总长9千米,流域面积51平方千米;主要河流有萍水河。萍水河经老关镇北部从东向西,流经枫树湾、骆驼湾、陂头洲,境内长6千米,流域面积10平方千米,年均流量3.05亿立方米,主要支流有杞木河。

　　老关镇东西长7千米,南北长14千米。境内一级公路320国道长7.6千米,贯穿东西,为双向4车道,东连沪瑞高速公路,西接莲易高速公路。沪昆电气化铁路横穿老关镇东西。二级公路新油路为双向4车道,全长5.64千米,是承接赣湘边合作的主要通道。截至2022年,老关镇镇区道路总长12千米,镇区道路路面铺装面积0.5平方千米。2023年,老关镇投入350万元完成了县道X061登官至三角池段养护大中修工程并已全线通车;投入230万元完成了仁村村书塘至长坡段路面改造工程。

　　老关镇的产业以农业、工业为主。2021年全年财政总收入1.41亿元,2022年2.69亿元,2023年1.63亿元。在农业上呈现粮食播面、单产、总产"三增长",集体经济持续增长的良好局面。2021年,投资完成了1400亩高标准农田建设,全镇水稻种植面积达1.5万亩;2022年,投资1000余万元打造了千亩果蔬种植基地,建立了二鲤水稻机械化育秧大棚;2023年,老关镇被纳入全区唯一全市粮食生产合理布局"一张图"试点乡镇,整治耕地"非粮化"图斑40余亩,恢复耕地485.46亩。经过多年经营,全镇粮食播种面积达3.31万亩,基本农田面积为15398.16亩,高标准农田面积达1700亩,全镇水稻种植面积达16106.54亩。形成了以仁村的柑橘、脐橙,二鲤村的葡萄种植、水产养殖,关里村的百亩杨梅基地,红星村、老关村的生猪养殖,登官村的杜仲鸡养殖,三角池村的龙虾养殖、莲子种植等为代表的特色产业。

2022年,全镇11个行政村实现村集体年收入365.5万元;2023年实现村集体年收入491.3万元,其中檀梓村收入超过100万,仁村村、三角池村收入超过50万元,关里村、二鲤村、老关村收入超过30万元。在工业发展上,老关镇因石灰石矿产较为丰富,逐步形成了以包装、化工、陶瓷、建材为主的产业格局。2023年,老关镇共有企业340余家,其中包装企业25家。规上企业30家,其中工业企业16家,服务业企业4家(分别为萍乡市荣冕运输有限公司、萍乡市惜时物流有限公司、萍乡市惜时市场营销策划有限公司、萍乡市小时间数字科技有限公司),全年经营性收入4515.64万元。限上批零住餐业6家(分别为萍乡市亿翔商贸有限公司、萍乡晨发供应链管理有限公司、江西映泽环保科技有限公司、萍乡湘东区赣西名珠超市有限公司、萍乡市湘东区吴楚人家餐饮有限公司、萍乡市湘东区赣湘农味餐饮有限公司)。2023年,批发业销售额6732万元,同比下降26.4%,零售业销售额4869万元,同比增长90.1%。外贸出口企业1家(萍乡宝海锌营养科技有限公司),出口额2572.25万元。以老关镇前进村为发祥地的湘东包装产业种类齐全,现有包装企业300余家,特别是在茶叶包装和马口铁罐包装等领域具有较高的技术水平与市场竞争力,培养了5万余名从事包装行业的工人,在全国建立包装产品销售网点3600多个,覆盖了全国所有省会城市,铁观音、信阳毛尖、碧螺春等全国十大茶叶品牌中有8个采用了湘东创意包装企业的产品。

老关镇三角池村凯丰故里景区是市、区重点红色文化旅游教育培训基地,原中共中央委员,中共中央政治局候补委员,中共中央宣传部副部长、代部长凯丰的故乡。2017年凯丰故里红色资源保护开发工作启动,修缮凯丰故居、新建凯丰同志生平业绩陈列馆等,建设湘东党员干部教育培训中心,研发了《信仰的力量》《凯丰的历史贡献及其精神的当代价值》等主题党课,培训中心被列为江西省干部党性教育基地备案目录。依托红色资源,凯丰故里景区探索出一条以红色休闲旅游、教育培训带动村民致富增收的特色发展之路。三角池村年接待游客30余万人次,实现人均收入4000余元。2019年三角池村被评为国家级森林乡村,2020年被评为全省AAAA级乡村旅游点,2021年凯丰故里景区被评为国家AAA级旅游景区,凯丰故里景区已成为赣湘边界闻名的红色文化旅游名片。

老关镇教育、卫生、科学、体育、精神文明建设等事业持续发展。现有新华中学、老关中学2所中学,在校学生1091人,在岗教师74人。有11所小学,在校学生1810人,在岗教师145人。有公办幼儿园7所,在园幼儿560人,在岗教师42人;民办幼儿园1所,在园幼儿145人,专业教师10人。有1座综合文化站,为古韵徽派三层建筑,以古城楼为原型,总投资150余万元,共有图书约7800册。敬老院1家,有床位80个。社区服务设施11个,社区服务中心1个。2022年投资780万元完成镇中心卫生院医养结合楼工程，主体4层，每层13套，每套有卫生间1间、客厅1间、卧室1间，总共设置床位96张。2023年投资50万元完成敬老院改造提升工程，改造提升了营养食堂、供应室、围墙、绿化等相关配套设施。

2023年，老关镇有农村低保户1064户1302人，新增73人，核减101人，全年支出总金额636.66万元。

2023年，老关镇财政税收收入达1.63亿元。完成规模以上工业总产值10.92亿元，完成固定资产投资9.82亿元，同比增长4.1%。先后荣获全区农业农村工作先进单位、全市乡村振兴综合评价示范乡镇、江西省卫生乡镇、全区医疗保障工作先进单位、全区巩固拓展脱贫攻坚成果工作先进乡镇、全市"十个一"标准化体系建设示范乡镇、全省优秀人民调解组织、全区乡（镇街）综合考核一等奖等多项荣誉称号。

插岭关城墙，吴楚老关地处赣西边界，相传自春秋战国时期设关卡在此，明嘉靖年间（1522—1566）知县杨自治在老关建营房、置关楼，现关卡虽毁，城墙遗迹尚存，故称"老关"。该关卡通体为红石所砌，到20世纪60年代尚保存良好，存有关门和由明朝重匠题写的"插岭关""江西锁钥"界碑，并存有132米长、6米高的古城墙。该关卡毁于20世纪70年代的置田运动，现仅存132米长、2.3米高、宽2.61米的城墙。它的保存对于研究当时政治、经济、文化的交流有着较高的历史价值。目前为省级文物保护单位。

"赞土地（公公）"是吴楚传统文化中具有民间色彩的闹新春的形式，是一种乡

老关镇株萍铁路旧址

老关镇株萍铁路红色文化展示馆

土说唱艺术。"赞土地"起源于哪个年代已无从考究,但一千多年来,一直活跃在老关地区的各个村落。相传"土地公公"出生在周朝的官宦家庭,一说姓张,一说姓韩,其父为清官,曾受到民众爱戴。家中兄弟五人,有四人皆封为土地神,只有老五未封官,后来老五每年春节就去民间赞颂土地公公,后逐渐形成了"赞土地"的风俗。最初"赞土地"是一个人走村串户去赞颂土地神,后来慢慢有了乐队,念白兼唱腔,更热闹气派,受到民间的欢迎,流传至今。

老关镇历史上走出了一代清官——颜培天(1748—1804)。颜培天25岁中进士,被钦点为翰林院庶吉士,后官至福建道监察御史,诰封朝议大夫。为官30余年,政绩卓著,政声颇佳,曾受乾隆皇帝奖励。颜培天逝世后,嘉庆皇帝赐了一块正堂匾,题曰"清廉正直,两袖清风"。嘉庆九年(1804),颜培天以母老乞归还乡。在归途中,他脖子上生了个痈疽,路过安徽无为时,请人为他开刀,结果血流不止,不久逝世。据《昭萍志略》的简略记载,颜培天"既卒,检查囊物,俱不备,但得归榇"。他死后,人们收拾他的行囊物品,竟找不到一样值钱的东西,回到故乡的只有颜培天的一具棺椁。颜培天灵柩回乡后,先是被安葬在老关烟冲,57年后,迁葬麻山善州桥黄珠兜下狮形山上。

老关村

村情概况 老关村在春秋时期,便设关卡在此。明代嘉靖年间(1522—1566年),知县杨自治在老关建营房,置关楼——插岭关。插岭关在醴陵一侧叫新关,而萍乡一侧即为老关。

老关村是湘东区最西边的一个村,与湖南省醴陵市东富镇接壤,是老关镇政府所在村,老关村辖区面积4.3平方千米,下辖23个自然村组:枫树坳、六工塘、老祠、水对冲、仓下、大屋、关上、上太冲、中太冲、下太冲、中塘、新店下、车站、新关、关下、关背、下西冲、赵家冲、上西冲、金枝坡、郁家、松树桥、黄连树。全村户籍人口629户2651人,男性1362人,女性1289人。全村常住人口3501人,其中户籍人口1760人,流动人口1741人。老关村共有89个姓氏,以刘、钟、颜、张、晏、王、何、李姓为主。

自然环境与资源 老关村属半丘陵半山地地形,构成天然省界和分水岭。村内有一条萍水河支流——石里浦河,穿村而过流向湖南。老关村动物资源以家养鸡、鸭、猪、羊、牛为主,林地面积1738亩,森林覆盖率达72%,有杉、松等杂用材林600余亩,竹林200余亩。

经济概况 老关村主要种植水稻、油茶、油菜,养殖土鸡、鸭、猪、羊、牛等。2022年,水稻种植面积约1164亩,除种植大户种植600亩外,另有种植散户165户;油菜种植面积约400亩,为种植大户承包。另外,全村有大小养猪场5个,年出栏肉猪1000头以上。村"两委"(村党支部委员会、村民委员会)采取资金资产、土地、劳动力等多种入社或入股方式成立农业发展专业合作社,规模较大的合作社有老关村良方生态山庄。老关村良方生态山庄成立于2016年,有股东3名,注册资金20万元,占地面积160亩,种植各种果树4000余棵,带动20余名村民就业,增收数十万元。村内有大小企业13家,其中规模企业3家,已形成了化工、包装、玻璃加工、水泥等优势产业,如萍乡市宝海锌营养科技有限公司、萍乡市铭丰制罐包装有限公司。老关村为老关镇政府所在地,商贸较为繁荣,每逢农历三、五、八、十为赶集日。村内现有商铺318户,其中大型商超3家,小卖部、餐饮、衣帽服饰、电器、家具、移动电信、美容美发、五金、水电安装、汽修、建材、石材等店一应俱全。年营业额达100万元以上的商家有3家,大型商超有:老关家惠超市、老关吴楚明珠超市、老关鹏泰超市。2022年,老关村集体经济收入为25.21万元;2023年,老关村集体经济收入为46.1万元。

基础设施 老关村村庄道路网已经形成,交通便利。对外道路包括韶井公路、新栗油路和320国道,均为沥青路面,路况良好;村内道路宽3.5~5.5米,主要为水泥路面,X061县道老关段的2千米为沥青路面。此外,还建设有桥梁6座,均为小型桥梁。老关村有变电器20台,总功率2800千瓦,家庭通电率100%。村内有部分商贸街住户已接入燃气管道。村民主要生活用水为湘东润泉水厂的自来水,该水厂自来水可满足全村村民日常生活用水需求。老关村有深塘、蛇塘、七家塘、莲子

老关村街道

坝、担水坝等具有水利灌溉功能的山塘180余座,主要采用沟渠引水,可灌溉耕地1100余亩。2016—2019年,老关村共投入120万元对大屋组、赵家冲组、车站组、新关组进行了新农村建设,为以上4个组的村民共450余人提供了锻炼娱乐的休闲广场。2021年,老关村成功申报了中心村建设,并对车站组、新关组进行改造提升,打造了株萍铁路红色文化展示馆,惠及了车站、新关、关下、关背、下西冲等5个组的村民共660余人。

社会发展 老关村建有老关镇中心幼儿园、老关中心小学、老关中学,9年义务教育覆盖率100%。村内建有老关镇卫生院,服务范围辐射全镇,2021年度农村医保参保率达100%。老关村有96户368人享受了失地农民保险;有81户95人享受了农村低保,有20户24人享受了城镇低保。老关村购买社保人员510余人,享受养老保险人员270余人。老关村人居环境良好,村庄道路网已形成。2022年10月在X061县道老关段沿线安装41盏太阳能路灯,新栗油路老关段、韶井公路老关段等均已接通路灯;建有垃圾集中处理中心1个;"厕所革命"改造一体化厕所193个。

特色地情 1899年动工修建的株萍铁路,是我国江南最早的跨省铁路,也是萍乡近代工业文明的重要标志之一。这条铁路历经百年沧桑,有着厚重的文化底蕴,闪耀着灿烂的红色之光。秋收起义部队第二团从安源出发打的第一个胜仗就是在老关火车站。老关火车战斗遗址已成功申报省级文物保护单位。

关里村

村情概况 关里村新中国成立前夕属美昭乡第一、二保；解放初期属美昭区老关乡；1958年属老关公社，名关里大队；1967年更名朝阳大队；1968年与新建、关建合并称朝阳大队；1971年更名为老关大队；1973年春从老关大队分出来，与原新建大队的碓塘、彭家塘、横塘冲3个生产队组成新的关里大队；1984年3月，全市撤社建乡，改称关里村，归属老关乡；1993年老关撤乡建镇，关里村属老关镇管辖至今。关里村东与油塘村相接，南与渡口村、三角池村相邻，西与老关村相望，北与红星村相连。总面积4.3117平方千米，境内丘陵、山地居多，有几个比较大的垅墩，耕地1471亩。村里有31个村民小组：西山塘、连塘、办湖、塘角上、台子上、水库、李家垅、场下、付家冲、大坪、大路上、小君塘、上新屋、下新屋、湾里、枫树下、袁家塘、柏木塘、晒坪、黄背冲、坛前、贺家塘、大布塘、小布塘、双园组、碓塘、挫树塘、彭家塘、桃冲、横塘冲、老屋组。全村共有人口528户2674人，其中常住人口1656人、流动人口1018人。居住人口以汉族为主，有回族、土家族、壮族等少数民族女子嫁入。村内共有30个姓氏，以何、钟、张、晏、王、刘、曾姓为主。

自然环境与资源 关里村东、南、北三面与约高130米的山岭相连，地势较高，西面比较低平。境内低山矮丘连绵起伏，交错分布，垅、墩、冲、坡形态各异。境内有野猪、穿山甲、野猫、豹子、麂子、豪猪、花面狸、地鼠、黄鼠狼等野生动物。常见植物有杉木、马尾松、湿地松、樟树、枫树、香叶树、梧桐树、油茶、石榴、木通、玫瑰、山楂、月季、枇杷等。

经济概况 关里村主要种植水稻、油茶、油菜，养殖猪、土鸡、鸭、羊、鱼等。2022年，关里村水稻种植面积约1000亩，种植户308户，其中种植大户种植面积为320亩；油菜种植面积约300亩，主要是种植大户负责种植。养猪养殖场规模户2户，未上规模养殖户16户，全年出栏约15000头。关里村工业以劳动密集型的轻工业为主，包括萍乡市强力包装制品有限公司，职工人数30人，厂房占地面积9亩，年产值900万；萍乡市旗鑫玻璃制品有限公司成立于2021年，职工人数20人，厂房占地面积17亩，年产值1000万；另有萍乡市老关家旺能源服务站、萍乡市湘东区宏达珍珠岩有限公司、萍乡市青云耐火材料有限公司、萍乡市华鑫钢结构工程有限公司、中国石化销售股份有限公司江西萍乡湘东石油分公司老关加油站、萍乡市关里再生资源回收有限公司、萍乡市金祥木业有限公司等企业。关里村商贸较为繁

关里村

荣,每月逢三、五、八、十有大型赶集。村内农贸市场占地面积1亩,有大型超市2家,现有商铺餐饮店4家、小卖部和衣帽服饰店共4家、建材店3家、石材店1家、汽车修理店5家,年营业额达100万以上商家。关里村在320国道旁碓塘组购买了集体经济大楼,以房屋租赁的方式创收;投资成立湘东区老关镇关里村股份经济合作社,子公司为萍乡市全鸿顺建筑劳务有限公司,主要经营承包工程劳务施工。2022年,关里村集体经济收入为17.56万元;2023年,关里村集体经济收入为38.09万元。

基础设施 清朝末期,这里就有一条南方最早的铁路——株(洲)萍(乡)铁路。关里村村组已经完成水泥路硬化约15千米,8个村民小组道路已经完成了沥青铺设,加上320国道和老关柏油公路,境内道路宽广平坦,四通八达。关里村有变电器18台,电压等级10千伏,家庭通电率100%。2022年推进了安全饮水工程——安装湘东润泉自来水,全村446户已安装完毕,安装率达85%。关里村有山塘156口,红旗水库1座,主要是沟渠引水,可灌溉耕地800余亩。2007年大坪组率先成为关里村第一个新农村建设示范点,修建了一个大型活动场地,有新农村建设规划图、展示牌,安装了多种健身设备和休闲长凳等设施,并建设标准化篮球场等;2008年小君塘组成为第二个新农村建设示范点,道路安装了路灯;2010年双园组成为第三个新农村建设点。之后依次为2011年大路上组;2012年碓塘、下新屋、湾里组;2019年柏木塘、潭前组完成新农村建设。

社会发展 关里村有1所关里小学,创办于1967年,2011年新建新式教学大楼,占地面积3亩,有学生124人、在编在岗的教师12名、代课老师1名,近年来教学质量在全镇名列前茅。村内建有村级卫生室一所。村委会设有医保专窗,为村民提供医疗政策宣传、提供代缴医保服务,2022年底农村医保参保率达100%。关里村有80户101人享受了农村低保,10户11人享受了城市低保。关里村村民委员会设有居家养老服务中心,成立了老年协会。关里村人居环境良好,村庄道路水泥硬化完成98%,小君塘组、枫树下组、袁家塘组、大坪组、大路上组、潭前组已完成了"白改黑",并安装了太阳能路灯,做了绿化;建有垃圾分类亭12个,"厕所革命"整治了一体化粪池142个。

登官村

村情概况 据《张氏族谱》记载,明成化七年(1471),张氏第一代先祖张海定由安福梅溪来此定居。据传,张姓有人在衙门为官,故名"登官"。登官村位于湘东区西部,距市区30千米,距湘东区政府所在地14千米,距老关镇6千米,东靠下埠镇潭塘村,南连老关镇二鲤村,北接渡口、三角池村,西与湖南省醴陵市东富镇接壤,全村总面积6.9平方千米。下辖20个自然村组:上垅、下垅、黄岗、办塘、樟树万、石塘、深塘、颜仕冲、毛塘、富洲塘、上登官、片塘、允公祠、新屋、大祠、荷塘、崩岸下、洋塘、大水档、老塘。全村共有人口548户2559人,其中常住人口1147人、流动人口1412人。村内共有87个姓氏,以张姓、王姓为主。

自然环境与资源 登官村东南北三面环山,山脉相连,山岳连绵起伏,交错分布,垅墩、冲、坡、坳形态各异。地势东南高,西北较低。全村共有耕地1785.05亩,其中冷水田、深泥田比较多。村内曾常有野猪、狐狸、穿山甲等野生动物出没。桃树、李树、杏树四季飘香,药材超过百种,主要树种有香樟树、杉树、松树、梧桐树。

经济概况 登官村主要种植水稻、油茶、油菜、红薯,养殖生猪、鱼类、土鸡、黑山羊等。2022年,登官村实行土地流转制,辖区内所有耕地均流转给种植大户承包。水稻种植面积约1000亩,油菜种植面积约260亩。2022年,引进迷迭香药材种植项目,种植面积约200亩,带动周边30余人就业。生猪养殖户18户,全年出栏

登官村药材种植基地

1500余头。村内有飞凤岭生态园有限公司,以饲养杜仲鸡为主。登官村有2家小型企业,其中琪乐鑫花边厂成立于2014年5月,主要生产纯棉服装辅料,职工主要是住在附近的妇女。登官村商贸欠发达,每月逢三、八赶集,现有小型超市2家、小卖部1家、裁缝店1家、移动电信营业点1家、诊所2家、五金建材店1家、水电安装店1家。登官村对外道路包括大祠—油塘、X059和X061公路,其中大祠—油塘路段、X059公路为沥青路面,路况良好,X061公路为水泥路面。村内有小(2)型水库1座,具有水利灌溉功能的山塘如富洲塘、遮元塘、对门水库等68座,主要采用沟渠引水,可灌溉耕地1700余亩。2021年以来,登官村成功申报了1个新农村建设点,获批30万元项目资金,用于办塘组新农村建设改造。自筹资金对大祠—泉湾路段村组公路进行拓宽并铺设沥青。2022年,登官村集体经济收入为44.27万元;2023年,登官村集体经济收入为27.89万元。

社会发展　登官村建有小学一所并附带幼儿园。现有2所卫生室,2022年度农村医保参保率达98%以上。村内现有分散供养特困户7户7人;有91户127人享受了农村低保;有421人享受了农村养老保险待遇。登官村人居环境良好,村庄道路网基本形成;村内有路灯190余盏,建有垃圾分类站15个;2021年对X059公路进行绿化,栽种红蛇兰和桂花树300余棵。

特色地情　观音古殿坐落在登官村黄岗岭凤形坡上。据《张氏族谱》记载,嘉庆二年(1797),张姓族人商议照山场股份派款,择地建筑住庵,名曰"仙佛庵"。2001年,在原址上设计并重建了观音殿(即仙佛寺),于2003年上半年竣工。

红星村

村情概况 红星村新中国成立前属美昭第三保,成立之初属美昭区新华乡。1958年属老关公社,分红星、团结两个管理区。1961年划归新华公社管辖,分红星、团结两个大队。1966年两个大队合并为红星大队。1982年改名为乌石垄大队。1984年3月改为老关乡乌石垄村民委员会。2003年撤乡并村,新华村并入乌石垄村改名为红星村村民委员会,沿用至今。全村土地总面积9.8平方千米,耕地面积2910亩,林地面积9500亩,有水塘122口。辖40个村民小组,全村1311户,总人口5943人。全村共有45个姓氏,以魏、龙、李、张、肖、钟、黄姓为主。

自然环境与资源 红星村以丘陵为主,地势坡度变化大,平坦用地少。境内有沙子、石灰石、煤等矿产资源。

经济概况 红星村主要有水稻种植和制种基地,2022年新引进水稻制种项目,种植面积达1000余亩。蔬菜种植基地位于红星村下湾组,种植面积90亩(露天30亩,大棚60亩),主要种植黄瓜、丝瓜、茄子、辣椒等品种,总投资86万元,基地年营业收入80万元,利润30万元。红星村境内有1家萍乡市新华花炮厂,该厂创建于1999年,厂区占地400亩,有职工289人,厂区总投入4000余万元,年产能60万箱。包装企业6家,分别为萍乡市湘东区萌旺包装厂、华彩包装厂、茂源包装厂、清河包装厂、红星包装厂、立创工艺包装厂。乳白胶厂4家。红星村商贸较为繁荣,新华组每月逢一、六有大型赶集,乌石垅组每月逢四、九有大型赶集。红星村现有商铺27余户,其中中小型超市12家、电器店1家、家具店1家、五金店1家、美容美发店5家、诊所4家、摩托修理店3家。红星村集体资产有葡萄柚产业项目,年分红收入4万余元。2022年,红星村集体经济收入为35.66万元;2023年红星村集体经济收入为15.7万元。

基础设施 红星村道路宽3.5~4.5米,部分为沥青路面,部分为水泥路面,路况良好。村级公路直连320国道。有小型桥梁3座。有变电器10台,总功率4000千瓦,家庭通电率100%。村民主要生活用水为深井水,有3个集中供水点,分别位于法华寺、场坪、燕子窝。红星村有水利灌溉山塘10余口,主要采用沟渠引水,可灌溉耕地600余亩。2023年成功申报了1个新农村建设点,获批30万元项目资金,用于藕塘下组新农村建设点改造。自建点2个,魏家屋组和腰带咀组,共投入20万元项目资金。

红星村葡萄柚基地

社会发展 红星村内有1所新华中学,有学生509人、教职工39人;1所红星小学,于2010年7月建成,2011年9月正式投入使用,现有教职工34人、小学生332人、幼儿68人。小学毕业后,学生主要前往湘东中学、下埠中学等就读。村内建有3个卫生所(室),服务范围辐射到油塘、仁村、老关等周边村庄。红星村共有脱贫户8户29人,低保211户246人(其中城镇低保27户33人,农村低保184户213人),残疾人102人。村委会为村民提供代缴医保服务,2022年度农村医保参保率达100%,农村社保参保率达100%。村庄道路网基本形成;村内有路灯40余盏,均为太阳能路灯;"厕所革命"整治厕所190余个,投入22万余元。

前进村

村情概况 前进村成立于1955年,因时任书记周心山一心带领村民致富发展,工作上进,勇往直前而取村名为"前进社"。此后,无论是由社改大队、大队改村,前进村都沿用"前进"这个名称。前进村距湘东区政府5千米,距西面老关镇7.2千米,与湘东镇黄花村毗邻,与本镇仁村村、红星村、檀梓村接壤。全村面积2.74平方千米,下辖17个村民小组:1—2组双豪,3组大行塘,4组柳水井,5组洪家冲,6组李汤组,7组字背,8—9组黄土坳,10—11组枫树湾,12—14组文家大屋,15—17组西庵山。全村共有608户2892人,男性1450人,女性1442人,其中常住人口2734

人、流动人口158人。全村共有28个姓氏,以汤、周、文、李、谢、肖、张姓为主。

自然环境与资源 前进村内有萍水河穿村而过,土地平坦,耕地多由萍水河冲积而成,含沙较多,土质疏松而肥沃。农业种植主要是薯类、豆类、油料等经济作物;水源不足的耕地一般只栽一季早稻和一季红薯,亩产500—600千克。

经济概况 前进村工业以劳动密集型的私营包装业为主,主要有萍乡市华雅印务有限公司和萍乡市金利包装有限公司。萍乡市华雅印务有限公司成立于2013年,位于湘东区工业园内,主营业务为集文创设计、数字科技、智能制造、云端定制及营销于一体的实体与平台高度融合。2023年有员工450余人,各种技能技术人员占比36%。金利包装厂有多条自动化生产流水线,2023年有在职员工400余人,所生产的茶叶、酒品、食品包装广销全国各地。每月逢三、八为赶集日。2020年至2022年,前进村集体经济收入较为固定,年均收入为16万元左右,2022年达到了17.67万元,2023年村集体经济收入为17.5万元。

基础设施 前进村基础设施不断完善。1985年,前进村片区公路拓宽至5米,全部用沥青铺路。2003年,骆驼湾至双壕基公路路面水泥硬化,全长2000多米的路基用混凝土硬化为4.5米宽、0.2米厚的水泥路面。2019年,将路面拓宽到7米,覆盖沥青,安装了太阳能路灯。前进村有变电器14台,总功率4000千瓦,家庭通电率100%。村民主要生活用水为深井水、自来水,基本满足了全村村民日常生活用水需求。1965年,前进村在萍水河枫树潭畔修建了一座75千瓦的抽水机站;1968年在周家坝、打石岭各建立了一个中型抽水机站;1973—1982年在骆驼湾建成了一座集水力发电、农田灌溉于一体的水电站;1976—1980年在藕塘坡、木鱼岭、麻棚冲口架设了高、中、低三座渡槽。2022年前进村已完成黄土坳新农村建设点,拨款20万元项目资金用于新农村建设改造。

社会发展 前进村有前进小学,创办于2007年,2017年创办前进小学附属幼儿园,总占地面积4250平方米,2023年有老

前进村村委会

前进村

师22人、学生241人。村内建有2所卫生所(室)，2022年度农村医保参保率达100%。前进村有85户102人享受低保，其中83人享受农村低保，16人享受城镇低保，3人享受特困人员保障；领取养老保险人数约510人。村庄道路网基本形成，村内有240盏太阳能路灯；建有垃圾分类收集点12处；"厕所革命"整治厕所60个。

特色地情 "盒子村"。20世纪70年代末，萍乡市有一家台湾客商办的包装厂，湘东区老关镇前进村的几位村民在这里打工。李茂胜、汤中仁、汤中文等8位村民经过几年的学习钻研，掌握了包装盒制作技术，8人合资在前进村办起了一个作坊式包装盒厂。最初，他们生产的是价格低廉的芒秆盒子。1992年，在积累了一定的资金后，他们各自办厂，前进村其他村民也相继投入包装行业，产业日渐做大，包装盒的档次也不断提升，从芒秆盒到彩面盒，再到圆筒盒，一直到现在的漆面盒，推出的品种数以千计。前进村的个体私营包装厂在鼎峰时期就有50家，成了远近闻名的"盒子村"。

仁村村

村情概况 仁村村，古时称为"赢村"，曾名和平大队、东风大队。东邻前进村，南接红星村、西与湖南莲石村交界，北与荷尧大义村接壤，距离湘东城区14千米，距离萍乡市区25千米。下辖18个自然村组：左家洲、高车、肖家祠、柑子园、肖家湾、泉塘、庙山下、双车、枫树湾、土洞、碳山下、河下、新屋、老屋、黄丫塘、书塘、夏家湾、长坡。全村共有人口929户4009人,男性2156人,女性1853人,其中常住人口2823人、流动人口1186人,全村共有74个姓氏,以文、肖、李、汤、曾、邓、邱姓为主。

自然环境与资源 仁村村属于半丘陵地形,地势北低南高,仁村村陂头洲地势较低,海拔为65.4米,整个仁村村呈阶梯地貌。境内河沙资源较为丰富。绿化率达65%,林地面积为140公顷,主要为油茶林、杉树林和樟树林。

经济概况 仁村村主要种植水稻、油菜、香葱、白菜、红薯、包菜、柑橘、桃子、枇杷、脐橙、葡萄柚等,养殖驴、马、狗、牛、土鸡、羊、鱼等,其中驴、马为仁村村的特色养殖项目,年产值近100万元。仁村村种植基地种植脐橙树1200棵、葡萄柚1000棵。鹏贺养殖基地2022年投资近百万,用于养殖鲈鱼、基围虾、鳜鱼等,养殖基地设施设备已基本成形。仁村村工业以劳动密集型的轻工业为主。其中金福包装厂成立于2022年,位于仁村村长坡组,注册资金350万元,主营业务为茶叶包装礼品盒,年产值约500万元;陂头制衣厂于2019年成立,位于仁村村柑子园组,注册资金100万元,主要业务为制作高端女士内衣,年产值165万元。仁村村商贸较为繁荣,每月有三次大型赶集,集市全长300米,有摊位80个。仁村村内现有商铺23户,其中,小卖部20家、餐饮店2家、汽车修理店1家。2022年,仁村村集体经济收入为23.43万元;2023年,仁村村集体经济收入为88.89万元。

基础设施 仁村村对外道路X060全长2.8千米,均为沥青路面,路况良好;X061全长2.5千米,主要为水泥路面,路况良好。村内道路宽4.5~5米,主要为水泥路面,生产道路长约5.5千米,生活道路长约2.5千米,兼具生产生活功能地段长约1.7千米,为沥青路面。村内有变电器18台,电压等级10千伏,家庭通电率100%。村内未接入燃气管道。村民主要生活用水为自来水和深井水,有2个集中供水点,分别位于长坡组和泉塘组;全村安装了自来水的农户将近300户,铺设自来水管道约2.1万米,基本满足了全村村民日常生活用水需求。村内有书塘、黄丫塘、毛栗坡塘、泉塘、河下新塘、虎行山塘、左家洲塘、肖家湾下塘、桐梓坡塘9座具有水利灌溉功能的山塘,主要采用沟渠引水,可灌溉耕地1300余亩。截至2022年,成功申报了14个新农村建设点,共获批348万元项目资金,用于新农村建设改造,已经全部完成,受益农户共计766户,受益村民近3000人。

社会发展 仁村村共建有两所学校,仁村小学在校学生数200人,有1—6年级6个教学班,专任教师12人。仁村附属幼儿园于2014年建园,2019年9月转为公立幼儿园,有大、中、小3个教学班,在册教职工10人,其中执行园长1人、专任教师5人(均为区聘合同制教师)、保育员3人、兼职医务人员1名。有85户295人享受失

仁村村

地农民保险;有91户105人享受农村低保,21户21人享受城镇低保,11户11人享受特困分散供养和集中供养,708人享受城乡居民养老保险,329人享受社保,2022年城乡居民养老保险参保率达40%。仁村村庄道路网基本形成,村内有450盏太阳能路灯;建有垃圾分类亭9个;"厕所革命"整治厕所110个。

三角池村

村情概况 三角池村因村内有多口池塘形似三角形而得名。三角池村位于湘东区西部,距区政府驻地13千米,离老关镇政府驻地1千米。东与渡口村相连,南接登官村。西邻醴陵市东富镇,北与关里村、老关村相连。总面积4.67平方千米,村内地形以丘陵、山地为主。下辖21个村民小组:泉塘下、南池、烟冲、大塘尾、三角池、毛塘、寨里、小山塘、毛角塘、洪家屋、小塘冲、杨家源、新屋、另家屋、枯冲、黄丫冲、木梓、板碧山、真家屋、乌丫冲、南源塘。共有709户2816人,其中常住人口1860人、流动人口956人。村内姓氏以何姓为主。

自然环境与资源 三角池村东、南、北三面山岭相连,地势较高,西面比较低平。境内低山矮丘连绵起伏,交错分布,垅、塅、冲、坡形态各异。村内东北部群山起伏,草木茂密,有野猪、穿山甲、野猫、豹子、麂子、豪猪、花面狸、地鼠、黄鼠狼等野生动物。

经济概况 三角池村主要种植水稻、荷花、油菜、红薯,养殖土鸡、羊、鱼、牛、甲鱼等,其中"莲鳖、莲虾、莲鱼"是其特色产业。2022年三角池村水稻种植面积1200余亩,大部分由5户村种植大户承包;油菜种植面积约590亩,由5户村种植大户承包。村内有1家以家庭作坊式为主的铸造厂,工人5人;1家胶布厂,工人10人。三角池村商贸较为繁荣,每月农历逢二、七为赶集日。村内集市长200余米,现有商铺30余户。年营业额达100万元以上的商家有4家,300万元以上营业额有1家。2022年,三角池村集体经济收入为51万元;2023年,三角池村集体经济收入为55.96万元。

基础设施 三角池村内老(关)排(上)公路X061穿村而过,均为柏油路面,路况良好;村内道路宽3.5~5.5米,主要为水泥路面,生产道路约12千米,生活道路约21.3千米,兼具生产生活功能的集镇段约1.2千米,为沥青路面。此外,还建设有小型桥梁10座、涵洞型桥梁5座。村内有变电器21台,总功率4000千瓦,家庭通电率100%。村内未接入燃气管道。村民主要生活用水来源于湘东润泉自来水公司。三角池村有大沙塘、朱毛塘、大塘等具有水利灌溉功能的山塘20余座,主要采用沟渠引水,可灌溉耕地1200余亩。2017年新农村建设点6个,2018年新农村建设点5个,2019年新农村建设点2个。2022年三角池村成功申报新农村建设中心点,拨款140万元项目资金用于建设泉塘下组村入口至红色研学基地。

社会发展 三角池村2004年建有三角池小学,占地面积4061平方米,2023年有师资14人、学生127人。村内建有1所卫生室,2021年度农村医保参保率达100%。三角池村有33户136人享受失地农民保险;有78户104人享受农村低保,有6户6人享受城镇低保。村内社保缴费人员为516人,养老保险缴费人员为1320

三角池村凯丰故里

人。三角池村人居环境良好,村内有路灯300余盏,均为太阳能路灯;建有垃圾集中处理中心12个;"厕所革命"整治厕所264个。

特色地情 凯丰(1906—1955),原名何克全,生于老关镇三角池村。1927年2月加入中国共产主义青年团,12月,赴苏联的莫斯科中山大学学习。1930年回国,加入中国共产党。1931年初,任团中央巡视员,不久任团广东省委书记,化名"开封"。1934年底,凯丰作为中央军委总供给部政委,开始了艰苦卓绝的二万五千里长征。他一生主要从事共青团工作和理论宣传工作,曾任中共中央委员、中共中央政治局候补委员、委员、中共中央宣传部副部长、代部长等职务。

张连瑞(1891—1928),湘东区老关镇人。1922年8—9月间参加安源路矿工人俱乐部,不久加入中国共产党。1926年9月后,担任萍乡县农运特派员,在湘东、荷尧、高枧、湖公庙、青山等地帮助建立起14个乡农民协会。1927年9月,深入到湘东区的下埠、登官、湖南醴陵枧头洲一带的农村发动农民组织"中国工农革命军"第四团准备起义,但未成功。1928年3月,联合小西路张汝全、刘型等领导的游击营和醴陵南乡的红军进攻下埠,在战斗中受伤被俘,被敌人押回家乡老关,遭受严刑拷打后壮烈牺牲。

干塘节,每年腊月年尾,村内水产养殖户会组织家人、朋友开展干塘节活动,亲朋好友齐聚在一起,开展干塘捉鱼活动。干塘完后,水产养殖户会请村内亲朋好友一起吃干塘饭,以鱼为主菜。

渡口村

村情概况 渡口村地处湘东区西部,距离醴陵城20千米,距离湘东区10千米,距离萍乡市区20千米,东与油塘村交界,南接下埠横溪村,西邻登官村三角池村,北与关里村接壤。渡口村下辖21个自然村组:西坑组、南坑组、荷花池组、栗冲组、樟树塘组、木冲组、三塘组、贯塘组、张角塘组、麻子坡组、炉下组、烟塘组、渡口组、窄岸上组、油家冲组、三眼塘组、老虎塘组、牛坳组、八仙岭组、佃塘万组、有公祠组。全村共有人口712户3092人,男性1548人,女性1544人,其中常住人口1524人、流动人口1568人。全村共有8大姓氏,分别为张、何、李、雍、孙、钟、赖、晏姓。

自然环境与资源 渡口村靠近黄岗岭风景名胜区,绿化率达70%,林地面积为172.19公顷,主要为油茶林、松树林、杉树林和樟树林。

渡口村村委会

经济概况 渡口村水稻种植面积约500亩,种植户约250户;油菜种植面积约400亩,种植户约300户。另外,2022年新引进水稻制种项目,种植面积228亩,从业人员约15人。黑山羊养殖户2户,年末存栏180头,全年出栏150头。渡口村工业以劳动密集型的轻工业为主。目前工业园区入驻企业有:盛显光电、锐陆科技等,以电子产品加工业为主。村内有经超4家、小卖部等20余家。2022年,渡口村集体经济收入共15.63万元;2023年,渡口村集体经济收入共23.88万元。

基础设施 渡口村对外道路包括栗油公路、新油路,均为沥青路面,双向4—6车道;村内道路宽5.5米,主要为水泥路底板沥青面,生产道路约2.7千米,生活道路约18.8千米。此外,有涵洞型桥梁4座。村内有变电器11台,总功率4000千瓦,家庭通电率100%。渡口村有马南塘、水库塘、大泉塘等具有水利灌溉功能的山塘7口,主要采用沟渠引水,可灌溉耕地600余亩。2017年,渡口村成功申报安置区建设点、污水处理站、高标准农田改造工程,获批2000万元左右项目资金,用于木冲组新农村建设改造。

社会发展 渡口村建有1所小学,1所卫生室。2022年度农村居民医保参保率达100%。渡口村有115户18人享受失地农民保险;有99户127人享受农村低保。渡口村人居环境良好,村庄道路网基本形成;村内有路灯310盏,均为电能路灯;建有污水集中处理中心1个;"厕所革命"整治厕所227个。

二鲤村

村情概况 二鲤村地处赣湘边界,西与湖南醴陵交界,东与老关镇二鲤村相接,南与下埠镇潭塘村毗邻,北与排上镇桥头村接壤,全村面积5.4平方千米。下辖20个自然村组:上杨源、中皇坛、新埗、上新屋、冲里、下新屋、坪塘下、六行祠、洲上、下江背、江背、育婴庄、朱家、土下、鹅塘、花门楼、荷古塘、江家冲、香芦山、珍公祠,总人口3382人,共785户,其中常住人口2086人,居住人口中汉族为主。全村共有28个姓氏,以张、杨姓为主。

自然环境与资源 二鲤村属丘陵地形,地势坡度变化较大,平坦用地少,呈现纵向狭长态势。常有野猪、狐狸、穿山甲等野生动物出没。村内主要树种有香樟树、杉树、松树、梧桐树、桃树、李树和杏树等,药材有百余种。

经济概况 二鲤村主要种植水稻、油茶、油菜、红薯,养殖生猪、鱼类、土鸡、黑山羊等。2022年,二鲤村实行土地流转制,辖区内所有耕地均流转给种植大户承包。全村耕地以种植水稻为主,以其他经济作物如甜橙、油茶等为辅。水产产业有萍乡市恒通渔业养殖公司、萍乡市张英发养殖有限公司。2014年引进安晴工艺品有限公司,该公司主要生产有自主专利的机绣十字绣、晶瓷画和晶钻画等装饰画,带动劳动力100余人在家门口就业。二鲤村商贸欠发达。每月农历逢四、九赶集,现有小型超市4家、小卖部4家、裁缝店1家、移动电信营业点1家、诊所1家、五金

二鲤村鱼塘养殖基地

建材店2家、水电安装店2家。2022年,二鲤村集体经济收入共39.22万元;2023年,二鲤村级集体经济收入共44.47万元。

基础设施 二鲤村对外道路为X059和X061公路,其中X059为沥青路面,路况良好。村民生活用水来源于登官村黄岗佛泉水厂,基本满足了全村村民日常生活用水需求。村内有小(2)型水库2座,具有水利灌溉功能的山塘如长塘、六石塘、大塘、烟冲塘、朱林塘等127口,主要采用沟渠引水,可灌溉耕地1800余亩。2022年以来,二鲤村成功申报1个新农村建设点,获批30万元项目资金,用于珍公祠组新农村建设改造。

社会发展 二鲤村建有小学一所并附带幼儿园,有1所卫生室。2022年度农村医保参保率达98%以上。二鲤村有分散供养特困户11户11人;有110户128人享受农村低保。二鲤村人居环境良好,村庄道路网基本形成;村内有路灯300余盏,建有垃圾分类站9个。二鲤—潭塘路段两边绿化面积约4000平方米,种植桂花树、茶花树等320棵。

檀梓村

村情概况 檀梓村由原檀梓村和行塘村合并而成,因檀梓里上新田有棵古树,是由檀树和梓树的合抱而成,檀梓村因此得名。檀梓村位于老关镇东南方向,320国道从中穿过,东与下埠长春村、湘东镇黄花村毗邻,西与老关镇关里村、红星村,南与下埠镇杞木村、老关镇油塘村,北与老关镇前进村接壤。檀梓村下辖16个自然村组:上新田、长塘冲、龙三祠、驼背桥、大冲、老屋里、郑家垅、张家坊、荷叶塘、茶子山、温家坊、行塘下、行塘尾、大水垅、贯冲、山田冲;共有1236户5605人,其中常住人口3835人、流动人口1770人。村内姓氏以张、朱、刘、李姓为主。

自然环境与资源 檀梓村地属半丘陵半山地地形,地势北低南高,另外村庄坡度变化大,平坦用地少,呈现纵向狭长态势。檀梓村绿化率达80%,林地面积为344.86公顷,主要为杉树林、樟树林、油茶林。

经济概况 檀梓村主要种植水稻、油茶、油菜、红薯,养殖土鸡、羊、猪、鸭等。2022年,檀梓村水稻种植面积约1560亩,种植户约315户;油菜种植面积约100亩,种植户约24户。檀梓村工业以劳动密集型的包装业为主,辖区内现有包装企业8家、建材店5家、陶瓷店1家。其中萍乡安源包装有限公司,成立于2010年,位于檀梓村茶子山,注册资金1000万元;萍乡市联合印铁制罐有限公司,成立于2010年,位于檀梓村茶子山,主营业务为茶叶包装,注册资金1000万元;萍乡华特新型建材有限责任公司,成立于2011年,位于檀梓村大冲,注册资金2000万元,解决就业人口700多人。檀梓村每月农历逢一、六为赶集日。现有商铺17户,现有小型超市2家、小卖部10家、裁缝店1家、诊所4家。檀梓村先后引进企业、种植大户,采取"村+合作社+农户"点面结合、村企合作等多种形式,增加集体经济收入。2022年,檀梓村集体经济收入为80万元;2023年,檀梓村集体经济收入为104.79万元。

基础设施 檀梓村村庄道路网基本形成,交通较为便利。村内道路宽3.5~5.5米,主干道均为沥青路面,路况良好;入户路主要为水泥路面。此外,还建设有桥梁2座。村内有变电器28台,家庭通电率100%。村内已开始连接燃气管道。村民主要生活用水来源于湘东区润泉自来水公司。檀梓村有一座小(2)型水库翠鸟洞水库、檀梓河及130口具有水利灌溉功能的水塘,主要采用沟渠引水,可灌溉耕地1500余亩。檀梓村先后成功申报了山田冲、翠鸟洞、荷叶塘、行塘下、驼背桥、李家大屋、温家坊等新农村建设点,郑家坳新农村中心点投入近600万元资金,受益农户近1000户。

社会发展 檀梓小学创办于20世纪30年代,现占地面积3000多平方米,有教师18人。学生毕业后,主要前往老关中学、新华中学等学校就读初、高中。村内建有3所卫生所(室)。村委会为村民提供代缴医保服务,2022年度农村医保参保率达100%。檀梓村有188户237人享受农村低保,20户22人享受特困(五保),全村60岁及以上村民都享受农村养老保险。檀梓村人居环境较好,村庄道路网基本形成;村内有路灯223盏,均为太阳能路灯。

檀梓村村委会

油塘村

村情概况 油塘村曾名油市,因"游"氏布政使(布政使相当于现在的省长兼省委组织部部长或财政厅厅长)开创得来油市之称。1970年,油塘村由福里大队与油塘大队合并而成。油塘村位于老关镇东部,辖区面积5.6平方千米,其中耕地面积1292.58亩,山地面积6012亩。紧邻湘东工业园,距离湘东区7.5千米,距离萍乡市区18.5千米,东邻下埠镇杞木村,西接关里村,南与渡口及下埠镇横溪村交界,北与檀梓村接壤。全村共有20个村民组:牛趾岭、快活岭、烟塘、新屋、中屋塘、大树下、七堡店、灰棚、街上、集镇、朝公、塘下、井岸、夏家园、荷塘下、毛塘冲、江背塘、茶背冲、新建、庙术,共有人口678户3076人,其中常住人口2307人、流动人口769人。村内共有26个姓氏,以肖、邬、张、李、刘、晏、颜姓为主,上述姓氏村民人数均超过100。

自然环境与资源 油塘村地属半丘陵半山地地形,地势四周高中部低,另外村庄地势坡度变化大,平坦用地少,呈现纵向狭长态势。村内有一条萍水河支流自南向北穿村而过。油塘村靠近湘东工业园,绿化率达70%,林地面积为56.3公顷,主要为油茶林、樟树林、杉树林、松树林。

经济概况 油塘村主要种植水稻、油茶、油菜、红薯,养殖土鸡、羊、鸭、猪等。2022年,油塘村水稻种植面积约919.18亩,种植户597户;油菜种植面积约350亩,种植户36户。另外有黑山羊养殖户5户,年末猪存栏3120余头,全年猪出栏2140余头。改革开放前油塘村经济以手工业为主,如缝纫、木工、篾工、油漆工、雕刻、纸杂、织布、染布、弹棉花等,后以劳动密集型的轻工业为主,主要工业企业有萍乡市兄弟瓷业有限公司、萍乡力鑫包装有限公司、萍乡市强力包装制品有限公司。油塘村商贸繁荣,每月农历逢二、七为赶集日。村内集市面积1720平方米,现有商铺20余户,其中小卖部11家、餐饮店3家、电器店1家、家具店1家、诊所3家、美容美发店2家、五金店1家、水电安装店2家、汽车修理店3家。长期从业人员100余人,临时从业人员200余人。2022年,油塘村集体经济收入为15.4万元;2023年,油塘村集体经济收入为27.97万元。

基础设施 油塘村境内的320国道、栗油工业大道、新油路均为一级公路,另有X128县道,路况良好;浙赣电气化铁路在境内自东向西穿过。村内道路实现组组通、户户通,99.9%为水泥路面,生产道路约4.9千米,生活道路约9.8千米,兼具生产

赣湘开放合作试验区湘东园区油塘村入口

生活功能的集镇段约1.8千米,部分为沥青路面。油塘村有洪子塘、江背塘山塘、茶背冲新水库等具有水利灌溉功能的山塘6口,主要采用沟渠引水,可灌溉耕地536余亩。村内建设有桥梁6座,其中小型桥梁5座、涵洞型桥梁1座。油塘村有变电器15台,总功率6000千瓦,家庭通电率100%。村内部分家庭接入燃气管道。村民主要生活用水为本村集中供水(农饮工程)、湘东润泉自来水、老关自来水、黄岗岭集中供水、农户自家深井水,有自来水蓄水池1座,可蓄水100立方米,铺设自来水管道约1.43万米,基本满足了全村村民日常生活用水需求。截至2022年底,油塘村已建成了15个组的新农村建设点,申请专项资金120万元。受益脱贫户7户,村民865人。

社会发展 油塘村建有油塘小学和油塘小学附属幼儿园。油塘小学创办于1953年,于1992年新建,又于2002年扩建,现小学占地面积3.65亩。学校2023年有学生176人、教职工15人、高级教师1人。油塘小学附属幼儿园于2012年创办,现占地面积2亩,现有学生37人。另有老关镇小天鹅幼儿园坐落在村内。村内建有3个卫生所(室)。有355户1423人享受失地农民养老保险;有85户96人享受农村低保;有18户20人享受城镇低保。村内有路灯184盏,均为太阳能路灯;建有垃圾集中处理中心1个;"厕所革命工程"整治厕所244个。

特色地情 油塘万寿宫(旧址)——清初始建油市真君殿,由于后续扩建,改名为万寿宫。大革命时期,第九区农民协会农民运动办公地点设在万寿宫旧址。抗日战争胜利之后,国民党在万寿宫旧址举行抗日战争阵亡将士追悼会。

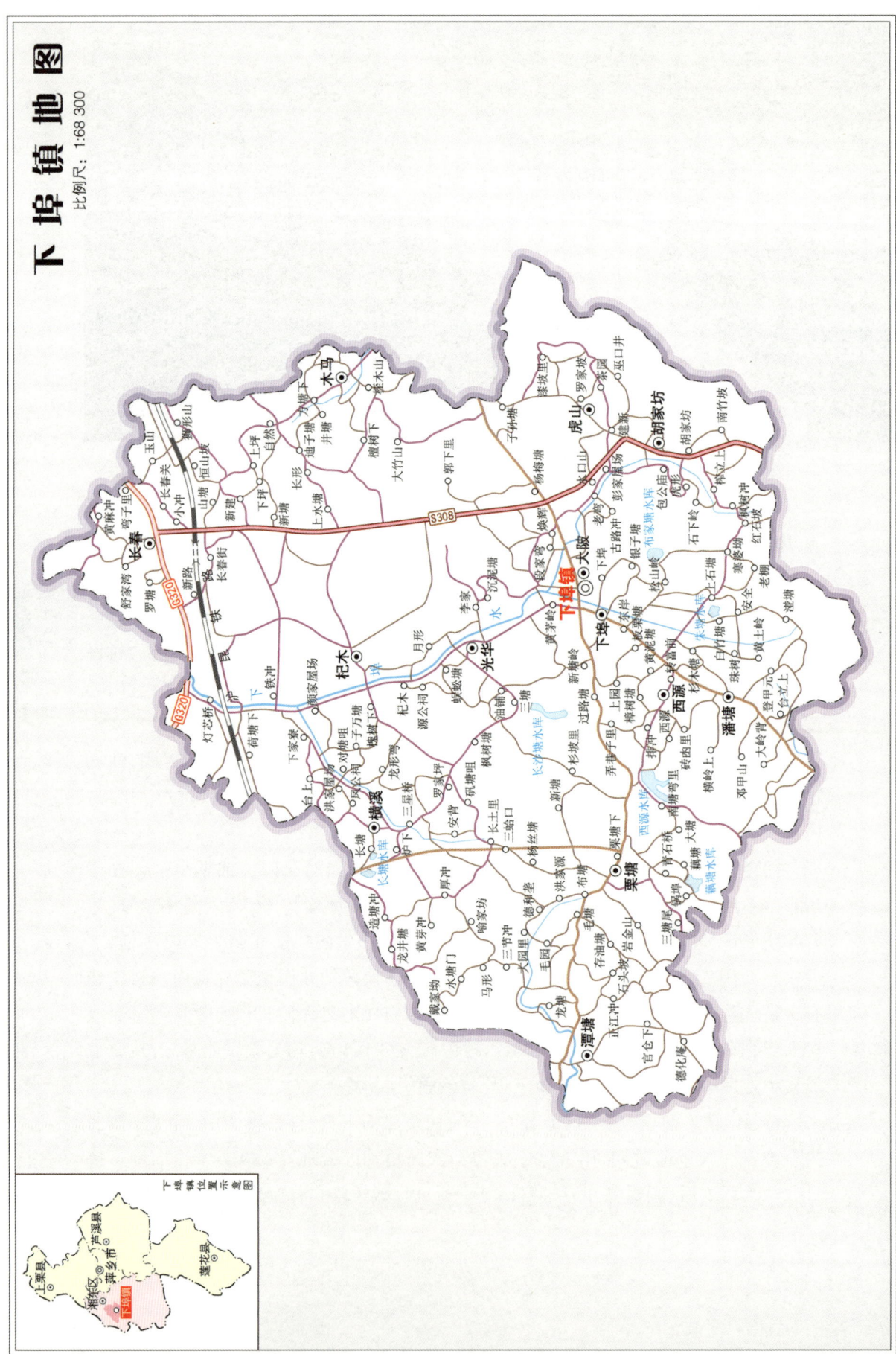

下埠镇

驻地古时建店铺于村落下端,称"下铺",后演变为"下埠"。1949年8月属萍乡县第五区文明乡;1950年8月属美昭区;1952年属萍乡县第十区;1956年属湘东区;1958年9月撤乡建社,为下埠人民公社;1960年分设下埠、横溪两公社;1964年下埠、横溪并入为下埠人民公社;1971年隶属湘东区下埠公社;1984年撤社建乡,为下埠乡;1995年1月撤乡建镇,为下埠镇,属湘东区,沿用至今。

下埠镇坐落于湘东区西部,东距萍乡市区25千米,西距湖南省株洲市83千米,全境在国务院批复的赣湘合作开放试验区范围内,总面积56.92平方千米。镇级有13个行政村,分别是栗塘村、潘塘村、胡家村、西源村、大陂村、光华村、潭塘村、虎山村、横溪村、杞木村、木马村、下埠村、长春村。全镇常住人口52346人,居住人口以汉族为主。

下埠镇地势整体呈现四周高中间低的态势,外围低山环绕,山丘谷地连绵,中间地势平坦。

下埠镇属亚热带湿润季风气候,雨量充沛,光照充足,气候温和,四季分明。下埠河河源位于东经113°40′,北纬27°34′,流域面积61.8平方千米,主河道长15.8千米,主河道纵比降1.52‰,自南向北与老关镇乌石垄村左岸汇入渌水,河口位于东经113°42′,北纬27°40′。流域地处山区,植被较好,年降水量1576.7毫米,年径流量0.6362亿立方米,年水面蒸发量为950毫米。

下埠镇现代生态农业渐成规模。2023年,全镇水稻种植面积12201.87亩,其中早稻3463.4余亩,本地杂交水稻制种面积突破性地完成1745亩,高标准农田1559亩,流转土(林)地16700余亩,农作物播种面积超2.78万亩。大陂村的金蝉柚、下埠村的油茶园、西源村的雷竹笋林、潘塘村的桂花园为湘东区乡村振兴产业示范园"下埠园区"2000亩示范带锦上添花,潭塘村溪柳生态休闲旅游乡村AAA级景区和栗塘村乡村振兴田园综合体形成了特色产业。

下埠镇以工业陶瓷、光电产业为主导产业。2023年规上工业企业共37家(新增规上企业8家),产值33.25亿元,同比增长3.53%。下埠镇工业陶瓷发源于20世纪60年代至70年代中后期。1967年,下埠公社光华大队借助"社队企业"迅猛发展的时机,筹建了当地的第一座陶瓷厂——光华陶厂。光华陶厂拉开了下埠镇陶瓷业的序幕,生产日用陶瓷和匣钵,建厂第一年就为光华大队盈利1.5万元,很快就有横溪等大队效法办起了陶瓷厂。1970年春,下埠又迈开了生产工业陶瓷的步伐。下埠以化工填料为主体的工业陶瓷产业的兴起,靠的则是"天时""地利""人和"。当时正值我国化学工业尤其是石化工业和化肥工业蓬勃兴起的时期,有着广阔的化工填料市场。张开国与刘振连等人抓住机遇创办陶瓷厂,生产出了湘东工业陶瓷第一代产品——拉西环。紧接着,又成功试制了矩鞍环的成型工艺,填补了国内该工艺的空白;研制出世界第一颗人造深冷硬质瓷球、世界第一块轻质、整体式陶瓷填料等,让化工陶瓷很快在湘东得到蓬勃发展,形成了一个以下埠镇为中心,覆盖全区的庞大区域性产业。2009年获得"中国工业陶瓷之都"称号,工业陶瓷区域品牌估值近百亿元。

2023年下埠镇完成工业总产值160.56亿元。镇内注册的企业共有131家,规上企业88家,产品有工业瓷球、蜂窝陶瓷、分子筛、化工填料、金属填料、透水砖、水处理设备等8大类600多个小类。镇内正式投产的企业职工人数过百的有31家,纳税超500

下埠镇

下埠镇乡村振兴产业园

万元的有12家,超千万元的有9家。下埠镇工业陶瓷企业群星闪烁,萍乡市普天高科实业有限公司自主研发的微孔陶瓷除尘器荣获"国家重点新产品""江西省重点新产品""江西省优秀新产品""自主创新产品"等荣誉称号,陶瓷膜过滤器荣获"全国用户满意产品"称号。萍乡市石化填料有限责任公司生产的各种材质的化工填料、瓷球、分子筛、环保过滤材料、催化剂、石化助剂、活性炭等,多次获得国家奖励和国家重点新产品称号。萍乡市辉煌填料有限公司拥有目前世界最大、最先进的德国STEVLER公司的技术防腐工程队和国内首创的双层金属板波纹填料,有注塑、金属、陶瓷等多条生产线。公司在造纸行业中的二氧化氯漂白耐腐蚀工程中独具优势,填补了国内该项技术的空白。为了更加全面展示工业陶瓷产业在下埠的发展历程,不断提升工陶文化底蕴,向人们展示自强不息、拼搏奋进的"工陶精神",下埠镇凝心聚力打造了湘东工陶精神展示中心。

2023年,境内限上批发零售、餐饮业企业共10家,总销售额6.86亿元,同比增长371.75%。规上服务企业2家(萍乡市怀明运输有限公司、萍乡市鑫锦汽车运输服务有限公司),2023年实现营业收入6406万元,同比增长20.6%。

2023年,全镇13个行政村集体经济经营性收入均超过20万元,其中50万元以上的村有4个(胡家村、潘塘村、栗塘村、杞木村)。

下埠镇境内一级公路320国道4.6千米,贯穿东西,为双向4车道,东连沪瑞高速公路,西接莲易高速公路;沪昆电气化铁路横穿东西;沪昆高铁3.97千米,由东向北。一级公路栗油公路,为双向4车道,全长5.82千米,是承接湘赣边合作的主要通道。2023年,境内县道14.46千米、乡道57.17千米、村道132.02千米,开通公交路线4条,有客运车辆26辆,日发客运汽车110余班次,日均客运量800余人次。

全镇通信网络信号覆盖率100%,有线电视使用率100%,家庭通电率100%。全镇都有移动、电信、联通营业厅和邮政物流配送点。大多数超市配有POS机，居民可刷卡消费。移动、电信手机用户1.9万户，宽带用户5800户。全镇部分行政村已接入燃气，未接入燃气管道的行政村（社区）居民日常做饭烧水使用的能源主要为液化气，少数家庭使用蜂窝煤、木柴。城乡一体化供水管网已覆盖全镇。境内有小（2）型水库6座，山塘1289口，水域面积1363亩。

2023年境内有中学1所，在校学生700人，专职教师70人；小学13所（下埠中心小学、下埠小学、潘塘小学、西源小学、栗塘小学、潭塘小学、胡家小学、虎山小学、杞木小学、木马小学、长春小学、光华小学、横溪小学），在校学生1973人，专职教师184人；公办幼儿园7所，在园幼儿641人，专职教师46人；民办幼儿园2所，在园幼儿270人，专职教师20人。

下埠镇有1座综合文化站，于2019年10月20日正式对外开放，占地面积140平方米，建筑面积560平方米，有图书8622册，具备阅览、科普、娱乐、培训、展览等功能，设有未成年人活动室、图书阅览室、多功能活动厅、教育培训室、普法教育室、中央课堂、陶瓷文化展示厅等。每个行政村（社区）都建设有面积大小不一的党群服务中心、新时代文明实践站、图书阅览室，成立了社会治理综合体，建成了居家养老服务中心，有较为完善的健身休闲活动场所。

镇卫生院成立于1956年，经2011年移址新建和2016年改扩建，现位于下埠村，占地4400平方米，总建筑面积4340平方米，设有内、外、妇、儿、中医等门诊科室；在岗职工68人，其中，医师25人、护士22人；有床位数95张；拥有DR机、彩色多普勒B超、自动生化仪、血细胞分析仪、全自动电解质分析仪、12导心电图机、除颤仪、多功能监护

下埠镇工陶小镇

仪等设备。2019年10月中医康复理疗科成立江西省第一家"浮针工作室",2022年10月被评为"浮针医学全国见习示范点"。

2023年,下埠镇农村低保户1307户1693人,城乡居民养老保险参保人数为17941人。敬老院1家,有床位48个。

特色地情　张源健(1903—1928),别号健人,湘东区下埠镇人,国民革命军陆军少尉、国民革命军第四军叶挺独立团第三营第一连连长,黄埔军校第二期工兵科毕业。安源煤矿工人出身,加入了安源路矿工人俱乐部。1924年秋赴广州黄埔军校学习。毕业后入军校教导团工作,参加第一次东征。1925年10月加入中国共产党。1926年参加北伐战争,历任国民革命军第四军叶挺独立团第三营第一连连长,参加汀泗桥、贺胜桥和攻克武昌之役。1927年8月参加南昌起义,同年11月返赣北组建红军赣北游击队,任队长。1928年春领导元宵暴动,任赣北游击大队大队长,创建彭山、岷山、陈贺山革命根据地;6月,敌金汉鼎派兵向正在休整的赣北游击大队进攻,在率众追击途中,不幸被击中,英勇牺牲。

下埠镇傩文化。民间傩艺术盛行,傩庙众多,傩神又称"将军",即唐、葛、周三元大将军,古有"五里一将军,十里一傩神"的说法。"德化庵的傩神——坐堂享福",德化庵位于下埠镇潭塘村,始建于明朝末年,于1986年重修,占地面积为1500余平方米,建筑面积为800余平方米。下埠镇踩傩的步法和布阵,基本上都是太极方阵,以东西南北中五个方位为基准,穿插一些变形,小鬼是中心角色,几乎场场都上。踩傩的动作,主要有掐指、探身、跳跃、劈叉、打跟头、竖杨柳、旋转、下蹲、滚地、金鸡独立、对打、倒扣等。

栗塘村

村情概况　栗塘村1949年9月前属文明乡第三保;1949年10月后属美昭区马迹乡;1954年属杞木乡;1958年为下埠公社马迹大队;1962年由马迹大队拆为新塘、栗塘、毛塘、马迹4个大队;1967年由新塘、栗塘、毛塘合并为栗塘大队;1984年3月为下埠乡栗塘村;1994年8月属下埠镇。以驻地栗塘下得名,现为栗塘村。

栗塘村地处下埠镇西部,湘东区赣湘融合发展园区位于村境内,是"十四五"省级乡村振兴重点帮扶村。距湘东城区15千米,距下埠镇政府所在地5千米,面积4.5平方千米,耕地1880.4亩。栗塘村下辖23个自然村组:栗塘、花园岭、新塘、大屋场、毛

栗塘村村口

塘、毛园、阳西塘、藕塘、锅埠、石头坡、金山、册塘、布塘、洪家园、柘树塘、鹅形、涧山、新建、南塘、炉前、泉塘、长山嘴、沙坡组。全村户籍人口1029户3726人，常住人口604户2927人，村内共有105个姓氏，以张、欧阳、黄、袁、李、邬、王、钟、刘等姓为主。

自然环境与资源 栗塘村地势起伏不大，以丘陵和山间平地为主，农田主要分布在山间，地势由东南向西北倾斜，农田呈东南—西北狭长分布。栗塘村森林覆盖率65%，林地面积为1584亩，主要为油茶林、杉树林、樟树林、松树林和竹林。

经济概况 栗塘村主要种植水稻、油茶、油菜，养殖土猪、鸡、羊、鹅等。2023年，栗塘村水稻种植面积约950亩，种植户约450户；油菜种植面积约600亩，种植户约300户。栗塘村现有小型加工企业6家，解决80余人就业。栗塘村商贸较为繁荣，每月逢五、十为赶集日。栗塘街道全长450余米，现有商铺27户，其中餐饮店4家、商超6家、小卖部4家、日用品店4家、家具店1家、农资店1家、诊所1家、美容美发店1家、五金店1家、水电安装店1家、汽车修理店2家、建材店2家。2023年，栗塘村集体经济收入为66.5786万元。

基础设施 栗塘村村庄道路网基本形成，交通较为便利。县道X059横穿村庄，紧邻320国道，均为沥青路面，路况良好；村组生活道路主要为水泥路面，生活道路长约40千米，道路宽约3~3.5米。兼具生产生活功能的集镇段长约3千米，为沥青路面。

栗塘村有变电器16台，家庭通电率100%。村内未接入燃气管道。村民主要生活用水来源于江西省湘东润泉供水有限公司和萍乡市湘东区下埠西源张学友自来水有限公司。

栗塘村水塘面积350亩,旱地面积600亩;村内山塘、水库99口,其中小(2)型水库1座,2022—2023年维修山塘水库12座。

社会发展 栗塘小学创办于1949年,经1976年、1986年、2012年三次改造形成规模。校园现占地面积4680平方米,建筑面积1728平方米。学校现有学生149人、专职教师13人,其中小学高级教师1人,县级骨干教师2人,大专以上学历的有6人、本科学历的有7人。2014年9月,栗塘小学附属幼儿园投入使用。

村内建有1个卫生所,服务范围除本村外,辐射到西源、潘塘、潭塘等周边村庄。

栗塘村享受农村低保的有120户180人,享受城镇低保的有9户11人,监测户9户,脱贫户8户,分散供养户11人。

特色地情 栗塘钟馗庙古戏台为全市文物保护单位之一,始建于清同治十三年(1874),由邬光祖等人倡导,写文集资建庙,由泥工邬光禄等设计,建造了一座土砖瓦庙。

潘塘村

村情概况 潘塘村原叫青泥塘,因这里瓦泥特别多,后改为潘泥塘,又因处于潘泥塘中心地段,最后取名"潘塘"。

潘塘村东与排上镇横塘村交界,西南方向邻西源村,北与下埠村接壤。下辖16个自然村组:竹山下、老棚、大岭背、新屋、株树塘、潘泥塘、登甲元、田心、泮塘下、台立上、瓦子泉、柿柳、黄土、安全、毛栗、横塘。全村共有646户2860人,男性1501人,女性1359人,其中常住人口1460人、流动人口1400人。村内共有89个姓氏,以刘、李、胡、王、张姓为主。

潘塘村属半丘陵半山地地形,地势中间高周围低,村庄地势坡度变化不大,平坦用地少。村内绿化率达70%,林地面积为200公顷,主要为油茶林、杉树林和樟树林。

受地形和水文条件影响,潘塘村石板塘水库在1972年垮堤,爆发过一次大型山洪。

经济概况 2012年,潘塘村10名致富能人合资7000万元成立了萍乡市潘塘科环种养专业合作社,打造了3000亩的花卉苗木产业基地,其中种植八月桂980亩、丹桂660亩、红叶石楠480亩、唐柚380亩、银杏30亩。

潘塘村以劳动密集型的陶瓷工业为主,包括萍乡市华填石化填料有限公司、萍乡

潘塘村千亩桂花园

市美迪环保设备有限公司。这两家公司均由潘塘村陶瓷厂在产业发展中成立的，分别位于潘泥塘组和大岭背组。

潘塘村商贸较为繁荣，每月逢三、八有赶集。村内潘塘村集市全长500余米，现有商铺30余户，其中小卖部18家、餐饮店2家、诊所1家、美容美发店1家、五金店1家、裁缝店1家。

2023年，潘塘村集体经济收入为56.0356万元。

基础设施 村庄道路网基本形成，交通较为便利。对外道路为X059县道，均为沥青路面；村内道路主要为水泥路面，生产道路约3千米，生活道路约15千米，兼具生产生活功能的集镇段约4.6千米，为沥青路面。

村内有变压器17台，总功率5000千瓦，家庭通电率100%。6个组已经接入燃气管道，少数家庭使用蜂窝煤、木柴。村民主要生活用水来源于城乡供水一体化（6个组已安装）、农饮工程，有3个集中供水点，分别位于西源、下泉塘、泮塘。有自来水蓄水池3座，可蓄水300立方米，铺自来水管道约1.5万米。

潘塘村有石板塘、横塘尾塘、黄泥塘、野塘、潘泥塘、瓦塘6座具有水利灌溉功能的山塘，主要采用沟渠引水，可灌溉耕地1083余亩。

社会发展 潘塘村建有潘塘村幼儿园和潘塘小学，小学毕业后，学生主要前往下埠中学就读初中。村内建有1所卫生所，2023年度农村医保参保率达100%。村内有4户农村分散供养户；享受农村低保的有84户115人，享受城镇低保的有20户33人。村内有路灯180盏，均为太阳能路灯；建有垃圾集中处理中心1个；"厕所革命"整治厕所192个。

胡家村

村情概况　明朝洪武四年(1371),胡氏祖公志安从吉安迁徙至萍乡,插旗立标,取名胡家坊。"文化大革命"时期,胡家坊与虎山合称为东风大队,1972年被拆分为胡家坊大队和虎山大队。1994年撤乡建镇,胡家坊大队更名为胡家村。

胡家村位于下埠镇东南部,东、南与腊市镇交界,西与下埠村接壤,北与虎山村相邻,土地总面积5.59平方千米。胡家村共有10个村民小组,分别是茶背岭组、老湾里组、虎形岭组、榨立上组、横塘坡组、枫树冲组、红石坡组、土旺冲组、新屋里组、狮子坡组,共有787户2784人,其中常住人口1728人、流动人口1056人。居住人口以汉族为主,有少数民族5人。胡家村共有93个姓氏,以胡、甘、李、杨姓为主。

胡家村地处丘陵地带,地势中间低周围高,村庄地势坡度变化不大,平坦用地少。境内有一条小河,发源于红石坡泉水井,流经枫树冲、横塘坡、榨立上、虎形岭、老湾里、茶背岭与虎山村的一股清泉相交直奔杞木河。全村共有水塘、水库共19口,水域面积在2亩以上的有9口,全村水田全部依靠这些水塘的水进行灌溉。全村森林覆盖率达85%,村内四周绿化和庭院绿化率达到65%。

经济概况　胡家村的农业主要作物为水稻和蔬菜瓜果。2019年建设高标准农田后,大面积田地由大户承包。村内有工业企业5家,分别为萍乡市丰升新型墙体材料有限公司、萍乡市旺发新型墙体建材厂、萍乡市宏远瓷业有限公司、萍乡市同达辉环保化工填料有限公司、萍乡市萍优矿产加工厂。胡家村商贸欠发达,村内只有2家小型超市。2023年,胡家村级集体经济收入为71.91万元。

基础设施　交通便利,320国道附线樟大线贯穿全村,工业园南大道直达村内。村内村组主干道路均已进行硬化。

胡家村有变压器10台,总功率5000千瓦,家庭通电率100%。村民生活用水主要来源于城乡供水一体化,全村10个村组均已接通湘东润泉自来水公司的自来水;还有1个农饮工程集中供水点,位于土旺冲组境内。

胡家村有张家园水塘、荷花塘、大店里水塘、下眼塘、荷叶塘、水塘湾水塘、泉井冲水塘等具有水利灌溉功能的山塘9座,主要采用沟渠引水,可灌溉耕地800余亩。

村内共有30个自然村,已有茶背岭、老湾里、虎形岭、榨立上、张家园、横塘坡、枫树冲、红石坡、土旺冲、南竹坡、黄土坳、新屋里、泉井冲、新屋、沙壶里、狮子坡16个自然村进行了新农村建设。

胡家村农村社会治理综合体

社会发展 胡家村境内建有一所胡家小学和一所附属幼儿园。胡家小学占地面积3653平方米,有学生130人、教职员工15人。附属幼儿园占地面积1500平方米,有儿童47人、教职员工4人。

村内建有1所卫生所。2023年度农村医保参保率达100%。

全村有农村低保的有100户135人,有城镇低保的有31户45人,农村分散供养户2人。2021年,建成1所具备自助餐、娱乐等功能的互助养老服务中心。

特色地情 现存历史古迹有虎形岭包公寺、狮子坡钟馗庙、土旺冲傩神庙、甘氏宗祠、胡氏宗祠。胡氏宗祠在每年的农历七月十五日,甘氏宗祠在每年的农历二月十五日举行祭祀活动。

西源村

村情概况 西源村因西源境内有上泉塘、下泉塘、长沙塘三股地下泉水,且地处下埠之西面而得名"西源"。

西源村地处赣西边缘,全村总面积3.32平方千米,村庄区位优势明显,交通便捷,距离市区仅20千米,森林覆盖率70%。下辖14个自然村组:桃冲、转富前、杉木塘、横岭上、邓甲山、下泉塘、官带下、弄巷、砖宕、存塘、花园岭、大水坡、板栗塘、上冲。全村共有人口609户2569人,男性1450人,女性1119人,其中常住人口1610人、流动人口959人。村内共有25个姓氏,以刘、陈、黄、王、李、袁、张姓为主。

自然环境与资源 西源村属于丘陵地形,地理位置偏高,四周低,最低处在神山坳,海拔为157米;最高处在茅山尖,海拔为260米。西源村石灰石、陶瓦矿泥资源较为丰富。

西源村绿化覆盖率达68.7%,有6块村庄景观绿化带或村庄标志性绿地,建设有6处乡村风景林,总面积达300亩,树种丰富。

经济概况 西源村的粮食产量由解放初期的平均亩产175千克提高到现在的575千克,1985年实现自给有余。在原有耕作模式上已发展雷竹笋、淡水养鱼、种蔬菜、育树苗、栽花、养牲畜等多种经营模式,2023年西源村人均年收入为1.8万元。

西源村有个体商铺25户,有小卖部7家、摩托修理店1家、编织袋加工厂1家、餐饮店4家、诊所1家、美容美发店1家、水电安装店2家、汽车修理店1家、建材店3家、超市2家、加工榨油店2家,25家商铺年营业额800万元以上。安装维修劳务公司9家,年营业额超1200万元;小型加工作坊4家,年收入500万元以上;中型民营企业4家,年产值达5000万元以上。

西源村文化长廊

2023年,西源村集体经济收入为26.8万元。

基础设施 西源村有变电器16台,总功率3200千瓦,家庭通电率100%。村内未接入燃气管道。村民主要生活用水来源于西源自来水公司,杉木塘、横岭上组使用湘东润泉供水公司自来水,下泉塘组使用本组深井泉水,铺设自来水管道约2万米。1958年修筑了西源水库,该水库地处高位,水源充足,可满足西源村全部、下埠村大部分的农田灌溉需求。2022年,西源村成功申报了1个新农村建设点,获批30万元项目资金,用于下泉塘新农村建设改造。

社会发展 西源村建有西源小学,小学毕业后,学生主要前往下埠中学、湘东中学等学校就读。

村内建有1个卫生所(室)。村委会为村民提供代缴医保服务,2023年度农村医保参保率达100%。享受失地农民保险的有215户818人,享受低保政策的有136人。村内有路灯220盏,均为太阳能路灯,覆盖全村70%的道路;建有垃圾集中处理中心1个;"厕所革命"整治厕所220个。

大陂村

村情概况 大陂村位于下埠镇中心区域,总面积4.75平方千米,其中耕地面积0.95平方千米、山地面积0.9平方千米、水塘面积0.076平方千米。东靠陈家塘,西靠下埠村,南靠虎山村,北靠长春村,陈下公路、工业南大道呈十字贯穿。下辖23个村民小组:羊角塘、方塘、八树下、老湾里、古路冲、兰家岭、杨梅塘、子新塘、焕辉、段家湾、主塘、大帽岭、段背岭、石虎、新塘、易发塘、车土坪、樟树上、大园背、郭下、荷花塘、茅庵里、长坡口。全村共有1217户4472人,男性2136人,女性2336人,其中常住人口3160人、流动人口1312人。村内共有112个姓氏,以李、施、刘、段、张、王、陈、尹、蔡姓为主。

自然环境与资源 大陂村属半丘陵半山地地形,地势北低南高,村庄地势坡度变化小,平坦用地多。村内有一条大陂河自西向东穿村而过。大陂村绿化率达65%,林地面积为1342亩,主要为樟树林、油茶林、杉树林。

经济概况 大陂村主要种植水稻、油茶、油菜、红薯,养殖土鸡、土鸭、羊等。2023年,水稻种植面积约500亩,种植户约250户;油菜种植面积约400亩,种植户约300户;水稻制种项目,种植面积228亩。2023年进行农田休耕,引进牧草种植。

大陂村内企业以陶瓷、填料为主,有萍乡市群力工业填料有限公司、萍乡市方上化工填料有限公司、江西省萍乡市天马工业陶瓷有限公司、江西省萍乡市双凌陶瓷有限公司等。

大陂村位于城中村,商贸较为繁荣,每月逢二、逢七都有大型赶集。镇内集市全长1500余米,村级现有商铺90余家,其中大型商超3家、小卖部22家、餐饮店30家、衣帽服饰店10家、电器店8家、家具店5家、移动电信营业点3家、诊所1家、美容美发店9家、五金店3家、水电安装店4家、汽车修理店5家、建材店5家、石材店2家。

2023年,大陂村集体经济收入为34.21万元。

基础设施 大陂村村庄道路网基本形成,交通较为便利。对外道路包括南大道公路和S129,均为沥青路面,路况良好;村内道路宽3.5~5.5米,主要为水泥路面;大塘片区、古路冲老湾里组等已修建了沥青道路。生产道路约8.2千米,生活道路约9.1千米,兼具生产生活功能的集镇段约1.8千米,为沥青路面。此外,还建设有桥梁4座,均为小型桥梁。

大陂村家庭通电率100%。村内大部分村组已接入燃气管道。村民主要生活用水来源于自来水公司,分别是湘东润泉自来水、光华自来水、麻山自来水、西源自来水、深井水,铺设自来水管道约1.2万米。

大陂村有古路冲塘、子新塘、倒塘、新塘、郭下塘等10口具有水利灌溉功能的山塘,主要采用沟渠引水,可灌溉耕地685余亩。

大陂村福主二王祠庙

2022年,大陂村成功申报了2个新农村建设点,3个自建点,获批90万元项目资金,用于兰星岭、子新塘、焕辉、新塘新农村建设改造。

社会发展 大陂村属地有下埠镇中学、下埠中心小学。中学毕业后,学生主要前往湘东中学、麻山中学、萍乡中学等学校就读高中。

大陂村享受失地农民保险的有825户1658人,享受农村低保的有92户114人,享受城镇低保的有30户44人,特困8户8人。2023年度农村医保参保率达100%。

村内有路灯210盏,均为太阳能路灯;"厕所革命"整治厕所293个。

特色地情 福主二王祠庙,位于新塘组,始建于明代,重修于2000年左右,是一座保存较为完整的古傩庙。

光华村

村情概况 光华村1949年9月前属文明乡第三保;1949年10月后属美昭区杞木乡;1958年为下埠公社光华大队;1983年3月为下埠乡光华村;1994年8月属下埠镇,取日月光华之意。

光华村处于下埠镇中部。驻王家源,东邻大陂村,南连下埠村,西依横溪村,北靠杞木村。耕地面积1091亩,山地面积3650亩,水域面积120亩,老320国道通过境内。下辖13个村民小组:枫树塘组、马迹塘组、三塘里组、油铺里组、老鸦冲组、蜈蚣塘组、月形山组、船厂里组、柏树下组、沉泥塘组、土口里组、谭家湾组、虎形山组。共有农户645户,户籍人口2496人,常住人口2105人,村内共有15个姓氏,以李、张、吴、等姓为主。

光华村属半丘陵半山地地形,地势北低南高,村庄地势坡度变化不大,平坦用地比较多。村庄绿化覆盖率58%。

经济概况 光华村杂交水稻制种种植面积约210亩,粮食产量由解放初期的平均亩产175千克提高到现在的550千克,提高了3.3倍,到1985年实现自给有余。随着产业改革的调整,光华村由传统的种粮逐步转化为现代农业经济,有淡水养殖业、蔬菜种植业、苗木种植业等。

光华村工业以陶瓷产业为主。解放初期只有十多个人烧石灰,产值不过几千元,到人民公社化后,副业队做陶瓷,从业人数20多人,有1—2个生产队做陶瓷,一年产值在6万元左右;到20世纪七八十年代,逐步发展工业陶瓷产业,年产值由几十万元,

光华村光华小学

逐步上升至200万元以上。2000年以后,陶瓷产业快速发展。2023年,陶瓷工业资产超过98000万元,就业人数500多人,其中专业骨干50多人。

光华村商贸较为繁荣,村内有个体商铺15户,有小卖部5家、摩托修理店2家、餐饮店1家、诊所2家、美容美发店2家、水电安装店1家、超市2家,15家商铺年营业额600万元以上。安装维修劳务公司1家,年营业额1200多万元。

2023年,光华村集体经济收入为18.47232万元。

基础设施　光华村道路畅通,出行方便。

光华村有变电器16台,总功率3200千瓦,家庭通电率100%。村内已经接入燃气管道。村民主要生活用水来源于湘东润泉自来水公司。

2022年,成功申报了1个新农村建设点,获批40万元项目资金,用于谭家湾虎形山新农村建设改造。

社会发展　光华村建有光华小学。小学毕业后,学生主要前往下埠中学、湘东中学等学校就读初中。村内建有1所卫生所(室),2023年度农村医保参保率达100%。村内享受失地农民保险的有86户354人,享受低保政策的有121人。村内有路灯230盏,均为太阳能路灯,覆盖全村70%;建有垃圾集中分类中心6个;"厕所革命"整治厕所188个。

特色地情　黄爱堂(1843—1909),原名缙,又名承暄,字嘉玉,号爱堂,归圣乡马迹塘(今湘东区下埠镇光华村)人。清同治十三年(1874)贡生。光绪年间,任江苏东台县知县四年,离任后民众为其立德政碑,续任职江苏泰州、通州,政声远播。清光绪十八年(1892),任上海知县,政绩卓著,深得民心,尤其是在处理对外关系上,坚持主权,维护国格,保护民众,富有气节。离任后,市民撰文记其政绩,并将一条街道命名为"爱堂路"。后任四川盐茶道、按察使、布政使。

潭塘村

村情概况 潭塘村地处湘赣边陲,位于湘东区西北部,距萍乡市区30千米,距湘东城区19千米,距下埠镇政府7.5千米,东边是下埠镇栗塘村,南面靠排上镇石甲方村、陂田村、桥头村,距攸县酒埠江40千米,西连老关镇二里村、登关村,离醴陵市绿江14千米,北接老关镇渡口村、下埠镇横溪村,到浏阳河不到50千米。潭塘村总面积5.6平方千米。

潭塘村下辖19个自然村组:白竹塘、官仓下、杉木塘、漆家屋场、大塘、存油塘、石头岭、潭塘庵、青石桥、龙塘、虎形、三节冲、柏树下、大园里、水塘门、喻家坊、铁地方、东冲、马形。全村常住人口1250人,流动人口1439人。村内共有87个姓氏,以袁、杨、张、王、欧阳、赖、刘、罗姓为主。

自然环境与资源 潭塘村属丘陵地形,红粉石地貌。以青石桥组以西南方向都是红层,东北方向都是灰层,其中红层占多数。村境内有3条小溪,水流流向均为从东至西,全村有122口山塘,没有水库,山塘平均分布在19个自然小组中,其中潭塘庵组的山塘灌溉面积最大,高达百余亩。潭塘村境内山地面积5700余亩,山地森林覆盖率93%。经济林3600余亩,有丰富的植物资源,如香樟树、油茶树、松树、杉树、毛竹等。

经济概况 潭塘村主要种植水稻、油菜、油茶,养殖鸡、鸭、鱼、羊等。2022年,潭塘村水稻种植面积600余亩,主要由1户大户承包,有10余户散户,产量约27万千克;油菜种植面积600余亩,主要由1户大户承包,无散户。潭塘村主要养殖猪、羊、鸡、鸭、鱼等,以散户自主养殖为主。2023年底村内有6户养殖猪约1200头、6户养殖羊119头、100余户养殖鸡约1800只、3户养殖鸭约600只。村内规模较大的合作社有萍乡市溪柳水果种植专业合作社和萍乡市澧源生态农业专业合作社。村内有个体商铺8户,其中小卖部5家、餐饮店1家、诊所1家、水电安装店1家,便利了村内百姓的日常生活。2023年,潭塘村集体经济收入为46.15万元。

基础设施 潭塘村村庄道路网基本形成,交通较为便利。对外道路包括X059县道,均为沥青路面,路况良好;村内道路宽3~6米,主要为水泥路面,村级主干道铺设了沥青,生产道路约9千米,生活道路约28千米,有桥梁12座。

潭塘村有变压器13台,家庭通电率100%。村内未接入燃气管道。村民生活用水

潭塘村溪柳生态休闲旅游建设项目(百果园基地)

主要来源于城乡供水一体化、农饮工程，有3个集中供水点，分别位于潭塘、湘东、登官。

潭塘村有潭塘、烟冲、横冲、耿塘、大塘、水塘门等具有水利灌溉功能的山塘6口，主要采用沟渠引水，可灌溉耕地300余亩。

2019年，潭塘村成功申报了1个新农村建设点，获批300万元项目资金，用于白竹塘新农村建设改造。

社会发展　潭塘村建有潭塘小学。潭塘小学于2020年进行了新建，占地面积500平方米，现有教师10余人、学生40余人。潭塘小学的五年级和六年级于2022年9月已合并到栗塘小学，一年级至四年级则正常在校上课。

潭塘村建有1所卫生所(室)，2023年度农村医保参保率达100%。

2022年，潭塘村有10户农村分散供养户；享受农村低保的有109户119人，享受城镇低保的有13户13人。潭塘村有1500余人购买了养老保险，村内建有一座居家养老服务中心，为附近老人提供用餐服务。

特色地情　德化庵傩神庙始建于明朝末年，于1986年重修，占地面积为1500平方米，建筑面积为800平方米，主要建筑有傩神殿、观音殿、包公殿、财神殿、文殊殿、德化庵历史悠久，具有一定的文化和历史价值。

潭塘庵包公庙，原名"飞仙庵"，乃潭塘袁氏七代祖袁琼兰(字传香)奉皇帝谕于明弘治十一年(1498)建造。

大园傩神庙位于潭塘村柏树下，始建于楚清泰三年(936)，于1982年重建。占地面积600平方米，建筑面积500平方米，供奉的是唐、葛、周三位将军。据传，该庙最早的地址在大园维庙塘，于清朝迁至现址。

虎山村

村情概况 虎山村原名三口里（周中口、水口山、沙坝口），因明朝洪武年间有华南虎出没而得名。新中国成立前后隶属湘东区凤鸣乡。1958年转属下埠。1059年与胡家坊村合并为管理处，办公地点设在祖门公祠。1962年与胡家坊村分开，名为虎山大队；1968年冬与胡家坊村再次合并为东风大队。1972年冬又分为2个村，自此虎山村村名沿用至今。

虎山村地处赣西边缘，全村总面积2.04平方千米，村庄区位优势明显，交通便捷，距离市区仅18千米。

虎山村下辖15个自然村组：七坡里、桃子园、铜钉眼、满塘、沙家塘、花树园、水口山、烟竹山、施家塘、建新、茶园、罗家坡、荷叶塘、犁咀岭、吴口井。全村共有654户2875人，男性1476人，女性1399人，其中常住人口1935人、流动人口940人。村内共有26个姓氏，以尹、李、张、胡、马、刘、彭、易、蔡、邓姓为主。

虎山村属于丘陵地形。境内煤炭资源丰富，有近100年的采矿史。村庄绿化覆盖率60%。

经济概况 虎山村农业产业以水稻种植为主。耕地面积717.3亩，在原有耕作模式上发展大棚种植蔬菜瓜果，大棚种植面积100多亩，水稻种植面积300多亩，农光互补产业占地面积150多亩，其他农作物种植面积100多亩。1970—1980年，工业陶瓷产品制作在虎山村兴起，至2000年，因缺乏竞争力，煤矿和工业陶瓷产业相继被关闭或被淘汰。虎山村内有个体批发小卖部11家、摩托修理店1家、餐饮店1家、诊所1家、水电安装店1家、加工榨油店1家。2023年，虎山村集体经济收入为21.04万元。

基础设施 虎山村交通便利，境内有县道陈广线和省道S308，村组道路相对通达，2023年已有80%以上的道路完成了道路"白改黑"，村组道路长5.2千米，其中有5米宽的道路一条，其他的都是3.5米宽的村组道路。

虎山村有两个用于抗旱的泵房，即虎山村机井、犁咀岭泵房。有用于农田灌溉的大小水塘11口。天然泉源泉井坝，出水量稳定，是下埠河的主要水源之一。有近400户村民使用润泉公司的自来水，100余户使用自家井水。

自2017年开始，有12个自然村完成了新农村建设，每个新农村建设点除项目资金30万元外，村民积极投资投劳，受益人口覆盖全村。

社会发展 虎山小学，于2014年改造重建并投入使用，占地面积3000余平方米，

虎山村村委会

有教职工17人、学生96人。村内建有1所卫生室。2023年度农村医保参保率达100%。虎山村有100多户享受了失地农民保险；享受农村低保的有126人，享受城镇低保的有38人，特困5人。居家养老服务中心于2022年完成建设并投入使用。

虎山村出行便利，环境良好；主要村组道路亮化基本全覆盖，均为太阳能路灯；"厕所革命"整治厕所120个。

横溪村

村情概况 横溪村因西部黄岗岭山顶有多处泉水汇集，顺山而下横穿村庄，直流铁冲组而得名。新中国成立后，设横溪公社下辖6个大队；1960年末撤横溪公社成立下埠公社，三蛤、三星、三塘合并为横溪大队；1980年横溪大队改为横溪村。

横溪村地处赣西边缘与老关镇渡口村、油塘村相邻，全村总面积5.66平方千米，距离湘东城区13千米，距离萍乡市区26千米。下辖24个自然村组：荷花塘、德和垅、学堂岭、长土、矾塘咀、瑞公祠、后冲、黄芽冲、长塘、横子庙、三星桥、庵背、炉下、转背垅、斑竹庵、扫塘冲、军楼、万吉塘、对塘咀、凤公祠、台上、喻家岭、子万塘、杉木冲。全村共有931户4221人，男性2166人，女性2055人，其中常住人口3229人、流动人口992

人。村内共有117个姓氏,以李、刘、黄、张、王、肖、颜、温、何姓为主。

横溪村属丘陵地形,地势中间高周围低,横溪村绿化率达70%,林地面积有5000余亩,主要为油茶林、杉树林和樟树林。

经济概况 横溪村主要种植水稻、油茶、油菜、红薯等,养殖猪、羊、牛、鸡、鸭等。2023年,横溪村水田由大户承包,水稻种植面积约600亩,油菜种植面积约500亩。横溪村是一个养殖大村,主要养殖生猪,生猪养殖户有65户,其中养殖场1家、养殖大户25户,年末存栏2304头,全年出栏4466头。

横溪村是萍乡市工业陶瓷的发源地,工业以劳动密集型的陶瓷工业为主。萍乡市横溪化工填料有限公司位于横溪村庵背组,成立于1985年,主营业务为工业陶瓷、化工填料、惰性瓷球、耐火陶瓷等,现有工人70余人。萍乡市三力科技有限责任公司位于横溪村军楼组,成立于2012年,主营工业陶瓷、耐磨陶瓷、电子陶瓷等。

横溪村商贸较为繁荣,每月逢一、六有赶集。村内个体商铺有18户,其中超市2家、小卖部8家、餐饮店2家、诊所1家、美容美发店1家、水电安装店1家、裁缝店1家、建材店2家。

2023年,横溪村集体经济收入为23.78万元。

基础设施 横溪村对外道路包括X128县道为水泥路面,栗油公路为沥青路面,路况良好;村内道路宽3.5~5.5米,主要为水泥路面,生产道路约11千米,生活道路约20千米,兼具生产生活功能的集镇段约2千米,为水泥路面。此外,还建设有小型桥梁3座。

横溪村有变电器24台,总功率3200千瓦,家庭通电率100%。村内未接入天然气管道。村民生活用水主要来源于横溪村欣康自来水公司、湘东润泉供水公司自来水(安置区已安装),铺设自来水管道约2万米。

横溪村有小(2)型水库长塘和树源塘、荷花塘、高塘、办公塘、鲤子塘、宋家塘、瓦子塘、王麻冲、野塘、泉塘等具有水利灌溉功能的山塘15口,主要采用沟渠引水,可灌溉耕地1500余亩。

横溪村成功申报了2个山塘整修建设点,获批21万元项目资金,用于荷花塘、扫塘的山塘改造,有效提升了横溪村的村容村貌。

社会发展 横溪村建有横溪村幼儿园和横溪小学。小学毕业后,学生主要前往下埠中学、湘东中学等学校就读初中。村内建有1所卫生所(室),2023年度农村医保参保率达100%。横溪村有382户1750人享受了被征地农民保险。横溪村有分散供养4人,享受城市低保的有19人,享受农村低保的有150人。

横溪村人居村庄道路网基本形成,有路灯356盏,均为太阳能路灯,全村100%覆盖;建有垃圾集中处理中心1个;"厕所革命"整治厕所210个。

特色地情 张开国,生于1932年,下埠镇横溪村人,萍乡市工业陶瓷第一人。1970年,他与大队商量在横溪村三蛤口建成了萍乡市第一家工业陶

横溪村新时代文明实践站

瓷厂,于1972年成功生产出工业陶瓷产品拉西环,之后横溪村在安背组再办了一个较大的工业瓷厂。1977—1982年,工业陶瓷厂发展到光华、木马、潘塘等村,造就了工业陶瓷的繁荣时期,工业陶瓷也从单个产品发展到多个产品,形成如今的工业陶瓷产业集群。

杞木村

村情概况 杞木村因当地沿溪涧多杞树而得名。人民公社时期,杞木大队曾与铁冲大队合并为向阳村,后又解散并恢复为两个大队。杞木村东临湘东、西接醴陵,南临五峰、北枕大屏,全村总面积4.7平方千米,村庄区位优势明显、交通便捷,距离市区仅20千米,森林覆盖率70%。

村级有28个村民小组(胭脂塘、夏家源、杨家田、下山里、白石源、樟抱枫、龙形湾、牌坊下、仓下岭、留佳山、槐树下、石桥咀、泉山口、泉塘、大园、新祠、分水坳、探子岭、磨石塘、上棚、老祠、灯芯桥、兰竹山、樟树坡、铁冲、下山咀、东竹岭、孟子坡),共1100户4950人,其中常住人口1600人、流动人口3350人。居住人口以汉族为主,还有侗族、苗族等少数民族。村内姓氏以李、张、颜、刘、许、王、易、周、施、曾、文为主。

杞木村属半丘陵半山地地形,地势北低南高,村庄地势坡度变化不大,平坦用地比较多。村内有杞木河支流自南向北穿村而过。

杞木村鸟瞰

杞木村村庄绿化覆盖率68.7%。建设有6处乡村风景林,总面积达600亩,树种丰富,主要造林绿化树种15种。

经济概况 杞木村主要是杂交水稻制种,种植面积约300亩。随着产业改革的调整,杞木村由传统的种粮逐步转化为农业经济,如淡水养殖业、蔬菜种植业、苗木种植业等。

杞木村内有个体商铺24户,有小卖部7家、编织袋加工厂1家、餐饮店4家、诊所1家、美容美发店2家、水电安装店2家、摩托车修理店1家、建材店3家、超市2家,24家商铺年营业额800万元以上。安装维修劳务公司9家,年营业额1200多万元;小型加工作坊4家,年收入500万元以上;中型民营企业37家,年产值达85000万元以上。

2023年,杞木村集体经济收入为65.62万元。

基础设施 杞木村有变电器16台,总功率3200千瓦,家庭通电率100%。村内已经接入燃气管道。村民主要生活用水来源于湘东润泉自来水公司。

2022年,杞木村成功申报1个新农村建设点,获批30万元项目资金,用于牌坊下新农村建设改造。

社会发展 杞木村建有杞木小学,小学毕业后,学生主要前往下埠中学、湘东中学等学校就读。村内建有1所卫生所(室),2023年度农村医保参保率达100%。杞木村有800多户1800多人享受了失地农民保险;有约195人享受了低保政策,其中城市低保23人、农村低保172人。

杞木村村庄道路网基本形成;村内有路灯220盏,均为太阳能路灯,覆盖率70%;建有垃圾集中分类中心6个;"厕所革命"整治厕所247个。

木马村

村情概况 木马村距湘东城区3.6千米,东靠省道老韶井公路,西靠萍乡市陶瓷产业基地和铁路专用线及320国道,地理位置十分优越。全村占地面积为2.71平方千米。下辖21个自然村组:大竹山、长形、上水塘、炉前、上坪、下坪、珠形、虎形、李子冲、木子塘、迪子塘、方中、庙山、棕木桥、泉塘、五家坡、古佛庙、自然村、檀树下、井塘、大塘尾。全村共有人口894户3258人,男性1640人,女性1618人,其中常住人口1990人、流动人口1268人。村内共有36个姓氏,以李、兰、邓、王、朱、张、甘、陈、欧阳、刘姓为主。

木马村耕地(水田)768亩,人均耕地0.21亩,已流转耕地768亩。山地面积2780亩,森林覆盖率85%。其中,杉树林152亩、竹林135亩、杂用材林2493亩。

经济概况 木马村主要种植水稻、红薯,养殖土鸡、羊、鸭、蜜蜂等。2023年,木马村水稻种植面积约335亩,主要是种粮大户承包和农户散耕。

木马村工业以工业陶瓷为主。20世纪80年代末,木马村率先创办了下埠镇首家上规模的手工业匣钵厂,产品广销高安、景德镇、湖南等陶瓷生产地,年产值20余万元。1991年以釉面卫生瓷砖为主打产品的木马陶瓷,年总产值达百万元;1995年,创新研发出了中铝耐磨瓷球产品,远销广东佛山、山东、河南等十几个陶瓷生产地,上缴国家税款200余万元。雄厚的技术力量和先进的工艺设备,产品多次荣获国家、省科技成果奖,优秀新产品奖等奖项,拥有20余项专利。产品远销欧美、东南亚等10多个国家和地区。木马村内有个体商铺16户,有小卖部13家、理发店1家、早餐店1家、诊所1家。2023年,木马村集体经济收入为21.94万元。

基础设施 木马村交通四通八达,对外道路韶井公路,均为沥青路面,路况良好;村内主干道路宽9米,主要为沥青路面,生产道路约10千米,60%为沥青路面,40%为水泥路面。

木马村有变电器10台,总功率2千瓦,家庭通电率100%。村内已有14个村组接

木马村天符庙

入燃气管道。村民生活用水主要为自来水及深井水,85%农户用自来水,15%农户用深井水,铺设自来水管道约2600米,基本满足了全村村民日常生活用水需求。

木马村有大塘、大竹山水塘、井塘、新景塘、木子塘等具有水利灌溉功能的山塘6座,主要采用沟渠引水,可灌溉耕地450余亩。

木马村已有18个组完成新农村建设。2022年,木马村成功申报了1个省级新农村建设点,获批30万元项目资金,用于农村建设改造,有效提升了木马村的村容村貌。

社会发展 木马村建有木马小学、木马小学附属幼儿园、木马中心幼儿园。小学毕业后,学生主要前往下埠镇中学、湘东镇中学、萍钢中学等学校就读初中。村内建有1所卫生所(室),2023年度农村医保参保率达100%。木马村有1065人享受了失地农民养老保险;有81户105人被纳入农村低保,享受城镇低保的有14户19人。

木马村人居环境良好,常态化开展环境卫生整治活动,村庄道路网基本形成;村内有路灯440盏,已覆盖全村;"厕所革命"整治旱厕120个。

特色地情 木马天符庙。位于湘东区下埠镇木马村,庙宇与千年古樟相伴,背靠香樟成林的龟形山,西南伴有小河流四季不息,风景独特。始建于明洪武元年(1368),最初为社祠,清乾隆四年(1739)扩建,建有庙堂、神殿、槽门、酒楼、住房等,正殿对面建有戏台,庙内附设学堂,名为育婴庄。正殿安有神像,每年有社戏公演。20世纪50年代,庙宇被毁。1986年重建一座简易殿堂和戏台。21世纪以来,在原有基础上再次扩建庙宇,建起观音堂,并将原桎木山古佛像及木马坪的关圣帝君像迁入天符宫内。又建起大戏台、山门、长廊亭舍等,铺筑了水泥马路和庙内广场。

长春村

村情概况 新中国成立初期,下埠乡工作队进入长春,设立山田、玉山、长春三个大队,后来在国家撤乡并镇的大形势下,长春村由此诞生。

长春村坐落在下埠镇以北,浙赣电气化铁路及320国道贯穿村中心,全村总面积4.5平方千米,林地面积10500亩。村庄位置优势明显,交通便捷,距离萍乡市区仅22千米,森林覆盖率65%。

下辖23个自然村组:山田组、泉塘组、舒家湾组、罗塘组、石塘组、里塘组、新路组、珠形组、长春埠组、花塘组、苏塘组、小山下组、新塘组、山塘组、新建组、恒山坡组、蚂蟥塘组、狮形山组、玉山组、杨市街组、石板垅组、栗树坡组、杜公塘组。全村共有1185户4977人,男性2650人,女性2327人。村内姓氏以邬、许、赖、朱、吴、邓、龙、刘、康、张为主。

长春村属于丘陵地形,地理位置偏高,四周低山环绕,村庄绿化覆盖率为68.7%。

经济概况 长春村在1982年就实现了粮食自给有余。随着经济的不断发展,长春村已是一个半城镇村。其经济收入主要来自第二、三产业,到2016年,村人均收入达到1.2万元。2006年以后,随着湘东工业园落入长春境内,工业产业已具规模,机械化程度提高。目前长春村的工业已有资产超过8000万元,就业人数1100多人,其中专业骨干80多人。

村内有个体商铺25户,有小卖部7家、摩托修理店2家、餐饮店4家、诊所1家、美容美发店3家、水电安装店4家、汽车修理店1家、超市2家。2023年,长春村集体经济收入为26.92万元。

基础设施 长春村有变电器20台,总功率3200千瓦,家庭通电率100%。村内罗塘组、石塘组、花塘组、里塘组、栗树坡组、珠形组、新路组、长春埠组已接入燃气管道。村民主要生活用水为湘东润泉供水公司的自来水,铺设自来水管道约50千米。

2022年,长春村成功申报2个新农村建设点,获批60万元项目资金,用于花塘组、长春街的新农村建设改造。

社会发展 建有长春小学,小学毕业后,学生主要前往下埠中学、湘东云程实验

长春村

中学、湘东中学等学校就读。

村内建有1所卫生所(室),2023年度农村医保参保率达100%。

长春村约有850户2300人享受了失地农民保险;有223人享受了低保政策。享受城市低保的有53人,享受农村低保的有162人,8人是特困低保户。

人居环境良好,村庄道路网基本形成;村内有路灯265盏,均为太阳能路灯,覆盖率70%;"厕所革命"整治厕所220个。

下埠村

村情概况 下埠村是于1958年成立下埠人民公社时成立的。

下埠村位于下埠镇城区中心区域,距湘东区10千米,距萍乡市区23千米,东邻大陂村,南接潘塘村,西连西源村,北接下埠镇光华村。下辖20个村民小组:石宕口组、下埠街组、黄泥塘组、过路塘组、荷花塘组、东岸组、新塘岭组、松山岭组、大园土组、大岭楞组、花门楼组、石塘组、白竹塘组、黄泥塘组、东家冲组、樟树塘组、后冲组、上园组、街头组、银子塘组。全村共830户3592人,其中常住人口2510人、流动人口1082人。村内共有30个姓氏,以李、刘、黄、朱姓为主,上述三姓村民人数均超过100。

下埠村属丘陵地形,地势北低南高。村中间有一条蜿蜒数公里的小河,河有"四坝"(井坝、鹅公坝、福禄坝、银子塘坝)、"两桥"(福禄桥和下埠街通往傩神庙的过河桥)。境内有山地面积约3300亩,森林覆盖率49%。其中,生态公益林240亩,杉、松、杂用林300亩,经济林160亩,油茶林2600亩,曾是县级生态村。

经济概况 下埠村主要种植水稻、油茶、油菜、红薯,养殖龙虾、鱼、鸡、牛、羊、鸽子、猪等。2023年,下埠村水稻种植面积约1280亩,油菜种植面积约1280亩。养殖户17户,年末存栏1447头,全年出栏868头。

下埠村工业以轻工业为主。萍乡下埠兴康制衣有限公司,成立于2021年,注册资金30万元,为国内外多家服装品牌提供服饰代加工服务,年产值200余万元。

下埠村商贸较为繁荣,每月逢二、七都有大型赶集。村内下埠集市全长1800余米,现有商铺132余户,其中大型商超2家、小卖部18家、餐饮店22家、衣帽服饰鞋店10家、电器店3家、家具店3家、移动电信营业点5家、诊所药房4家、美容美发美甲店12家、五金店4家、水电安装店7家、汽车修理店2家、建材店8家、石材店3家、杂货店4家、金器店2家、窗帘店2家、宾馆3家、网吧1家、油漆店4家、银行4家、卤菜店3家、家纺店3家、摩托车专卖店3家。大型商超有惠联生活超市(成立于2012年,位于下埠村集镇,注册资金30万元,主营食品、果蔬、日化)和恬雅湾生活超市(成立于2020年,注册资金30万元,主营食品、果蔬、日化、床上用品)。

2023年,下埠村集体经济收入为28.95万元。

基础设施 下埠村对外道路有139县道、128县道和059县道,均为沥青路面,路况良好;村内道路宽3~6米,主要为水泥路面,生产道路约6千米,生活道路约12.1千

下埠村党群服务中心

米,兼具生产生活功能的集镇段约1.6千米,为沥青路面。此外,还建设有6座小型桥梁。

村内有变电器14台,总功率3000千瓦,家庭通电率100%。村内未接入燃气管道。村民主要生活用水为山泉水、自来水,有3个集中供水点,分别位于王毛岭、樟树塘、新塘岭。有自来水蓄水池3座,可蓄水250立方米,铺设自来水管道约18千米。

有布家塘、珠塘等两座小(2)型水库;长塘、黄泥塘等具有水利灌溉功能的山塘62座,主要采用沟渠引水,可灌溉耕地1600余亩。

2022年,下埠村成功申报1个新农村建设点,获批30万元项目资金,用于白竹塘新农村建设改造。

社会发展 境内有下埠小学和幼儿园各1所,下埠村小学有7个班,校园占地2810平方米;镇中心幼儿园有12个班,教职工47人,园区占地面积5610平方米。村内建有1所镇卫生院,1所村卫生室,2023年度农村医保参保率达100%。下埠村有420人享受失地农民保险;有116户139人享受农村低保,分散供养9户9人。已建立下埠村居家养老服务中心,占地约350平方米,设有棋牌室、书画室、就餐室、舞台、图书室、文体活动室、休息室、健身小广场,可容纳60~70人同时就餐。

下埠村人居环境良好,村庄道路网基本形成;村内有路灯200余盏,均为太阳能路灯;建有大型垃圾分类阳光房1座。

特色地情 傩神庙坐落在下埠村下埠街,始建于唐代,有1100余年的历史,重修于1923年,占地面积约2000平方米。

排上镇

排上镇因地形似木排入水而得名。地处湘东区西南部，东连腊市镇，南接东桥镇，西与湖南省醴陵市沈潭镇、东富镇接壤，北邻老关镇、下埠镇。行政区域面积80.44平方千米。下辖16个行政村：东村村、南村村、大路里村、北村村、荷塘村、排上村、横塘村、石甲坊村、毛园村、上珠村、山田村、沸水村、梅林村、陂田村、桥头村、官桥村。全镇10087户41644人，其中，男性21792人、女性19852人，居住人口中以汉族为主。

晋永熙元年（290）前，排上镇属长沙郡醴陵县。明嘉靖四十三年（1564），为草市巡检司所辖。一度隶属于湖南茶陵州。清嘉庆二十五年（1820）后，复归属萍乡县。清光绪三年（1877），属爱人、归仁、人和乡。1949年8月，隶属萍乡县第四区人和乡、归仁乡小部分。1950年8月，属东桥区桥头、石甲坊、排上、天平、梅林、山田、大路里7乡。1952年，属第八区排上、大路里、石甲坊、桥头、沸水、天平、官桥、毛园、上珠岭、梅林10乡。1956年，属麻山区排上、桥头、大路里3乡。1957年，改为排上乡。1958年，撤乡建排上公社。1961年，改为东桥区排上公社。1962年，排上公社划为排上、桥头、大路里3公社。1964年，大路里公社撤销，并入排上公社。1966年，分属排上、桥头两公社。1968年，排上、桥头合并为排上公社。1971年，隶属湘东区排上公社。1984年，撤社建排上乡。1995年，撤乡建排上镇。

2018年，排上镇获评"省级农业产业示范园"。2019年，排上镇获评"全国农业产业强镇"。排上镇被誉为"全国水稻

排上镇仙居山庄

育种之乡",水稻制种产业特色鲜明、发展势头强劲。自20世纪70年代颜安龙等人成功研究出杂交水稻强优势组合珍汕和汕优2号,在全国率先实现杂交水稻"三系"配套,杂交水稻制种的序幕在排上镇便由此拉开。袁隆平院士为排上镇题字:杂交水稻制种之乡。

排上镇地处罗霄山脉北段,属丘陵地区,地势东高西低。地形东南为山区地带,西北为丘陵地带。主要山峰有上珠岭。境内最高点上珠岭位于大路里村,海拔442米;最低点灵田垅中位于梅林村,海拔79米。

排上镇气候属亚热带湿润季风气候,其特点是气候温和,四季分明,光照充足,雨量充沛,霜期较短。年平均气温17.2℃,1月平均气温5.3℃,7月平均气温28.7℃。生长期年平均275天。无霜期270天左右。年平均日照时数1454.3小时。年平均降水量1603.2毫米,降雨主要集中在每年的4—6月,5月最多。

排上镇境内河道属湘江水系,大小河流3条,总长12千米,流域面积76平方千米;河网密度0.16千米/平方千米,径流总量2.24亿立方米。境内最大河流为排上河,从下埠镇潘塘村流至境内横塘、石甲坊、排上村,出境流入湖南省美田桥村汇入湘江,境长约15千米,流域面积36平方千米。

境内探明的矿产资源有铁矿石、白云石、石灰石、硅沙、石膏、煤、大理石、膨润土、石英砂等。已开发的铁矿石有1个,位于大路里村,由萍乡市名胜矿业有限公司上珠岭铁矿开采,年产量10万吨;白云石、石膏储量丰富,位于荷塘村。

排上镇森林覆盖率达59.96%,林地面积为73900.5亩,占比63.78%。

排上镇主要自然灾害有洪涝、干旱、冰雹、霜冻、冰冻、泥石流等。洪涝灾害最严重的一次发生在1982年6月,受淹农田9000多亩,倒房87间,冲毁高压电线40多根,民桥2座。冰冻灾害最严重的一次发生在2008年1月,持续时间达1月之久,造成房

袁隆平题：杂交水稻制种之乡——排上镇

屋倒塌21户，损坏房间75间，直接经济损失400多万元。

2022年末，排上镇耕地面积2.56万亩，可利用林地面积5万亩。2022年，排上镇农业总产值达到2.83亿元，比上年增长1.5%。

排上镇粮食作物以水稻、玉米为主。主要经济作物有油菜、蔬菜等。畜牧业以饲养生猪、羊为主。2022年，生猪饲养量5.93万头，年末存栏1.99万头；羊饲养量0.71万头，年末存栏0.39万头；畜牧业总产值1.2亿元，占农业总产值的54%。

排上镇制种劳务输出自1975年赴海南制种以来，经历了近50年的发展，培育发展了本地与海南两地多家制种名优企业，分别是本地省级农业龙头企业江西天涯种业有限公司、萍乡市仙居农业开发有限公司，市级农业龙头企业江西广陵农乐科技有限公司、江西北兴众创农业发展公司、萍乡市众康农业有限公司等；培育了以本地人戴杨、何志军在海南成功创办的两家国家级制种龙头企业，分别是海南广陵高科实业有限公司与海南春蕾实业有限公司，同时还培育了50余家在海南注册的制种企业。2018年"杂交水稻之父"袁隆平亲笔为排上镇题词为"杂交水稻制种之乡"，目前排上镇有制种大户200余户，专业合作社46家，制种从业人员8000—10000人，占全国南繁制种人数的90%以上，年均制种面积达20万亩以上，占全国杂交水稻制种面积90%以上，占全国杂交水稻种子供种量的17.8%，形成了本地、南繁和外埠"三位一体"的制种产业格局。

排上镇初步形成了以工业陶瓷和铁矿传统产业为主，以鞭炮、烟花、电子加工、白云矿为辅的工业体系。工业总产值从1971年的110万元，增加到1978年的375万元，

2023年又增加至8.37亿元。2023年,全镇工业企业15家,规模以上企业5家,职工0.64万人,实现工业增加值3.94亿元,同比增长4.7%。

2022年末,排上镇共有商业网点1136个,职工3596人。其中外来品牌落户3家,综合超市5家,连锁专卖店3家,城乡集贸市场8个,城乡集市贸易成交额3675万元,同比增长6.7%。2022年,社会商品零售总额达8963万元。

排上镇有县道陈广线,境内长11千米,双向4车道;分下界线,境内长6千米,双向2车道。乡村道路硬化8.569千米,硬化率达100%。

全镇通信网络信号覆盖率100%,宽带网络使用率约90%,有线电视使用率90%,有电信所2家。辖区内各社区(村)均有移动、电信、联通营业厅和邮政物流配送点。家庭通电率100%,社区内燃气管道、自来水管道到户率100%。邮政在各超市推出二维码收单业务。

排上镇全境未接入燃气管道,镇村居民聚集区域和村分散小部分村民日常做饭烧水使用的能源主要为罐装液化气,村分散区域大部分村民使用蜂窝煤,木柴储备丰富的村民偶尔使用木柴做饭、取暖。

2011年末,排上镇有自来水厂1座,日供水600吨。到2022年末日供水增加到800吨,农村安全饮用水普及率100%。2011年末,排上镇有变电站1座。2023年末,排上镇年用电量为2558万千瓦时。

排上镇有小(2)型水库16座,主要采用沟渠引水,可灌溉耕地6000余亩。2017年以来,实施民办公助小型堤防建设工程、城乡管网一体化供水项目,有效保障全镇村民的生活用水和农业用水安全。

2023年,排上镇有13个新农村建设点,分别为石甲坊村军田组、官桥村芦下组、官

排上镇陈广线全国农业产业强镇牌坊

桥村彭塘组、荷塘村妙山组、荷塘村泉塘组、梅林村灵田冲组、毛园村新桥组、毛园村曾家组、毛园村下屋组、毛园村茶元组、毛园村李家组、排上村叶家组、山田村三兴组，获批项目资金250万元，用于7个村的新农村建设改造，有效提升了排上镇镇容镇貌。

排上镇九年义务教育普及率达100%，有1所初中、9所幼儿园（公办8所、民办1所）、7所村小（排上小学、上珠、大路、梅林、红星、桥头、石甲坊）、6个教学点（北村、沸水、官桥、横塘、荷塘、山田）。全镇共有在职在编教师206人，学生数2158人（其中幼儿405人，小学生1110人，初中生643人）。村小校点分散，学校人数少、班额小，学生数呈逐年递减的态势。

2023年，排上镇打造镇文化站1个，村级老年文化活动中心16个，各类文化专业户12个，各类图书室28个，军鼓队、腰鼓队20多个。16个行政村都建设有面积大小不一的党群服务中心、新时代文明实践站、图书阅览室，成立了社会治理综合体，建成居家养老服务中心和健身休闲活动场所。

2023年末，排上镇辖区内每村都有医疗卫生设施，共有村公有产权卫生室15个，专业卫生人员49人，其中执业医师10人，执业助理医师7人，注册护士24人，检验师3人，药剂师4人。农村卫生厕所普及率94%，新型农村合作医疗参合率100%。

2022年末，排上镇有敬老院1家，床位50张。社区服务设施16个，其中社区服务中心1个。

排上镇现存多处人文地情：

萍西革命烈士纪念碑。1926年秋，湖南的工人运动，似星火燎原，势不可挡地向萍西发展。排上、东桥和官陂一带1万余名农民群众，举着红旗，手持梭镖，肩扛大刀，鸟铳和竹尖枪，在中国共产党的领导下，为反抗剥削和压迫，与国民党反动派进行了长期艰苦卓绝的斗争，谱写了一曲曲可歌可泣的英雄赞歌。

刘型生平业绩陈列馆。位于排上镇上珠村，陈列馆以革命先辈、开国功臣、中纪委原常委刘型同志的革命事迹为主要内容，充分挖掘其革命精神和廉政故事，打造了一馆（刘型生平业绩陈列馆）、一居（刘型故居）、一场（刘型廉政文化广场）、一亭（莲心亭）、一池（莲花池）、一墙（刘型勤廉故事墙），现为萍乡市红色教育基地。

福崇庵。坐落于湘东区排上镇毛园村，始建于1328年，有近700年的历史，是保存完整的傩文化庙宇之一，保存傩面具130具，傩舞28曲。现改为傩艺术陈列馆，是区级文物保护单位，省级非遗传承人定期在馆内进行现场教学。

毛园村蓝天塔。位于湘东区排上镇毛园村毛园组，始建于清代，具有悠久的历史，是区级文物保护单位。毛园蓝天塔体现了汉民族民间艺术的风貌，外形丰富而庄严肃穆，充分体现中华民族民俗文化，具有较高的艺术魅力并有鲜明的乡村地方特色。

排上村

村情概况 排上村地处湘赣边境,全村总面积9.2平方千米,三条公路线穿村而过,由下埠、潘塘、东村为起源的两条河流,在排上村汇成一条流入湘江。排上村下辖30个自然组:公平组、下屋场组、彭家桥组、丰高组、新屋组、孟家园组、老屋塘组、石头陂组、荷花组、高塘组、颜家组、油下组、下屋组、青松组、边树组、小塘组、排上组、摇前组、立新组、叶家组、下山上组、木厂组、李子塘组、龙骨桥组、杨梅组、老塘组、凤形组、回头组、民建组、青年组。全村958户,总人口3854人,其中农业人口3229人。共有57个姓氏,以张、彭、何、陈、李、王、罗、胡、杨、刘姓为主。

自然环境与资源 排上村地属半丘陵半山地地形,地势西低东高,村庄地势坡度变化大,平坦用地少,呈现纵向狭长态势。村内有排水河支流自西向东穿村而过。排上村靠近五峰山,林地面积4183.98亩,森林覆盖率达70%。

经济概况 排上村以制种为依托发展产业,以制种人才为优势,现已发展种业大户30多家。成立农业合作社3家,农机合作社1家。村内有耕地面积2227.39亩,林地面积4183.98亩。2023年早稻生产面积400亩,分布在杨梅、油下塘、凤形、回头四个大组,制种面积1600亩。2023年打造红梨采摘基地,种植面积为460亩,从业人员44

排上村油菜花(谢奎 摄)

人。排上村工业以劳动密集型的轻工业为主。成立于80年代的城松环保科技有限公司,主营业务为陶瓷新型环保工业;成立于2010年9月的永富鞋面加工厂,主营业务为鞋面加工,年产值100余万元。排上村商贸较为繁荣,每月有9次逢三、七、十大型赶集。有商铺60余户,其中年营业额达500万元以上的商家1家,年营业额达100—500万元的商家1家,集镇长期从业人员200余人。

基础设施 排上村村庄道路网基本形成,交通较为便利。对外道路包括排陂公路和S311,均为沥青路面,路况良好;村内道路宽3.5米,主要为水泥路面,扶贫路2千米,兼具生产生活功能的集镇段约1.5千米,为沥青路面。此外,还建设有桥梁2座,涵洞型桥梁2座。村内有变电器30台,家庭通电率100%。村内未接入燃气管道。村民主要生活用水来源于深井水,有2个集中供水点。排上村有油下塘、上下塘、荷塘塘等具有水利灌溉功能的山塘8口,主要采用沟渠引水,可灌溉耕地2000余亩。

社会发展 排上村建有排上镇中心幼儿园、排上实验幼儿园,排上中心小学、排上镇中学。初中毕业后,学生主要前往湘东中学、麻山中学等学校读高中。村内建有2所卫生所(室),排上村人居环境较为良好,村庄道路网基本形成;村内有路灯230盏,均为太阳能路灯;建有垃圾集中处理中心1个;"厕所革命"整治厕所175个。

特色地情 张理高,男,1956年生,被育种界称为"南繁才子",坚持南繁制种38年(至2013年)未间断,每年都如候鸟一般在江西萍乡和海南三亚之间来回穿梭,带出了6000多人的制种队伍。先后获市劳动模范、省劳动模范、省优秀农民企业家等殊荣,1995年被评为全国劳动模范。

窑前抗战到底摩崖石刻,位于湘东区排上镇排上村窑前组,刻于1939年4月,长约6.3米,高约1.4米,黑体美术字,阴刻,是江西省重点文物保护单位。

陂田村

村情概况 陂田村地处排上镇北端,森林覆盖率达70%,20世纪60年代因改良矮秆水稻,获得水稻产量突破性的高产,曾更名为红星大队,改革开放后,又改回陂田村。全村总面积达5.6平方千米,距离排上镇6千米。东邻毛园,南靠梅林,西贴官桥,北连桥头,系五村之中心。陂田村下辖26个自然村组:王家山、档上、向阳、合塘、冬瓜形、上汤冲、河连冲、陂田、炉前坪、寨家塘、车口塘、下汤冲、左家坳、大坪、宋家、石背冲、水兑背、荷花池、横江、锅铺、上排、下排、大石前、龙形、刘家、毛坡,全村共有730户2745人,其中常住人口980人,流动人口1765人。村内共有93个姓氏,其中以欧阳、杨、高、谭、朱、张、刘姓为主。

经济概况　陂田村以制种、种植水稻、油菜,养殖土鸡、羊、猪、鹅、鸽子等为主。2023年,陂田村制种面积约680亩,水稻种植面积约1370亩,种植户约112户;油菜种植面积约720亩,种植户约105户。黑山羊养殖户8户,年末存栏150头,全年出栏120头。因靠山岭村,且资源稀少,常住人口较少,村内无企业和工业。

基础设施　陂田村村庄道路网基本形成,交通较为便利。陂田村主要道路4条,其中排陂公路为沥青路面,路况良好,其他3条主干道分别为大石前至左家坳、炉前坪至向阳、三美公路,均为水泥路面,路宽3.5~5.5米,路况一般。村内生产道路约4千米,生活道路约10千米。此外,还建设有桥梁13座,其中大型桥梁4座,小型桥梁9座。小河流2条,流向湖南省醴陵市沈潭镇美田桥村。

村内有变压器16台,总功率1600千伏安,家庭通电率100%。村内未接入燃气管道。

2022年之前村民主要用水来源于深井水,几乎每户都有水井,自2022年引进城乡供水一体化后,2023年底自来水通水户数达380户。村内有谢家冲小(2)型水库、大坪脚猪塘、向阳藕塘、炉前坪大塘、河连冲大塘、王家山杨梅塘、下汤冲老鸭塘、龙形大塘、荷花池大湾塘、档上大湖塘等具有灌溉功能的山塘13口,主要采用沟渠引水,可灌溉耕地900余亩。2021年,汤冲示范片新农村建设项目,位于陂田村农民街,总投入230万元。

社会发展　陂田村红星小学,始建于1963年,2006年搬至五口塘农民街(原红星中学),内有红星小学附属幼儿园,学校占地面积3910平方米,专任教师11人。红星小学学生毕业后,主要前往排上中学读初中。村内建有医疗卫生室1所。村内有路灯140余盏,建有简易垃圾亭9个,村庄"环境整治"保洁员常态化定期上岗。

沸水村

村情概况　沸水村位于排上镇西南面,距离排上镇约4千米,全村总面积有5.8平方千米,左与山田村相接,右与东桥镇皂田村相邻,背面与上珠村相连,属三面环山丘陵村庄。沸水村下辖14个自然村组:介咀组、竹古组、砖屋组、丰产组、大沙组、朱木组、泡园组、塘家组、人形组、上榨组、办冲组、留西组、高益组、思美组,全村共有408户1728人,常住人口710人,流动人口1018人。村内有60个姓氏,其中以张、杨、王、汤、刘姓为主。境内有小河流1处,流向东桥镇皂田村。

沸水村油茶产业园

经济概况 沸水村主要以制种、种植水稻、蒸酿番薯酒、养殖黑山羊、养商品猪为主。萍乡市湘东区沸腾养殖场,占地面积1800余平方米,可用作养殖商品猪1200余头,能繁母猪50余头;高标准制种农田810亩。因靠山岭村,且资源稀少,常住人口较少,村内无企业和工业。

基础设施 沸水村村级路拓宽及白改黑基本完成,交通较为便利。

村内有变电器9台,总功率1130千瓦,家庭通电率100%。村内未接入燃气管道。

村民主要生活用水来源于集中储水池的水,有2个集中供水点,分别位于竹古、大沙;有自来水储水池2座,基本满足了全村村民日常生活用水需求。沸水村有山塘54口,可完全保障农田灌溉。

社会发展 沸水村于2019年推进打造了丰产示范片新农村建设项目。建有医疗卫生室,49户72人享受了农村低保,村级道路拓宽及白改黑基本完成,路灯覆盖全村85盏,建有简易垃圾亭10个。

特色地情 烈士墓。位于排上镇沸水村,为南方普通墓葬,长4米,宽3米。墓门用砖石垒成,埋葬的是大革命时期的革命先驱。尹玉丰、张海全、周海峰是1928年3月2日农民革命运动中,攻打国民党下埠乡公所战役中的领导者,1928年4月8日牺牲。

毛园村

村情概况 毛园村曾用名茅园大队,20世纪60年代归桥头公社管辖,70年代末划归排上公社管辖。毛园村处于排上镇北端,与湖南省交界,总面积6.2平方千米,位于排上镇最北部,距离县城16千米。境内辖17个村民小组:樟木组、杉木组、曾家组、下屋组、茶元组、陈家组、扶椅组、红亮组、张家组、李家组、长塘组、新桥组、毛园组、僚下组、伍甲组、江背组、华毕组。全村共有558户1867人,男性976人,女性891人,其中常住人口1332人。村内共有73个姓氏,以陈、李、高、张、胡为主。

自然环境与资源　毛园村林地面积有1908.6亩,耕地面积1550.45亩。

经济概况　毛园村主要种植水稻、油菜,养殖土鸡、鸭、羊、猪等。毛园村以种植水稻为主,2023年,水稻种植面积1242.65亩,由制种大户萍乡市众康农业发展有限公司种植;油菜种植面积1090.7亩。

基础设施　毛园村对外道路为162乡道,均为沥青路面,路况良好;村内道路宽2.5~5.5米,主要为水泥路面,生活道路约16千米,兼具生产生活功能的村段约1.1千米,为沥青路面。村内建有桥梁3座。村内未接入燃气管道。

村民主要生活用水来源于深井水。有水塘146口,有水利灌溉功能的重点山塘17座,小(2)型水库2座,主要采用沟渠引水,可灌溉耕地1500余亩。2023年,成功申报"2+3"新农村建设点,获批90万元项目资金。

社会发展　村内建有1所卫生室,毛园村有低保户58户82人,村内有路灯110盏,均为太阳能路灯;"厕所革命"整治厕所198个。

特色地情　福崇庵。坐落于湘东区排上镇毛园村,始建于公元1328年,有将近700年的历史,是傩庙、傩面具、傩舞至今保存较为齐全、完整的傩文化庙宇之一。目前,仍保存有傩面具130具,傩舞28曲之多。现改为傩艺术陈列馆,为区级文物保护单位,省级非遗传承人定期在馆内进行现场教学。

毛园村傩艺术陈列馆(毛园村供图)

傩舞。毛园俗称为"仰傩神",除了傩面具,傩舞使用的道具还有色彩鲜明的古装,乐器为鼓、钟、锣等民间乐器。现毛园福崇庵仍保留着具有原始傩舞特色的戏曲28曲,具有浓郁的地方特色和乡土气息。

毛园村蓝天塔。始建于清代,是区级文物保护单位。

荷塘村

村情概况 荷塘村曾名荷塘美,因水塘曾生长很多荷花而得名。荷塘村地处湘东区中南部,距离湘东城区15千米,距离萍乡市区30千米。东与北村接壤,南与上珠村接壤,西与排上村接壤,北与横塘村接壤。荷塘村下辖33个自然村组(荷塘片泉塘组、广益组、妙山组、小冲组、同背组、摇前组、双塘组、荷塘组、新塘组、新园组、石塘组;荷塘片水口组、争高组、天平组、老祠组、七峰组、围子组、狮形组、高峰组、车地组、西园组、罗家组、大塘组、松山组、竹交组;西坑片泉塘组、万年组、来龙组、前屋组、新屋组、老屋组、荷花组;西坑片水口组),共有811户3321人,常住人口2115人,流动人口1206人。共有48个姓氏,其中以王、胡、罗、张为主。

自然环境与资源 村内有两条河流自南向西穿村而过,森林覆盖率达70%,林地面积为4219.95亩,占比69.81%。

经济概况 荷塘村主要种植水稻、油茶、油菜、红薯,养殖土鸡、羊、鸽子、蜜蜂等。2022年,荷塘村水稻种植面积约1680亩,种植大户5户;油菜种植面积约1300亩,种植户3户。黑山羊养殖户6户,年末存栏165头,全年出栏110头。荷塘村工业以劳动密集型的轻工业为主。成立于2021年的三盈鞋面加工厂,位于荷塘村农民街,注册资金80万元,主营业务为鞋面加工,为国内外多家鞋业品牌提供鞋业代加工服务,年产值100余万元。

基础设施 荷塘村村庄道路网基本形成,交通较为便利。对外道路包括S308省道,均为沥青路面,路况良好;村内道路宽3.5~5米,主要为水泥路面,生产道路约7.8千米,生活道路约9.8千米,兼具生产生活功能的集镇段约1.2千米,为沥青路面。此外,还建设有桥梁7座,其中小型桥梁4座、涵洞型桥梁3座。

村内有变电器15台,总功率1500千瓦,家庭通电率100%。村内未接入燃气管道。

村民主要生活用水来源于自来水和深井水,已铺设自来水管道约1.35万米。有小(2)型水库1座,泉塘塘、泉水冲塘、大塘塘等具有水利灌溉功能的山塘11座,主要采用沟渠引水,可灌溉耕地1260余亩。

社会发展 荷塘村建有集中小学1所。小学毕业后,学生主要前往排上中学就读。村内建有1个卫生室,村内有路灯160盏,均为太阳能路灯;"厕所革命工程"升级改造厕所520个。

特色地情 西坑胡氏家族。在南宋绍兴年间,大学士胡安之几经辗转,最后定居在排上境内的西坑,成为西坑胡姓开墓先祖。现在萍乡城内的孔庙和鳌洲书院皆有胡氏安之公之牌位。胡氏家族倡兴习文练武,培育了大量的文武英才。

荷塘村于2019年成立了梦飞扬舞蹈队,在2022年江西省广场舞网络展示大赛中获得优秀奖。

荷塘村太平寺(荷塘村供图)

上珠村

村情概况 上珠村坐落在排上镇南部,东靠太和山,北连排上村,西与湖南省醴陵市沈潭镇美田桥村接壤,南与山田村沸水村毗邻,距镇政府1.2千米,距离区政府16.8千米,距离市政府28.7千米。下辖33个自然村组:小公塘组、龙岩组、泉山组、柞树组、榨下组、罗汉组、水塘组、蛇咀组、铁炉组、新园组、车下组、老塘组、漆家组、箭冲组、安全组、江边组、新建组、大坡组、大岭组、流咀组、茶园组、和好组、宕子组、花门组、兰坡组、仙居山组、仙居岭组、大塘组、青年组、石灰冲组、瓦子坪组、松坪组、松峰组。全村785户3269人,其中常住人口2120人,流动人口1149人。共有24个姓氏,以陈、胡、谢为主。

自然环境与资源 村内两条河流均穿村而过。一条是自南向北的上珠村小(2)型水库大塘冲水库泄洪口与排上村交界处流入排上村后汇入的湘江支流,另一条是自南向西与湖南省醴陵市沈潭镇美田桥村交界处流入美田桥村后汇入的湘江支流。上珠村绿化率达76.4%，林地面积为5500亩，占比57.8%。

2013年，江西省环境保护厅授予上珠村第四批江西省省级生态村称号，2019—2021年度被评为"江西省农村低碳试点社区"，2021年入选第三批省级"红色名村"。

经济概况　　上珠村主要种植水稻（育种）、油茶、油菜、番薯，养殖土鸡、羊、鸽子、牛、猪等，其中"茶油、土鸡、番薯酒"是家喻户晓的产品。村内规模较大的合作社有：萍乡市湘东区排上镇丰田西瓜种植专业合作社，萍乡市顺德种植专业合作社。上珠村工业以劳动密集型的轻工业为主。创建于2001年的江西萍乡龙发实业股份有限公司（原江西省萍乡市龙发实业有限公司）是中国工业陶瓷行业的骨干企业，长期有300多名员工从事生产。境内有南货代销点7家，快餐店1家，仙居山庄获评全国AAA级景区、省AAAA级生态旅游点、省5星级农家乐。

基础设施　　上珠村村庄道路网已经形成，S308线（陈广线）自北向南贯穿全村，双向车道，均为沥青路面，路况良好；村内环村道路宽3.5～4.5米，主要为水泥路面，此外，还建设有桥梁7座，其中大型桥梁2座、小型桥梁5座。

村内有变电器12台，总功率7000千瓦，家庭通电率100%。村内未接入燃气管道。

上珠村刘型故居（上珠村供图）

村民主要生活用水来源于自建井水,有多处地下泉水集中供水点,分别位于龙宕、泉山、柞树、榨下、车下、罗汉、水塘、铁炉。上珠村有龙宕(地下水)、大塘冲水库、武松水库、铁炉水库、青年、仙居岭、荷花塘、茶园、北冲、兰坡等具有水利灌溉功能的山塘水库10座,主要采用沟渠引水,可灌溉耕地1500余亩。

社会发展 上珠村建有集幼儿园和小学于一体的上珠小学,可满足上珠村及周边村庄学龄前和九年义务教育阶段的就学需求。村内建有1个卫生所(室),上珠村有9户41人享受了失地农民保险;有69户95人享受了农村低保,其中常补对象4户、非常补对象65户。2020年成功申请了精品村庄建设示范点,修建2.1千米农村致富"四好公路"示范路。村内环村道路有路灯420盏,均为太阳能路灯;有垃圾转运车2部;"厕所革命工程"升级改造厕所220个,投入26.4万余元。

特色地情 上珠村古属楚地,具有浓厚的古傩遗风。有明清建筑"仙居庵"。

刘型(1906—1981年),原名硎,湘东区排上镇上珠村人,著名的黄洋界保卫战的指战员之一,参加了二万五千里长征。刘型曾担任中央纪律检查委员会常委、北京地质学院院长兼党委书记、农垦部副部长、全国政协常委等职务。2019年修建刘型生平业绩陈列馆,为萍乡市红色教育基地。

山田村

村情概况 山田村坐落在排上镇西南方向,2004年由山田、官坑二村合并而来,东接本镇大路村、南村,北连上珠村,西与东桥镇中院村、兰台村接壤,南与本镇沸水村毗邻。全村面积约9.5平方千米,村地面积4100亩,水田面积1655亩,林地面积8045亩。

山田村下辖28个自然村组:分水组、铁沙组、烟坡组、增夫组、几古组、下坪组、柘冲组、泉山组、小冲组、泉水组、大冲组、樟树组、新店组、景佳组、东坑组、黄泥组、新塘组、月形组、竹山组、中间屋组、育婴庄组、杨家冲组、三兴组、龙古塘组、天子坪组、墩下组、庙前组、大南塘组。全村735户3074人,其中,男性1623人,女性1451人。常住人口2232人。共有21个姓氏,以段、刘、陈、颜、瞿、张、彭、周、巫、贾为主。

自然环境与资源 山田村靠上珠岭铁矿风景名胜区,森林覆盖率达70%,其中林地面积为8045亩,占比60%。

经济概况 山田村70年代就有制种油菜基地之称,主要以种植水稻、制种、油茶、

山田村居家养老服务中心（山田村供图）

油菜、红薯为主，养殖土鸡、羊、猪等。2022年，山田村制种面积约1040亩、水稻种植面积512亩（种植大户5户）、油菜种植面积约1250亩，种植户约300户。山田村村内规模较大的合作社有：山田村股份合作社，成立于2021年，注册资金266.65万元。

基础设施 境内交通便捷，有陈广线全境贯通，全村90%以上的村组道路全部硬化，生产道路约25.4千米，生活道路约14.3千米。

村内有变电器13台，总功率5000千瓦，家庭通电率100%。村内未接入燃气管道。

村民主要生活用水来源于自来水，有3个集中供水点，分别位于泉山、担水冲、石壁上；有自来水蓄水池3座，可蓄水400立方米，铺设自来水管道约65千米。

村内有小（2）型水库1座（中塘水库）、重点山塘有3口（塘冲、凡塘、龙古塘），主要采用沟渠引水，可灌溉耕地1520余亩。2022年，获批10万元项目资金，用于樟树新农村建设改造。

社会发展 村内建有山田小学，学生小学毕业后，主要前往上排上中学读初中。村内建有2所卫生所（室），人居环境较为良好，村内有路灯280盏，均为太阳能路灯；建有垃圾集中处理中心1个。

官桥村

村情概况 官桥始名于清康熙三十八年(1699)。相传谭家坡建石桥,正逢湘府刘县令路过此地跨河,待艺人放完最后一块石头,刘县令下桥道谢,县令成为该桥第一个过客,便将此桥取名为官桥,流传至今。官桥村地处赣湘交界处,交通便利,东接二里、桥头,南逢陂田、梅林,西连湖南沈潭,北邻醴陵东富,两条公路交叉相会,十八处公路通道,串通萍醴攸。官桥村下辖31个村民小组,分别为:上塘、华塘、官桥、下排、大树、上芦、炉下、林塘、大坪、中排、周家、荷塘、指南、王陂、上排、奖家、彭塘、王塘、匡塘、黄狮、大塘、潭山、下潭山、杉山、大冲、正冲、大山、下家、毛塘、茶冲、南冲。全村755户3134人,其中男性1650人,女性1484人,常住人口2235人。主要姓氏有杨、谭、陈、刘、黄、付、欧阳、王。

官桥村地广人稀,生态环境良好,有丰富的野生动物,麻雀、白鹭成群,盛产淡水鱼,境内林地面积为5465亩,主要种植油茶树、杉树和樟树。

经济概况 官桥村主要种植水稻、油茶、油菜,主要养殖猪、土鸡、鸭子、羊、牛等。耕地面积为2887亩。2023年油菜申报面积1558亩,水稻种植面积2863.3亩,生

官桥村村委会(官桥村供图)

猪养殖户5户。2020年成立了湘东区排上镇官桥村股份经济合作社,购置了农机,从事农业生产经营活动,2022年入股官桥食品厂,当年收益达30余万元。

基础设施　官桥村村级路拓宽及白改黑基本完成,交通较为便利。

村内有变电器18台,家庭通电率100%。村内未接入燃气管道。

村民主要生活用水来源于自挖水井,有储水池1座,基本满足全村村民日常生活用水需求。官桥村有储水池1座,小(2)型水库2座,大小山塘340余口。

社会发展　境内建有一所小学——官桥小学,设1—4年级,共4个班级,有教师12人。有卫生所1所,13个村民组安装了路灯,建有简易垃圾亭10个。

横塘村

村情概况　横塘村位于排上镇的东北部,与下埠镇潘塘村毗邻。全村总面积约3.2平方千米,距离排上镇约1千米,东与萍乡市湘东区下埠镇潘塘村毗邻,西与排上村相邻,南与荷塘村相邻,北面与石甲坊村相邻。下辖17个自然村组:涩塘、水冲、大美、站山、新建、凌咀、横塘、荷家山、摇前、功山、菜塘、烟坡、新丰、新园、月形、龙坡、泉陂。全村524户2658人,其中,常住人口1268人、流动人口1390人。共有82个姓氏,以王、胡、范、陈、刘、杨、邱、彭为主。

经济概况　横塘村主要种植水稻、油菜、红薯等,主要养殖土鸡、羊、鸭、鹅、狗、黑山羊、猪。2020年水稻种植面积约700亩,油菜种植面积约500亩;种植沙田柚约2000株,油茶树30000株。横塘村每月逢农历初五、初十赶集。村内农贸市场全长150余米,市场商位40余个,小卖部11家,餐饮1家,电器店1家,诊所1家,美容美发店2家,水电安装1家,摩托车修理1家。

基础设施　横塘村主干道为沥青路,村组路为水泥路。

村内有变电器9台,家庭通电率100%。村内未接入天然气管道。

村民主要生活用水来源于排上水厂,自来水储水池3座,自来水管网铺设到户。境内有山塘46口,小河流1条,流向排上村。

社会发展　横塘村建有横塘小学1所,小学毕业后,学生主要前往排上中学、湘东中学就读。在村委会建有医疗卫生室,村级道路拓宽基本完成,现有路灯20余盏,建有简易垃圾亭6个。

特色地情　傩神庙。内室供奉着傩主神——三元统御唐葛周三大将军。三尊主

横塘村党群服务中心(谢奎 摄)

神傩光耀眼,神威凛然,两侧的墙壁、傩案上都摆满了色彩浓烈却不失古朴、造型夸张却不失庄重的傩面具。

龙王庙。专门供奉龙王,龙王娘娘,日月星君、雷公、电母、风伯、雨师诸神。每逢风雨失调,久旱不雨,或久雨不止时,民众都要到龙王庙烧香祈愿,以求龙王治水,风调雨顺。

石甲坊村

村情概况 石甲坊,又名石家坊,早期称十家坊,是明洪武年间(1368—1398)形成的移民村,由石甲坊和小山田两个自然村落组成,历史上称小西路。石甲坊村地理平面呈右手握拳形状,东西向2.95千米,南北向4.22千米,面积约741平方千米。下辖30个自然村组:洛家组、潘塘组、双塘组、新建组、山田组、鱼公塘组、茶子坡组、新塘组、姚家组、毛坪组、水库桥组、黄塘组、朝阳组、新盆组、新屋组、井冲组、团结组、米筛组、军田组、乙家组、坛下组、甘高组、日升组、形塘组、漆家组、民主组、上石组、甲五组、万里组、岸下组。全村819户3079人,其中,男性1623人,女性1456人。常住人口1045人,流动人口2034人。共有94个姓氏,其中以欧阳、张、陈、王、李、胡、易、杨为主。

自然环境与资源 石甲坊属典型的低丘地带。东部与横塘村的界山鹅冠岭是本境的最高峰,海拔也不过194米;最低处是南面的石坡咀,海拔为82米。低丘分割零

石甲坊村村民正在给水稻拔秧（谢奎 摄）

散,丘顶面积较小,坡麓面积较大。

经济概况 全村以种植粮食为主,辅以林、工、副、养殖等多种经营,主要种植水稻、油茶、油菜、红薯,养殖猪、牛、土鸡、鸭、羊、鱼等。2023年,石甲坊村水稻种植面积约1850亩,种植户约50户;油菜种植面积700余亩,种植户约7户。引进水稻制种项目,种植面积1500亩,从业人员约50人。村内规模较大的合作社有萍乡市鑫海专业合作社。该合作社成立于2015年,有股东8名,注册资金1000万元,耕地面积达5000亩(包括石甲坊村以外的耕地),以水稻育秧制种、水稻种植为主,每年产值800万余元,有长期从事管护工作的村民30人,临时雇用村民200人。石甲坊村主要以外出创业务工为主,村内无工业生产。境内有商贸活动,坛下集市依照农历二、八场,每月有6次赶集。2022年,石甲坊村为推进壮大集体经济,对全村范围内水塘、山田、林地、闲置废旧厂房等集体资源进行摸排情况汇总,2022年合作社已收回村集体耕地1300余亩并流转给种田大户。

基础设施 石甲坊地处湘赣边界,边贸交通一直比较发达,尤其与湖南省醴陵市的泗汾、沈潭、清水江、美田桥等地交往甚多。目前石甲坊村村庄道路网已经形成,交通较为便利。贯穿石甲坊村主干道路约7千米,道路宽4~5米,全部为水泥路面,30条村组路的水泥路硬化率100%。

村内有变电器17台,总功率约2500千瓦,家庭通电率100%。村内未接入燃气管道。

村民主要生活用水来源于深井水,有1个集中供水点,位于形塘组;有自来水蓄水池1座,可蓄水约130立方米,铺设自来水管道约10千米。境内山塘较多,农田灌溉至今仍依赖天然降水和山塘蓄水。石甲坊村目前有大小水塘水池151口,水域面积约351亩,总蓄水量70多万立方米,灌溉面积约1850亩。其中有1座小(2)型水库,因塘中水清见底,故名清水塘,地处石甲坊北端的朝阳组,于2019年整修。

2012年以来,石甲坊村已建设了11个新农村建设点(潘塘组、山田组、新屋组、朝阳组、团结组、乙家组、坛下组、甘高组、上石组、万里组、岸下组)。

社会发展 石甲坊村建有石甲坊小学一座,其中包含了排上镇幼儿园石甲坊分园,有小学学生97人、幼儿园学生19人、教职工17人。村内有卫生室1所,有路灯110盏,均为太阳能路灯。

特色地情 石甲坊村烈士陵墓于1968年由小山田大队建造,位于茶子坡组。2011年7月集资兴建烈士公墓,位于山塘尾,当月举行了烈士遗骨迁葬仪式。2013年湘东区人民政府增拨款项,扩改建石甲坊烈士公墓。2014年1月26日新公墓落成。

南村村

村情概况 南村地处排上镇东南部,早与东村、西村(现大路里村)合并,于20世纪60年代拆分。东靠东桥镇五峰村,南接东桥镇坑背村,西邻大路里村,北毗北村村。总面积4.6平方千米。耕地面积1138亩,以水稻种植为主。下辖13个自然村组:沙坡、上屋塘、芦下、禾下冲、枫仙殿、新谷岭、藕塘、新万、萝卜塘、月形、水梅山、半山、农民街。全村382户1530人,其中,常住人口480人,流动人口1050人。有72个姓氏,其中以张、贺、王、陈、彭为主。

自然环境与资源 南村属三面环山丘陵村庄,境内动植物资源较为丰富,山岭有猫头鹰、野猪、鹧、凫、竹鼠等。南村村主要以种植水稻、蒸酿番薯酒、养殖黑山羊、繁殖母猪为主。因靠山岭村,且资源稀少,常住人口较少,村内无企业和工业。

经济概况 红宝石青柚种植基地,成立于2020年,总面积180余亩。萍乡市湘东区凤星养殖场,占地面积2000余平方米。

基础设施 村内有变电器6台,总功率800千瓦,家庭通电率100%。村内未接入燃气管道。

南村村乡风文明广场(南村村供图)

村民主要生活用水来源于集中储水池水,有3个集中供水点,分别位于水梅山、沙坡、赵公庙;有自来水储水池3座。南村有2条小河流,流向排上镇;有沙坡组饮水池、水梅山组饮水池、赵公庙饮水池,大石冲小(2)型水库1座、山塘14口。饮水质量优良,水库及山塘能保障农田灌溉。

社会发展 在文化广场内建有医疗卫生室,村级道路拓宽及白改黑基本完成,路灯覆盖全村120盏,建有简易垃圾亭10个。2022年,获评全市城乡环境整治先进村。

东村村

村情概况 东村村地处排上镇东部,早与南村、西村(现大路里村)合并,于20世纪60年代拆分,驻戴家湾西南垄中省道东侧。东至腊市镇凤凰村,南毗南村、大路里村,西连北村,北接腊市镇炉前村,总面积2.1平方千米。东村交通区位优越,距离湘东区中心14千米,距离萍乡市区21千米,南接南村,西与大路里交界,北与北村接壤。下辖11个自然村组:农民街、双板、瓦屋、桂花、对家、下万、上万、油榨、赵家、狮形、扁石。全村435户1872人,其中,男性996人,女性876人。常住人口725人,流动人口1147人。有69个姓氏,以陈、彭、王、黄、晏、张为主。

自然环境与资源 东村村地属半丘陵半山地地形,地势北低南高,另外,村庄地势坡度变化大,平坦用地少,呈现纵向狭长态势。村内有两条萍水河支流自西向东穿村而过。东村村森林覆盖率达90%,其中林地面积为7800亩,占比85%。

经济概况 东村村主要种植水稻、油菜、红梨、金银花、红薯等,养殖土鸡、土鸭、羊、牛、猪等。2022年,东村村水稻种植面积约520亩,种植户约270户;油菜种植面积约400亩,种植户约40户。另外,2021年新引进水稻制种项目,种植面积260亩。黑山羊养殖户4户,年末存栏85头,全年出栏60头。2022年,湘东区北花农业有限公司成立,有股东2名,注册资金100万元,占地面积300亩,以次生生态果园为主,有金银花等各种树木9万余株,年产值15万余元。东村农贸市场较为繁荣,每月逢四、九进行大型赶集。村内集镇面积4100平方米,其中东村市场主营食品、果蔬、日化等。2023年,东村村级集体经济入股官桥村腊味厂。

基础设施 东村村庄道路网基本形成,交通较为便利。对外道路包括陈广线和314省道,均为水泥路面,路况良好;2023年,村内道路拓宽及白改黑公路建设已基本完成。

村内有变电器12台,总功率4800千瓦,家庭通电率100%。村内未接入燃气管道。

村民主要生活用水来源于山泉水,有2个集中供水点,分别位于狮形组、上万组;有自来水蓄水池2座,可蓄水400立方米,铺设自来水管道约18千米。东村有芦毛宕

东村农贸市场(东村村供图)

小(2)型水库等具有水利灌溉功能的山塘13口,主要采用沟渠引水,可灌溉耕地800余亩。2010年以来,东村"两委"陆续申请实施了南竹山饮水工程、芦毛岙水库维修项目和对家山塘、狮形山塘、瓦屋山塘、赵家山塘维修项目,有效保障了村民的生活用水和农业用水安全。

此外,还建设小型桥梁2座。2022年,建设了桂花坡新农村建设点,获批项目资金30万元。

社会发展 东村邻近村建有集大路里中心幼儿园和大路里小学于一体的学校。学生毕业后,主要前往排上镇中学等读初中。村内建有1所卫生所(室),村庄道路网基本形成,村内有路灯105盏。均为照明路灯,"厕所革命"整治厕所104个。

大路里村

村情概况 大路里地名最早的文字记载在清光绪三十一年(1905)的谭氏三修族谱序中。大路里村原名西村,早年与东村、南村合并为大路里村,于20世纪60年代拆分并沿用大路里村的村名。大路里村地处排上镇东部,承担起了镇域副中心的作用,与东村、南村、山田村、上珠村、北村接壤。面积约为3.8平方千米,距排上镇政府5.3千米,距离湘东区18.9千米,距离萍乡市区33千米。下辖15个村民小组:上珠岭组、车马塘组、台陂上组、山下里组、柏树下组、万家春组、大路里组、大路街组、兰水园组、乌珠塘组、河源冲组、梨树下组、西瓜坪组、上湖头组、下湖头组,全村519户2147人,其中男性1092人,女性1055人,常住人口1546人。居住人口中除黎族、土家族、苗族各1人外均为汉族。有87个姓氏,以谭、张、陈、刘、韩、贺为主。

自然环境与资源 大路里村四面环山,五峰山和太和山成为东西自然屏障。森林资源和铁矿石矿产都较为丰富。耕地面积784亩,林地面积约3000亩。森林植物以杉树、南竹、香樟树、枫树为主,森林覆盖率78%,随着生态环境改善,野生动物逐渐增多,有野猪、野兔、麂子等野生动物。新中国成立以来,大路里注重农田水利建设。1957年冬开始修建"西大水库",后多次扩大面积,增高、加固堤坝,截至目前水库的蓄水容积为19.2万立方米,确保水旱无忧,旱涝保收。先后开沟修渠8千米、山塘7口,水渠分布合理,灌溉方便。

经济概况 大路里村主要种植水稻、油茶、油菜、红薯,养殖土鸡、土鸭、羊、鸽子、蜜蜂、猪等。大路里村工业以名胜矿业的采掘工业为主。名胜矿业是在原国有上珠

大路里小学（大路里村供图）

岭铁矿闭坑后于2012年复产开发,位于大路里村上珠岭,注册资金500万元,主营业务为铁矿石采掘及加工,有职工100余人,年产值约4000万元;小规模企业有润科茶业罐厂、知香鞋厂、湘东正大、粮油加工作坊等。商贸较为繁荣,每月逢农历的四、九为赶集日。

基础设施　　大路里村村庄道路网基本形成,交通较为便利。314省道穿村而过,均为沥青路面,路况良好;村内道路宽3.5~5.5米,主要为水泥路面。桥梁6座,其中小型桥梁5座、涵洞型桥梁1座。

村内家庭通电率100%,未接入天然气管道。

2009年始,先后建了两处水池,聚山泉于池内,架设管道一万多米,供水到户。有5个新农村建设点(台陂上、柏树下、上湖头、下湖头、上珠岭荷花陇小区)。

社会发展　　大路里村建有集幼儿园及小学于一体的大路里小学,小学毕业后,学生主要前往排上中学、湘东中学等学校读高中。

大路里村建有1所卫生所(室),村内人居环境较为良好,村庄道路网基本形成;村内有路灯110盏;建有污水集中处理中心1个。2023年,大路里村获评江西省低碳试点社区。

特色地情　　土地革命战争时期,排上镇大路里村成立了红色政权大路里苏维埃政府,组建了地方农民武装大路里游击队。

村内有福主祠、万寿宫、关帝庙。有2栋老旧祠堂,供同族人祭祀祖宗,存放有家谱和祖先牌位等。

桥头村

村情概况 桥头村位于排上镇北边,面积9.6平方千米,距离排上镇8千米,东与下埠潭塘村交界,南与陂田村交界,西与官桥村交界,北与老关镇二鲤村交界。村级有33个村民小组,分别为邓家组、上侧塘组、中侧塘组、下侧塘组、老屋组、上新屋组、下新屋组、河边组、甘塘组、台上组、双园组、土坡组、玉公坡组、老塘组、架木塘组、上荷组、中荷组、下荷组、农家组、冬塘组、建新组、立新组、岭嘴组、玉塘组、长塘组、坪塘组、仓下组、船形组、梨子组、上高池组、下高池组、桥头组、十八园组,全村586户2271人,其中常住人口896人,流动人口1375人。姓氏以欧阳、杨、高、刘为主。

自然环境与资源 桥头坳地貌呈船形,四面环山,以山地丘陵为主。森林覆盖率70%。境内河流为陂田河,自北向南从村内穿过;全村的水塘大大小小有两百余口,有1座小(2)型水库。村级境内的野生动物有野兔、野猪、山鸡、斑鸠等。农户养殖鸡、鸭、鹅、羊、牛、猪等,主要种植油菜、茶树等。

经济概况 桥头村以种植水稻、油菜为主,桥头村有1550.57亩耕地,全部用于村级流转,由村内3个大户承包,用于水稻种植、水稻制种、油菜种植,带动本村脱贫户和农民就业。2018年桥头村集体经济合作社创办的致富食品加工小作坊,主要生产咸鸭蛋和皮蛋用于出售。2018年成立的共创种养专业合作社,主要产业为水稻制种。

桥头村综合文化服务中心(桥头村供图)

2022年创办的富兴食品加工厂,主要生产月饼、蛋黄酥等面包糕点并用于出售。

基础设施 桥头村有一条X061县级公路自北向南从老关镇二鲤村至排上镇陂田村穿村而过,全程2.3千米,现村级内所有村组道路已完成硬化。

村内有变电器13台,家庭通电率100%。村内未接入燃气管道。

村内85%左右的田地已进行农田改造,铺设了水渠。村民主要生活用水来源于佛泉自来水厂和井水,270户已安装自来水。已建设了5个新农点。

社会发展 桥头小学,创办于1937年,占地4329平方米,校舍面积1607平方米,体育场地750平方米,教师及辅助用房面积800平方米,绿化面积1057平方米。有学生59人,教职工13人。

梅林村

村情概况 梅林村曾名"梅市",曾属桥头乡,因此处梅树颇多而得名。梅林村地处排上镇北边与湖南省醴陵市沈潭镇接壤,距市区40千米,Y084公路横穿村里,交通便利。全村面积5.6平方千米,下辖19个村民小组(炉下组,上曹组,下曹组,三口冲组,梅林组,梅水组,江东组,毛公塘组,贾家组,对家组,坪塘组,樟树园组,台冲组,左家塘组,冬毛山组,灵田组,南档组,灵田冲组,大山岭组),全村868户3006人,常住人

梅林村综合服务中心(梅林村供图)

梅林村灵溪公祠（梅林村供图）

口1385人。有32个姓氏，以陈、贾、刘、李、张、阳为主。

自然环境与资源 梅林村的地形以丘陵山地为主，地势北高南低，村庄地势坡度不大。境内森林资源丰富，森林覆盖率为70%。

经济概况 梅林村主要种植水稻、油茶、油菜、红薯等，主要养殖土鸡、羊、猪等，其中土鸡、茶油、乡泉酒为梅林特色。2022年，梅林村杂交水稻制种种植面积为1750余亩，育种从业人员360余人。有4个农业合作社，注册资金都在50万元以上，其中祥意生态农庄投资乡村民宿、餐饮、垂钓等文旅项目100余万元，年收入20万元以上。梅林村有小型工业，以劳动密集型的手工作坊为主，主要为小型微电子产品加工。村内大部分劳动力奔赴海南参与海南杂交水稻育种工作。每月逢五、十有赶集，村内集市全长350米，有商铺13家，其中超市3家、诊所1家，商贸经营日用百货年收入100余万元。

基础设施 梅林村主干道与县道、省道相连，道路网框架已形成，交通较为便利，村道Y084有4.2千米沥青路面于2022年底完成，村内组道拓宽水泥路面3千米。

村内有变压器8台，总功率3600千瓦，家庭用电率100%。

村内供水方便，有两处集中取水点，分别位于台冲组和灵田冲组，能解决全村人的饮用水问题。2020—2022年三年间，完成3个自然村（2020年左家塘自然村、2021

年水尾桥自然村、2022年灵溪自然村)的新农村建设,村组的面貌焕然一新。

社会发展　梅林村建有1所完全小学,可满足梅林村及周边村庄从学前至小学阶段的教育需求。本村有1所卫生室。

特色地情　梅林村有石拱桥3座,建于明清时期,现保存完好。陈氏家祠至今有500多年的历史,2022年已完成祠堂的修葺。有千年古樟6棵,枝繁叶茂,树叶葱绿。灵溪公祠占地2000余平方米,至今有500年历史,古迹保存完好,2022年完成整体维修。

北村村

村情概况　北村村于2000年由原荷塘村拆分建村,毗邻湖南醴陵、攸县,占地面积4.8平方千米,距湘东城区仅15千米,距萍乡城区25千米,下设15个自然村组:新城、上栏木、下仙、郭家、宝山、院塘、茶坡、骆家、车地、下栏木、章家、金鸡、插冲、谭背、

北村村湘东南繁精神展览馆(北村村供图)

文树。全村570户2290人,其中男性1206人,女性1084人,常住人口1509人。有37个姓氏,以何、王、孟、张、陈、彭、刘、杨为主。

经济概况 北村村水稻种植面积达到1100亩、油菜种植面积达到750亩,养殖土鸡、羊、鸽子、牛等。2022年北村引进400亩红梨种植。北村工业以加工厂为主。萍乡市湘东区博恒网帽加工厂,成立于2018年,位于北村村郭家组。

基础设施 陈广线穿村而过,村内道路宽4米,主要为水泥路面,生产道路约4千米,生活道路约4千米,部分道路为沥青路面,小型桥梁2座。

村内有变电器17台,总功率2100千瓦,家庭通电率100%。村内未接入天然气管道。

村民主要生活用水来源于深井水,有1个集中供水点,位于院塘组;有自来水蓄水池1座。院塘水库、大沙塘、文树大塘、郭家大塘、沙坡塘、茶坡大塘、骆家大塘、繁塘、谭上坡塘主要采用沟渠引水,可灌溉耕地面积800亩。已建设了16个新农村建设点,分别为北村上栏木组(2次),北村下栏木组,北村下仙组,北村宝山组(2次),北村院塘组,北村茶坡组,北村骆家组,北村车地组,北村章家组,北村金鸡组,北村谭背组,北村郭家组(3次),有效提升了北村的村容村貌。

社会发展 北村建有北村阳光希望小学及北村附属幼儿园。学生主要在大路里小学、排上镇中心小学接受小学教育,在排上中学接受初中教育。初中毕业后,学生主要在排上中学就读。在文化广场内建有医疗卫生室,2022年度农村医保参保率达100%。村级道路拓宽及白改黑基本完成,路灯20盏,建有简易垃圾亭7个,"厕所革命"整治厕所155个。

特色地情 孟氏宗祠,始建于1881年,前身是孟冰公祠,2014年重修。

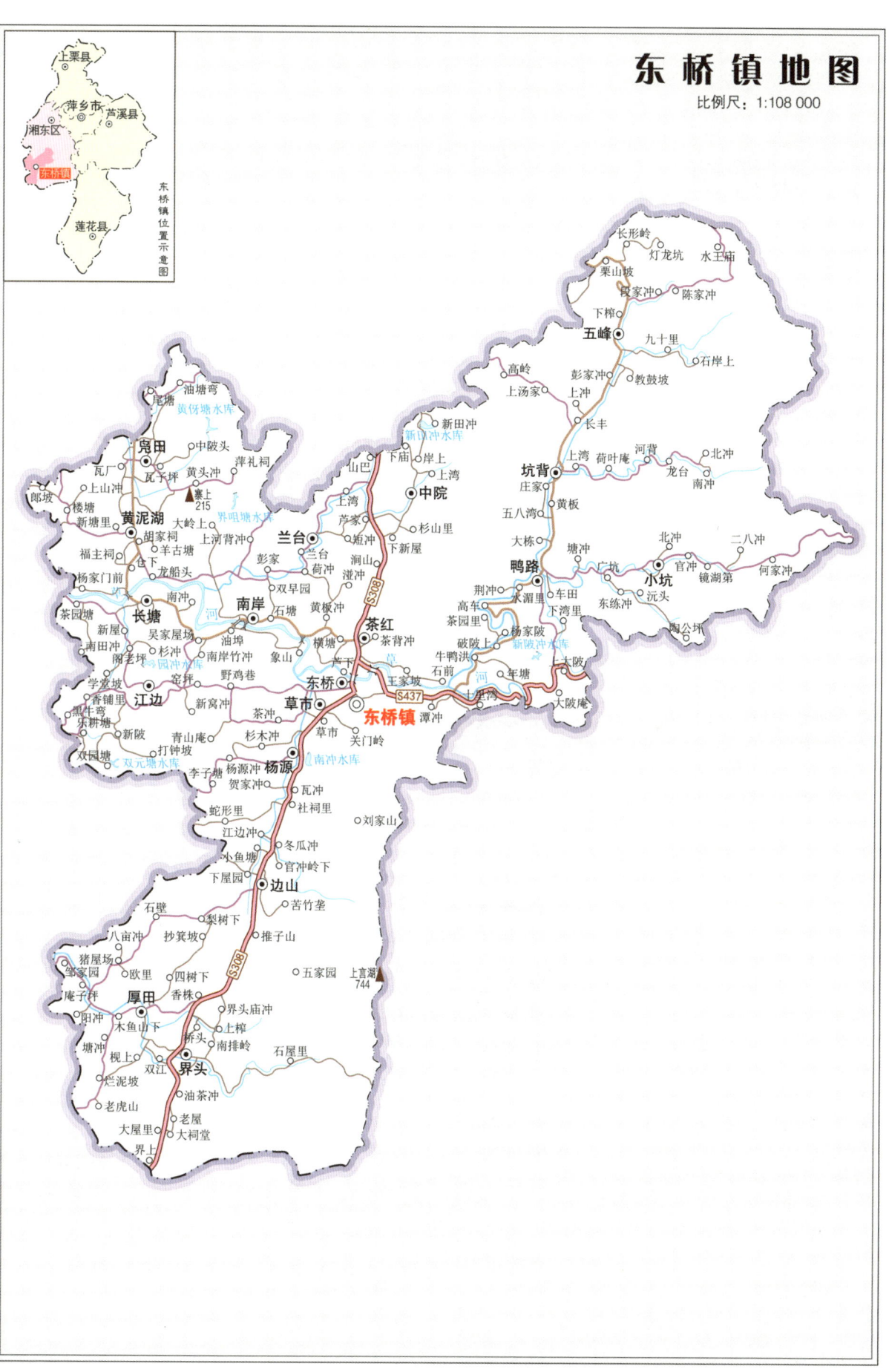

东桥镇

东桥镇地处湘东区西南部，距区政府24.4千米，东连麻山镇、白竺乡、广寒寨乡，南邻湖南省攸县皇图岭镇，西依湖南省醴陵市沈潭镇、船湾镇和攸县皇图岭镇，北与排上镇和腊市镇接壤，镇域面积139.8平方千米。人口3.8万，以汉族为主。下辖18个行政村，分别是东桥村、五峰村、凫田村、中院村、兰台村、黄泥湖村、鸭路村、南岸村、茶红村、长塘村、江边村、草市村、杨源村、边山村、厚田村、界头村、坑背村、小坑村。

1936年修造洄澜桥（即现存东桥的老石拱桥），因与萍乡湘东路接通，又将此桥称为"东桥"。1949年8月前属昌源乡。1950年8月后属东桥区，辖凫田、界头、沿塘、坑背、东桥5乡。1952年属第八区，辖东桥、沿塘、凫田、草市、边山、界头、南岸、马脑寨、南岗口、鸭路、坑背11乡。1956年属麻山区，辖东桥、沿塘、界头、鸭路4乡。1958年撤乡建社，为萍乡县东桥公社。1966年合并为东桥公社，属萍乡市。1971年属湘东区东桥公社。1984年3月撤社建乡，为东桥乡。1995年12月撤乡设镇，为东桥镇。2003年9月撤乡并村，撤销龙台乡小坑、曲溪2村划入东桥镇。同时沿塘村并入长塘村，车田村并入江边村，勾龙台村并入南岸村，南岗村并入东桥村，曲溪村并入坑背村。

2017年来，先后获评江西省卫生乡镇、省老年体协省级示范乡镇、省级矛盾纠纷排查化解专项行动先进集体、市域线带巩固提升先进乡镇和稳粮保供先进乡镇等多项称号。

东桥镇地处罗霄山脉北段，属半山区半丘陵地带，地势

东桥镇鸟瞰

东南略高，西北偏低。山林面积达16.5万亩，森林覆盖率达80%。主要山峰有五峰山、钟鼓山等。海拔最高点位于五峰村五峰山，高度为644米。

属亚热带湿润季风气候，四季分明，光照充足，雨量充沛，气候温和。年平均气温17.2℃，无霜期约270天，年平均降水量1602毫米。境内河道属湘江水系，主要河流为草水河，自东向西，横穿东桥镇。境内有小（1）型南岗口水库1座，小（2）型水库8座（南冲、新田冲、黄鸭塘、界咀塘、新陂冲、园冲、双园塘、抄箕坡），主要用于农田灌溉、排洪抗旱。矿产资源有铁、铅、锌、铜等。境内风景秀丽，有五峰山、老虎山、钟鼓山、马脑寨、翡翠谷等景点。

东桥镇以农业、旅游业为主导产业。农业方面，农作物以水稻、油菜、水果、蔬菜为主，畜牧业以饲养生猪、羊为主，打造了油菜、制种、藤茶等示范基地。旅游业方面，推动农文旅融合发展，打造翡翠谷景区，2008年以来举办了十五届油菜花节。服务业方面，2022年东桥限上批发零售餐饮业共有2家企业，分别为萍乡市澜阳餐饮管理有限公司、萍乡市世纪联华贸易有限公司，总销售额达6995.6万元，同比增长9.3%。2022年东桥规上建筑业企业6家，分别是萍乡市华顺建筑工程有限公司、萍乡市萍安一展建筑工程有限公司、江西地天建设有限公司、江西冬冬建筑工程有限公司、江西鹏昀建设有限公司、江西巨山建设工程有限公司，营业收入50483万元，同比增长13.69%。

境内有S308、S437两条省道穿境而过，还有X058、X062县道辐射全境。2017年至2021年，完成东凫公路、南丰公路、X058凫田至茶红、S232东桥卫生院至兴竹林制品厂段、X062坑背至鸭路段等改造提升工程及14座危桥改造工程，实现省县乡道全面提升。其中X058凫田至茶红段荣获省级农村示范公路称号。2022年，完成X062

东桥镇藤茶种植基地

凤凰至广寒(坑背至南岗口段)、涧山至山田(中院村段)、马脑寨至黄泥湖(兰台村段)等建制村双车道改造工程,新建厚田村湖里桥、鸭路桥、S308万东线界头赣湘公路驿站;完成34座山塘水库整治维修加固,有效保障农业灌溉安全。大力推进新农村建设,完成长塘南新、江边下石、凫田西岸下、南岸村双早园等8个省级新农村建设点、4个镇级新农村自建点项目建设。2023年,完成Y017东桥至界陂(长塘村段)大中修项目及勾龙台一桥危桥冲洗项目。

网络通信发达,金融机构健全,有驻镇单位农商银行、土管所、邮政所、供电所、卫生院、供销社、派出所、移动公司、电信所、市场监督管理局东桥分局、东桥森林消防分队、黄海村镇银行等机构。全镇通信网络信号覆盖率100%,有线电视使用率100%,家庭通电率100%。全镇都有移动、电信、联通营业厅和邮政物流配送点。大多数超市配有POS机,居民可刷卡消费。截至2022年底,移动用户12000户左右,电信用户7000户左右,宽带用户5000户左右,供电用户7000余户。全镇大部分行政村未接入天然气管道,村民日常做饭烧水使用的能源主要为液化气,少数家庭用蜂窝煤、木柴。

2022年有初中1所,完全小学5所,教学点4个,中心幼儿园1所,附属幼儿园5所。全镇中小学(园)总人数2605人(其中留守学生1220人),在校初中生786人,在校小学生1340人,在园幼儿479人。镇中心卫生院1所,建筑面积1.2万平方米,院内有螺旋CT、数字化DR、全自动生化分析仪、全自动血球技术仪、彩超机等高端设备,医院设有内儿科、外妇科、中医科3个临床病区,门诊部、口腔科、中西医药房、放射科、B超室、检验科等科室,病床60张,从医人员58人;村级卫生所16所,医务人员18人。2020年,新建东桥镇养老服务中心,建筑面积5800平方米,可容纳154人,2022年收养老人52人,其中社会养老6人。

脱贫攻坚期间,全镇有建档立卡贫困户192户,617人,"十三五"省级贫困村1个

(中院村），"十四五"省定重点村1个（长塘村）。2023年脱贫户187户，570人；监测对象25户，79人。

2023年，完成财政总收入8396.8万元，税务系统收入8280万元；完成一般公共预算收入3793.6万元；规模以上工业企业总产值3.81亿元，限额以上批发零售营业收入9581.9万元。

东桥镇境内著名人物有清末著名国画家汤国桢，毛泽东的教师汤增璧，医学家傅培彬，杂交水稻专家、中国工程院院士颜龙安，昆明陆军学院原院长邓福全少将等。境内南岸村的南岸桥和五峰村的福寿庵属古建筑，系市级文物保护单位；传经第牌坊始建于清代，系区级文物保护单位。

东桥村

村情概况 东桥村地处东桥镇中部，以驻地得名，2003年由原南岗村、东桥村合并而成。东邻鸭路村和广寒寨乡官陂村，南连草市村，西依南岸、草市村，北靠茶红村。全村下辖29个村民小组：坪里、地围、安山、上新屋、南岭下、下新屋、关门岭、泉塘、前进、新胜、新建、新华、立新、月形、月山、口子下、青龙、新屋、谭冲、洋冲、新园、老鼠咀、杨家陂、牛鸭洪、十里湾、汪家洲、南岗口、伏岭、年塘。常住人口共964户5296人，其中农村人口3045人，城镇人口67人，产业专业户7户，外出务工1557人。村内共有13个姓氏，以汤、邓、周、刘、段为主。

自然环境与资源 东桥村属半山地半丘陵地形，南部为高山区，北部为草水河冲积小盆地。草水河横穿村中，省道在境内纵贯。地势东南高，西北低。全村有山岭面积2758亩，森林以杉、松、竹杂为主，油茶、果木林有400亩。

经济概况 东桥村耕地面积2300亩，其中水稻面积1214.6亩。2022年东桥村新引进水稻制种项目，制种面积1000亩，从业人员约100人；油菜种植面积约700亩，种植户约300户。另有十里湾千头养猪场、长坡里综合养殖场和芭蕉冲综合林场三大基地。2021年9月成立村集体经济合作社，2022年底建立东桥村集体经济组织。2023年村集体经济收入为32.982万元。

2017年创办的萍乡市达威运动用品厂，主营业务为运动服饰加工，为国内外多家服装品牌提供服饰加工服务。2019年12月创办的萍乡市弘锋包装有限公司，主营业务为高档红酒盒加工。2020年5月成立的萍乡市湘东区鑫锋鞋面厂，主营业务为鞋面加工。2023年6月成立的萍乡市越旺劳务有限公司,主管业务为工程承揽。

商贸较为繁荣,每月逢农历二、五、八都有大型赶集。村内东桥集镇全长1000余米,现有商铺120余户,其中大型商超5家,小卖部27家,餐饮21家,衣帽服饰店10家,电器店8家,家具店6家,移动电信6家,诊所4家,美容美发店9家,五金店1家,水电安装8家,汽车修理3家,建材店5家,其他类10余家,其他类10余家。年营业额达100万元以上商家6家,年营业额达300万元以上商家1家,集镇长期从业人员200余人,临时性从业人员300余人。大型商超有中亚电器店、运明家具店、世纪华联超市等。

基础设施 村庄道路网基本形成,交通便利。对外道路包括东界路和X138县道,均为沥青路面;村内道路宽4~6米,主要为沥青路面,生产道路约13千米,生活道路约9.1千米,兼具生产生活功能的集镇段约3.8千米,均为沥青路面。

变电器15台,总功率8000千瓦,家庭通电率100%。村民主要生活用水来源于山泉水,有16个集中供水点,分别位于南岭下、关门岭、上新屋、新建、泉塘、立新、新胜、新华、月形、青龙、新屋、谭冲、新园、老鼠咀、十里湾、伏岭;有自来水蓄水池16座,可蓄水500立方米,铺设自来水管道约32千米,基本满足了全村村民日常生活用水需求。东桥村有年塘、大陂里(牛鸭洪)、老鼠咀、汪家洲、米几冲、谭冲、东塘、泉塘下、关门岭等具有水利灌溉功能的山塘9口,主要采用沟渠引水,可灌溉耕地1120余亩。

2022年,东桥村成功申报了5个新农村建设点,分别是南干口新农村建设点,地围新农村建设点(已建成投入使用),下新屋新农村建设点,牛鸭洪新农村建设点,杨家陂新农村建设点。

社会发展 村内建有1所东桥镇中心幼儿园、1所中心小学,可满足本村及周边村庄学龄前和九年义务教育小学阶段的就学需求,九年义务教育小学阶段覆盖率

东桥村第十四届油菜花节

东桥村牌坊

100%。村部大楼占地1000余平方米,内含党群服务中心、新时代文明实践站等,村内建有300余平方米的村史馆。村委会为村民提供代缴医保服务,2022年,农村医保参保率达100%。全村有95户246人享受失地农民保险,有97户118人享受农村低保。建有垃圾集中处理中心1个,"厕所革命"整治厕所565个。

特色地情 汤增璧(1881—1948),字介公,号朗卿,东桥静安山人。1902年考入南京两江师范学堂(今南京大学),次年以官费保送日本早稻田大学。1905年,孙中山、黄兴等人在东京组建中国同盟会,汤增璧旋即入会,为该会骨干成员。次年,汤增璧参与同盟会创办的刊物《民报》工作。1908年,他主办的《江西》杂志在日本发行。同年,任《民报》副主编。不久,日本当局封禁《民报》。1910年,汤增璧回国,在北京任报馆编辑。次年,武昌起义爆发,他随同革命军总司令黄兴在汉阳前线,协助工作。汉阳失守后,他随军撤退。1914年,汤增璧在湖南第一师范任教,担任毛泽东所在班的国文老师。尔后他辗转于南昌、长沙、青岛等地中学教书。1927年初,任国民政府秘书和侨务委员会秘书长。1929年,任国民党中央党史编纂委员会编纂。抗日战争胜利后,汤增璧随国民政府由重庆返回南京,在新成立的国史馆任纂修。1948年春,汤增璧病故。留有《同盟会时代民报始末记》《同盟感旧录》传世。

五峰村

村情概况 五峰村因境内有五峰山而得名,位于东桥镇东北部,东邻麻山镇船形村,南连坑背村,西依排上镇东村村、南村村,北靠腊市镇凤凰村。离湘东区政府22千米,距东桥镇政府12千米。全村总面积9.6平方千米。下辖18个村民小组:大红组、五丰组、丙甲组、磨形组、大坪组、决冲组、大万组、塘冲组、茶园组、东坑组、上榨组、坐树组、岩岭组、大祠组、金狮组、大冲组、石祠组、新万组。共有613户,1968人,男性1046人,女性922人。村内姓氏以汤、周两姓为主。

自然环境与资源 五峰村四面高山环绕,山地多平地少,境东北有跨境五峰山,海拔高度为644米。境内林地面积1.2万亩,稻田及旱地2000余亩。森林覆盖率达85%以上,有红豆杉、杉树、银杏果等珍贵树木。

经济概况 五峰村主要以种植传统农作物为主,积极引导农户采取转包、出租、入股等方式流转承包土地。水稻种植600余亩,高品质红薯种植300亩,花木栽种500余亩,利用山地荒坡种植药材近500亩。全村有养殖户8家,其中专业养牛户1家,养羊户6家,养鸡户19家。村内有小卖部3家,日用品齐全;农家乐3家,平时可容纳200余人就餐。2023年村集体经济收入达21.73万元。

X062县道五峰村段

五峰山

基础设施 五峰村全境路面9千米,水泥路面硬化3千米、柏油路面6千米,桥梁3座。五峰村有变电场4个,家庭通电率达100%。村内共有9个农村饮水安全工程供水点,分别为新万自然村农村饮水安全工程、石祠自然村农村饮水安全工程、金狮自然村农村饮水安全工程、东坑自然村农村饮水安全工程、磨形自然村农村饮水安全工程、丙甲自然村农村饮水安全工程、五丰自然村农村饮水安全工程、大万自然村农村饮水安全工程、大祠自然村农村饮水安全工程,满足全村日常生活用水需求。境内有3口山塘水库。截至2023年,五峰村成功申报了9个新农村建设点,分别是新万新农村建设点、石祠新农村建设点、大祠新农村建设点、大冲新农村建设点、金狮新农村建设点、茶园新农村建设点、大万新农村建设点、大坪新农村建设点、丙甲新农村建设点。

社会发展 村内建有1所五峰小学,成立至今已有80余年历史。占地面积1200平方米,2021年经区教育局决定,在校学生合并到邻村鸭路小学就读。五峰村村部(包括党群服务中心)占地面积500余平方米;文化活动中心占地面积200余平方米,其中包含村老年体育协会、新时代文明实践站、农家书屋、文化活动大舞台等,文化体育氛围浓厚。村内有卫生所1所,村委会设立医保专业窗口,为村民提供代缴医保服务,2022年,农村医保参保率达99%。全村有低保户125人(新增16人)、特困户6人、残疾户193人(新增4人)。

特色地情 北宋诗人、书法家黄庭坚送密老和尚到五峰山后,提笔写下《送密老和尚住五峰山》:"我穿高安过萍乡,七十二峰绕羊肠。水边林下逢衲子,南北东西古道场。五峰秀出云霄上,中有宝坊如侧掌。去与青山作主人,不负法昌老禅将。栽松种竹是家风,莫嫌斗绝无来往。但得螺蛳吞大象,从来美酒无深巷。"

诗中密老即庐山东林寺住持慧远衣钵弟子。当时,密老和尚来萍乡阐扬佛法,居五峰山。

五峰山寺是一群建筑,依坐落位置分顶庵(在山顶)、中庵(在山腰)、脚庵(在山脚)。鼎盛时期,仅五峰山脚庵的寺庙就多达48座:水府庙、葛仙庙、孝仙庙、东岳庙、麻衣庙以及建于隋大业年间的圣忠寺等。除了较大的寺庙群之外,五峰山还存有山顶五峰古寺、山后石仙庵、山左龟峰庵、山右弥陀庵等。

五峰山的名胜古刹福寿庵属中庵,坐落在七丘田,庵内供奉百余尊菩萨,有佛祖释迦牟尼、观音、李氏仙娘等。据《昭萍志略》记载:福寿庵建于周幽王年间,距今有两千六七百年的历史,经唐、元、清数度修缮,1968年遭到拆毁,但江西才子刘凤浩在福寿庵门前的对联幸存下来:"梵宇起平腰,千万翠峦齐俯地;后峰凌绝顶,九重碧落不知天。"

凫田村

村情概况 凫田村地处东桥西北部,属丘陵地形,地势东高西低,东西部多低山丘,中部为大垄塅。东邻排上镇沸水村,南连黄泥湖村,西、北依湖南省醴陵市沈潭镇美田桥村,有县道南通东桥,北入醴陵市沈潭镇。1958年为东桥公社凫田大队。1962年属东桥区沿塘公社凫田大队。1968年并入黄泥湖大队。1972年拆开后仍名凫田大队。1984年改名为凫田村。

下辖31个村民小组:长坪组、介陂组、桐子坡组、陂上组、太坡组、上板塘组、下板塘组、八家山组、鸡公山组、七丘田组、花屋下组、洋古塘组、沙坪塘组、办塘组、王陂树组、上西岸组、下西岸组、瓦厂组、椿树岭组、茶背冲组、萍礼祠组、瓦子坪组、何家条组、勾形组、尾塘组、洋冲组、中陂头组、台冲组、井坡组、万古冲组、油塘万组。共有615户,2226人。村内共有23个姓氏,以龚、黄、漆、李、刘、王、余为主。

自然环境与资源 凫田村属丘陵地形,自然环境与资源十分优越,林草覆盖率达98%。山水田地比例为7山2田1分水。村内主要有松树、杉树、锥栗、毛竹等。凫田村耕地面积3000亩,其中水田面积2200亩,旱地800亩,土地肥沃;山岭面积约8000亩,山上树木茂盛,多以樟、松、杉、油茶为主。

经济概况 凫田村商贸较为繁荣,每月逢农历三、七赶集。村内凫田集镇全长500余米,现有商铺20余户,其中大型商超1家,小卖部3家,餐饮2家,衣帽服饰店1家,诊所1家,美容美发店1家。2023年村集体经济收入约为35.5742万元。

基础设施 凫田村村庄道路网基本形成,交通较为便利。对外道路东凫公路,均

凫田村村委会

为沥青路面；村内道路宽3.5~5.5米，主要为水泥路面。村内有自来水蓄水池5座，可蓄水150立方米，铺设自来水管道约8千米，基本满足全村日常生活用水需求。村内有黄丫塘、吖叽塘等具有水利灌溉功能的山塘78口，主要采用沟渠引水，可灌溉耕地2000余亩，有效保障了村民的生活用水和农业用水。截至2023年，凫田村建设了6个新农村建设点，分别是坪里祠新农村建设点、瓦厂新农村建设点、涩塘新农村建设点、王陂树新农村建设点、西岸下新农村建设点、七丘田新农村建设点。

社会发展 凫田村文化活动场所约600平方米，包含党群服务中心，配有新时代文明实践站、图书室、卫生服务室、便民服务室等多种功能室。村内有1所卫生所，服务范围辐射到黄泥湖周边村庄。全村有农村低保户80户124人。

中院村

村情概况 中院村地处东桥镇北部,东邻坑背村、鸭路村,南连茶红村,西靠兰台村,北毗排上镇山田村。1950年8月后为东桥区山田乡中院村。1958年为东桥公社中院大队。1968年并入兰台大队。1972年与兰台大队分开仍为中院大队。1984年为中院村。全村总面积9平方千米。下辖22个村民小组:石龙、泉山、瓦屋、岸上、上庙、下庙、枧上、新祠、上湾、凤形、下万、船形、下花屋、下陂、狮形、长冲、虎山、上新屋、下新屋、塘冲、马冲、牛形。全村总户数443户,专业户7户(种植蔬菜、种植养殖等)。总人口2097人,其中农村人口2011人,城镇人口86人。中院村"十三五"期间被列为省级重点帮扶村,由江西中医药大学对口帮扶,2018年高标准退出贫困村。2021年7月省中医药大学驻村帮扶工作队圆满完成五年帮扶任务。

自然环境与资源 中院村四周环山,中部为坑地。系丘陵向高山过渡地带,西部为丘陵区,东部为高山区。森林资源丰富,山岭总面积9800余亩,有以杉、松、油茶等林木为主的经济林。中院河道由东向西伴村而流。

经济概况 中院村有以青柚、藤茶、板栗、梨树为主,桃树为辅的果树面积800余亩。耕地面积997亩,其中水田面积797亩,旱地面积200亩,以双季水稻为主,配植油菜、白莲、瓜蒌、蔬菜等农作物。村内有小卖部4家。2023年村集体经济收入为15.08万元。

中院村中医药特色乡村牌坊

基础设施 中院村交通便利,沿昌源路直达马脑寨,进驻村庄大道,自南向北穿过,途经螺头岭、龟形山庄、村部、凤形、狮形延伸主道至排上山田。境内有小(2)型水库1座(新田冲),水塘22口,农村自来水供水点三处(新田冲、上湾、马冲),山塘储水面积约1.83万平方米。治理河道600余米,新修引水灌溉水渠3000余米,基本实现水利自流灌溉。

社会发展 新中国成立前,中院分为上中院和下中院,均设一所私立学校,新中国成立后,两所私立学校归属集体所有,于1956年合并设高小班,成为公立学校,学址设在谭晶坳,并改名中院小学。中院小学于2023年9月撤并于茶红小学。2023年全村脱贫户16户46人,监测户1户1人。享受低保补助81人,五保户11人。境内有东桥中心卫生院和中院医疗诊所,主要特色为中医艾灸。新时代文明实践站设有村史馆,便民服务中心等。

兰台村

村情概况 兰台村地处东桥镇北部,东邻中院村、茶红村,南连南岸村、茶红村,西依南岸村,北靠排上镇山田村。1950年8月后为东桥区山田乡兰台村。1958年为东桥公社兰台大队。1968年并入中院大队。1972年分开仍为兰台大队。1984年改为东桥乡兰台村。下辖有18个村民小组:山巴、对门、寨下、上湾、山湾、庙冲、砖屋、陂冲、短冲、杉坡、田心、芦家、辽里、荷冲、虎形、万里、扎冲、彭家。全村共有346户1612人,男性876人,女性736人。其中常住人口636人,流动人口916人。兰台村共有60个姓氏,其中段姓592人,刘姓223人。

自然环境与资源 兰台村地属半丘陵半山地地形,东西部为丘陵山地,中部有一小垄塅。森林资源丰富,林地面积3201.6亩,主要为油茶林、竹林、杉树林、松树林和樟树林。

兰台村村委会

兰台村马脑寨入口

村内有一条山溪汇流成河。

经济概况 兰台村主要种植水稻、油菜、西瓜、红薯、茶油等农作物,养殖龙虾、牛、土猪、土鸡、黑山羊、鸽子等。2022年,兰台村水稻种植面积约849亩,种植户约17户;油菜种植面积约428亩,种植户约84户。黑山羊养殖6户,年出栏75头。有小卖部6家,餐饮1家,诊所1家,年营业额约20万元。2023年村集体经济收入达18.16万元。

基础设施 村庄道路网基本形成,交通较为便利。对外道路S308,均为沥青路面,路况良好;村内道路宽6米,主要为沥青路面,生产道路约5.8千米,生活道路约8.4千米。建有桥梁6座。全村有变电器6台,总功率3000千瓦,家庭通电率100%。村民主要生活用水来源于深井水,有3个集中供水点,分别位于山巴、杉坡、荷冲;有自来水蓄水池2座,可蓄水1000立方米,铺设自来水管道约8.2千米,基本满足了全村日常生活用水需求。有涧山塘、来水塘、牛尾丝塘、扎冲水塘具有水利灌溉功能的山塘4口,主要采用沟渠引水,可灌溉耕地500余亩。

社会发展 兰台村文化活动场所面积包括村委会(含党群服务中心)310平方米、新时代文明实践站280平方米,文化健身广场1500平方米。村内有1所卫生所。兰台村享受失地农民保险政策的有12户60人,享受农村低保政策的有32户51人。建有垃圾集中处理中心7个,"厕所革命"整治厕所125个。

特色地情　马脑寨,位于兰台村境内,在排上与东桥的交界处,有一椭圆形巨石,高约40米,宽约90米,形似"马头"。马头上树木葱茏,如马鬃一般。相传古时有一神马,虽列入神马之列,但仍不改劣性,常常偷吃兰台的禾苗。后被玉皇大帝知道,命雷公将其劈为两截,身子留在马屎坑,马头留在马脑寨。马脑寨山清水秀,景色宜人,现已成为旅游景点,网红打卡地。

黄泥湖村

村情概况　黄泥湖村地处位于东桥镇西北部,东与南岸相邻,东邻南岸村,南连长塘村,西依湖南省醴陵市船湾镇东山村,北靠凫田村和湖南省醴陵市沈潭镇柞市村。1964年为东桥公社黄泥湖大队。1967年与山塘埠大队合并为黄泥湖大队,1968年凫田大队并入。1972年凫田大队分开仍为黄泥湖大队。1984年为黄泥湖村。下辖17个村民小组:苍下、龙船头、洋古塘、胡家祠、欧家万、新塘、洋塘、黄泥湖、八亩上、八亩冲、楼塘、犁湾塘、罗家、山冲、郎坡、山塘埠、蓑衣塘。全村共有410户1478人。黄

黄泥湖村村委会

泥湖村共有59个姓氏,其中姓贺、谭、袁、胡的村民人数均超过100人。

自然环境与资源 黄泥湖村东西部为丘陵地,中部有较大垄塅。草水从村南向西流入湖南铁水。森林资源丰富,有松树、杉树、毛竹等树木。

经济概况 全村农业以种植水稻和油菜为主,养殖鸡、鸭、猪等。2021年新引进水稻制种项目,种植面积800亩,从业人员约45人。2022年,水稻种植面积1100余亩,油菜种植面积约400亩。养猪户10户,2022年末存栏200头,全年出栏5000头。2021年成立黄泥湖村集体经济合作社,注册资金112万元,2021年产值20余万元,2022年产值30余万元,2023年村集体经济收入18.08万元。萍乡市湘东区博恒网帽加工厂成立于2017年,主营业务为假发网帽加工,为国内外多家假发网帽品牌提供加工服务,年产值400余万元。有中大型超市1家,小卖部3家,餐饮1家,电器店1家,美容美发店1家,建材店1家。年营业额达10万元以上商家2家,年营业额达50万元以上商家3家。

基础设施 村庄道路网基本形成,对外道路包括东皁公路和X138,均为沥青路面;村内道路主要为水泥路面,生活道路约4.5千米。变电器8台,总功率4000千瓦,家庭通电率100%。村民主要生活用水来源于深井水,有3个集中供水点,分别位于洋古塘、楼塘、老塘;有自来水蓄水池4座,可蓄水100立方米,铺设自来水管道约12千米。有龙船龙、苍下等具有水利灌溉功能的山塘2口,主要采用沟渠引水,可灌溉耕地600余亩。2020年,成功申报2个新农村建设点,获批65万元项目资金用于胡家祠、洋古塘新农村建设改造。

社会发展 村内有黄泥湖附属幼儿园1所,黄泥湖小学1所。建有1所卫生所。黄泥湖村有农村低保53户64人。建有垃圾集中站6个。"厕所革命"整治厕所113个。

鸭路村

村情概况 鸭路村地处东桥镇东部,东邻小坑村,南连广寒寨官陂村,西依中院、茶红、东桥村,北靠坑背村。新中国成立初期以中心山脉鸭形山改名为鸭路公社、鸭路大队、鸭路村。总面积10.4平方千米,下辖26个村民小组:鸭路、大园、新建、大茶园、塘冲、桐子坡、广坑、荆坪、沅头、腰子湖、道光坪、屋背冲、大栋、凤形、八丘、水湄、荆冲、高车、月塘、小冲、下万、大陂、新屋、新陂冲、大陂安、上大陂。全村共有589户2016人,男性1092人,女性924人。村内姓氏以陈、邱为主。

自然环境与资源 鸭路村地处丘陵地带,以山林为主,山林面积14800亩,森林覆

鸭路村水稻种植

盖率85%，主要有杉树林、樟树林、红豆杉林、松树林，有千年古樟3棵。鸭路村山高坡陡，平坦用地较少，水资源丰富，山塘水库有26口，小（2）型水库（新陂冲）1座，河流面积1000亩以上。荒草坡面积较多，具有得天独厚的山羊、黄牛养殖条件。草水河延绵4.6千米贯穿全境，草水河上游河流流域面积860余亩，水田面积1120亩。

经济概况　鸭路村主要种植白莲、水稻、红豆杉等，白莲种植面积600亩、水稻种植面积500亩、红豆杉以及紫竹药材面积500余亩。2座小（2）型水力发电站，年产值30万元；鞋面料小型加工厂2家，年销售额20余万元。商贸较为繁荣，每月逢农历四、十大型赶集。有大型超市3家，餐饮店2家。2023年村集体经济收入达28.07万元。

基础设施　全境路面11.9千米，水泥路面硬化4.9千米，柏油路面7千米。有中桥3座、小桥11座。变电器场7个，家庭通电率达100%。村内未接入天然气管道。6个农饮工程供水点，分别为月形自然村农饮工程、大栋自然村农饮工程、广坑自然村农饮工程、大茶园自然村农饮工程、大陂自然村农饮工程、新陂冲自然村农饮工程，剩余2个自然村农户自接山泉水饮用。2022年，累计申报7个新农村建设点，分别为茶园新农村建设点，大栋新农村建设点，水湄新农村建设点，荆冲新农村建设点，大陂新农村建设点，大陂安新农村建设点，月行新农村建设点。

社会发展　村内有1所鸭路小学，成立于1933年，原名里仁小学。鸭路小学附属幼儿园成立于1996年，坐落在鸭路村鸭路组，占地面积达2000余平方米。村内有一个卫生所。2023年，全村有低保户133人，特困户18人，残疾户77人。6个自然村实现路灯亮化、公路绿化，门前庭院绿化率达90%以上。

特色地情　村内有一观音庵位于鸭路组境内，修建于前唐时期，在"文化大革命"期间被拆除，于2009年重建。村内有一棵百年古樟树遮天蔽日，树高20余米，盘根错节，好似飞龙盘绕。

南岸村

村情概况 南岸村位于东桥镇西部,东与茶红村接壤,西与黄泥湖村相邻,南靠草市村,北连排上镇山田村,草水河贯穿全境。1968年曾与勾龙台村合并为南岸村。1995年,又分设为勾龙台、南岸两个村。2003年7月合并为南岸村。总面积9.6平方千米,其中耕地面积1482亩。南岸村下辖23个村民小组:上南岸、三塘、大塘、象山、石塘、下家车、吾家场、竹冲、石冲、桥背冲、双早园、大石冲、上河背冲、下河背冲、染铺、育婴庄、蛤蟆石、杂下、云家桥、张家场、下南岸、大岭上、邮埠。共有546户2226人。南岸村共有93个姓氏,其中以邓、刘、易、李为主。

自然环境与资源 南岸村以丘陵地为主,地势为东高西低,南低北高。新中国成立以来,兴修水库水塘10处,水泥石坝3座,抽水机站3处,引水渠道4000米,水陂坝5座。

经济概况 南岸村主要种植水稻、红薯、葡萄、草莓,养殖土鸡、羊等。2022年,南岸村水稻种植面积约1000亩,种植大户2户。境内规模较大的合作社有湘东嘉屹农场。2023年村集体经济收入达16.58万元。

基础设施 南岸村村庄道路网基本形成,交通较为便利,对外道路有东凫公路和Y308,均为沥青路面;村内主道路宽3.5米,主要为水泥路面。全村有变电器16台,总

东凫公路南岸村段

南岸村休闲活动中心

功率10000千瓦左右,家庭通电率100%。村民主要生活用水来源于山泉水,有4个集中供水点,基本满足了全村日常生活用水需求。有水库7座,主要采用沟渠引水,可灌溉耕地1300余亩。2021年已完成南岸村双早园新农村建设点,2003年,新建勾龙台小学教学楼。截至2023年12月,南岸村成功申报了4个新农村建设点,分别是竹冲新农村建设点、石冲新农村建设点、双早园新农村建设点、下家车新农村建设点。

社会发展 村内建有1所卫生所,服务范围辐射到江边、长塘、东桥、茶红等周边村庄。南岸村全村有脱贫户7户18人,农村低保户40户56人,城镇低保户2户2人;分散五保户6户7人;残疾人54人,其中重度残疾人21人。村内人居环境较为良好,建有垃圾分类亭4个,绿化率高。

茶红村

村情概况 茶红村位于东桥镇中心区域,东与鸭路村交界,南与东桥村相连,西与南岸村相邻,北与兰台村、中院村相伴,总面积7.8平方千米,其中耕地面积1035.2亩,山林面积5224.8亩,旱地面积1412亩。1959年,由茶背生产队、茶园生产队合并为茶红大队;1966年由东桥大队、茶红大队合并为东方红大队;1971年分设东桥大队、茶红大队;1984年改为茶红村。下辖19个村民小组:石前、石甲、新建、北岭、双子坪、茶背、芭蕉、它石、涧山、荷树、香铺、横塘、茶园、办冲、老塘、船形、太坪、车下、洲上。共有550户2024人。茶红村共有38个姓氏,以汤、刘、周、李为主。

自然环境与资源 茶红村属半丘陵半山区地形,东部为高山区,西部为丘陵,南部为草水河谷小平地。村内有一条草水河穿村而过，全村植被良好，森林覆盖率高，主要的林木有杉、松、油茶、板栗、杨梅、竹子等，野生禽类以野鸡、野鸭、麻雀居多。2020年12月，江西省林业局授予茶红村为第一批江西省森林乡村称号。

经济概况 茶红村主要种植水稻、油菜、红薯，养殖猪、土鸡、羊、牛、狗等。2022年，茶红村水稻种植面积900余亩，种植大户2户。境内规模较大的企业有萍乡市茶红农牧发展有限公司、萍乡市丰盛农业开发有限公司。成立于2020年3月的聚宝鞋面加工厂，主营业务为鞋面加工，解决就业15人。

茶红集镇全长500余米，现有商铺50余户，其中大型商超3家，小卖部7家，餐饮6家，水电安装6家，移动电信2家，汽车修理3家，汽车美容1家，家具店1家，美容美发6家，其他类10余家。从事第三产业的人员200人。2023年村集体经济收入26.95万元。

基础设施 茶红村南通县道X138，东邻省道陈广线S232，被省道、县道以及多条村镇道路环绕。全村有变电器23台，总功率10000千瓦左右，家庭通电率100%。村内未接入天然气管道。村民主要生活用水来源于山泉水，有17个集中供水点，基本满足了全村村民日常生活用水需求。茶红村主要灌溉用的龙潭渠道全长约3.5千米，有车下鸭叉塘、涧山官塘、横塘水塘、涩塘、太坪水塘、茶园水塘、新建水塘具有水利灌溉功能的山塘7口，主要采用沟渠引水，可灌溉耕地1000余亩。

社会发展 村内有茶红小学1所。茶红幼儿园于2022年9月撤并至东桥中心幼儿园。东桥镇中学1所，现有师生800余人，可满足茶红村及周边村庄学龄前和九年

茶红村油菜种植

茶红村筒车大坝

义务教育阶段的就学需求。村内建有1所卫生室,服务范围辐射到东桥、中院、兰台、草市等周边村庄。全村有67户265人享受了失地农民保险,有农村低保59户79人,特困3户4人,城镇低保4户7人。

特色地情 茶红村筒车大坝、金鸡潭、狮形山等旅游景点。

长塘村

村情概况 长塘村地处东桥镇西部,东邻南岸村、江边村,南毗江边村,西与湖南省醴陵市船湾镇荆村村接壤,北与黄泥湖村相接。新中国成立后隶属沿塘乡(公社),1964年隶属东桥公社管辖。1991年冬,原沿村拆为沿塘、长塘、江边、车田4个自然村。2003年撤乡并村后又将沿塘村和长塘村合并成为现有规模的长塘村,村部设在大祠组。下辖27个村民小组:新屋、茶园塘、文昌阁、南新、台上、桥头、杉下冲、王鸭塘、合马园、南冲、栗塘、道士塘、排岭、模冲、新塘、铁罗塘、鸭塘、冲里、樟木塘、印心塘、麻土、车公坪、张家、南田冲、小祠、形家山、大祠。全村共523户2238人。长塘村共有12个姓氏,以邓、张、郭、李姓为主。

自然环境与资源 长塘村地属半丘陵半山地地形,境内地势东高西低,草水河伴村川流而过,穿境河道长约5千米。长塘村绿化率达65%,林地面积约2210亩,占比46%,主要为油茶林、果木、杉树林、松树林和樟树林。

经济概况 长塘村主要种植水稻、油茶、油菜、红薯,养殖土鸡、羊、土猪、牛等。

2022年，水稻种植面积1146.68亩，均已流转至种植大户，种植户3户；油菜种植面积710亩，种植户4户。截至2022年，村"两委"对全村耕地完成土地流转，投资189万元，创办缤纷桃花园，占地面积370亩，种植桃树、梨树、柑橘等；投资65万元，创办邦兵桃花园，种植奈李、水蜜桃等，占地面积165亩；投资150万元，创办花果杉果园种植蓝莓，占地面积350亩，带动村民致富60余人。2022年新引进水稻制种项目，种植面积1100亩，从业人员约32人。黑山羊养殖户4户，年末存栏196头，全年出栏58头。

长塘村工业以闲置劳动力的轻工业为主。成立于2018年的长塘村假发厂，位于长塘村小祠组，注册资金30万元，主营业务为制作假发，现有固定工人42人，年产值280余万元；成立于1998年9月的龙升瓷厂，主营业务为制作瓷球过滤环。

长塘村商贸较为繁荣，每月农历逢四、九都有大型赶集。村内长塘集镇全长600余米，现有商铺15户，其中大型商超2家、小卖部8家，餐饮1家，电器店1家，家具店1家，诊所1家，五金店2家，水电安装2家。2023年村集体经济收入达31.7万元。

基础设施 长塘村村庄道路网基本形成，交通较为便利。东皂公路自北而西穿境而过，经沿塘大桥至黄泥湖境内，东界公路与湖南接壤，入户路已全部硬化。全村有变电器11台，总功率4000千瓦，家庭通电率100%。村民主要生活用水来源于深井水，有3个集中供水点，分别位于小祠、印心塘、排岭；有自来水蓄水池3座，可蓄水200立方米，铺设自来水管道约12千米，基本满足了全村日常生活用水需求。长塘村有园冲水库、善塘、门塘等具有水利灌溉功能的山塘25口，主要采用沟渠引水，可灌溉耕地800余亩。2022年，长塘村成功申报了1个新农村建设点，获批50万元项目资金用于南新组新农村建设改造，有效提升了村容村貌。

长塘村文昌阁牌坊

长塘村讲经阁

社会发展 长塘村建有1所沿塘小学。村内建有一个卫生所,服务范围辐射到长塘、黄泥湖等周边村庄。长塘村有1户2人享受了失地农民保险,农村低保59户72人。村内建有垃圾集中处理中心1个;"厕所革命工程"整治厕所13个,投入1.5万余元。

特色地情 境内有传经第牌坊、印心塘、沿塘大桥、神仙坝、文昌阁等旅游资源和文化遗产。传经第牌坊位于东桥镇长塘村文昌阁组,为清代古建筑。2012年3月,湘东区人民政府公布为第二批区级文物保护单位。

江边村

村情概况 江边村位于东桥镇西部,东邻草市村,西、南与湖南省醴陵市船湾镇荆村村接壤,北与长塘村、南岸村毗邻。1962年隶属于沿塘公社;1966年,沿塘公社撤销划归为东桥人民公社;1968年,长塘、江边、车田、沿塘4个大队合并为沿塘大队;1990年,由沿塘村划分为江边、车田、长塘、沿塘4个村;2003年9月将车田村、江边村合并为现在的江边村。辖区面积5.8平方千米,其中水田面积1400亩、旱地386亩、林地面积6800亩。下辖27个村民小组:官潭、上石、下石、宋家场、潘家府、荷冲、窑坪、新屋、李子塘、学堂坡、碧塘、龙塘、梨树下、大岭上、黄鸭塘、瓷厂、打种坡、瓦子坪、中间、新陂、香铺、办冲、芦塘下、乐耕塘、办塘下、双园塘、方冲。全村共有550户2370人。其中常住人口760余人,流动人口1600余人。江边村共有91个姓氏,以邓姓为主。

自然环境与资源 江边村地处半山区半丘陵地带,地势颇高、变化大,平坦用地少。有千年古樟3棵,森林覆盖率89%,是避暑休闲之胜地。

经济概况 江边村大力发展种养业,农户主要养殖猪、羊、狗、鸡、鱼,境内种植的藤茶基地已有千亩。主要种植水稻、油菜、茶油、红薯、蓝莓、藤茶,养殖香猪、羊、狗、土鸡、鱼等。2022年,江边村水稻种植面积约800亩,种植大户4户。2016年新引进蓝莓种植面积300亩,2021年引进藤茶种植140亩、白莲种植280亩,带动从业人员80余人。截至2022年,境内规模较大的合作社有江蓝种养专业合作社、邓发云家庭种养农场等。原车田工业瓷厂现变更为车田科技填料厂并已落户于区陶瓷工业园。2023年村集体经济收入达20.5万元。

基础设施 江边村内连接湖南省醴陵市的东荆公路乡道贯穿全村,东凫公路与东荆公路的连接线贯穿原车田,均为沥青路面。全村有变电器13台,总功率2600千瓦,家庭通电率为100%。村民主要生活饮用水来源于井水,有2个集中供水点,基本满足了全村日常生活用水需求。有小(2)型水库1座(双园塘水库),另有英雄水库、石塘水库、老石塘水库、山塘水库4座水库。引水渠道3条,累计长1700余米,水利设施良好,确保了全村农业生产要求。

社会发展 2008年重新新建了小学教学楼,因生源不足于2023年下学期撤销教学员。村内建有1所卫生所,服务范围辐射到长塘、南岸等周边村庄。江边村现有农村低保89人,城镇低保9人,特困2人。建有垃圾分类亭10个。

草市村

村情概况 草市村地处东桥镇中部,与东桥村接壤,北依草水河与茶红、南岸两村隔河相望,南面紧靠杨源村,西与江边村为邻。古时是萍乡小西路,是西出湖南、攸县、茶陵等地驿道上的一个重要驿站。东桥西南徙出攸县、醴陵之要地,是清代和民国时期政权机构所驻地,常为兵家必争之地。自明代起,就为萍、醴、攸交界地的一个

草市村钟鼓山丹霞公园入口牌坊

重要贸易集市,是萍西地区最大的米市。新中国成立前属昌源乡第一保,新中国成立后为东桥区草市乡。1958年属东桥公社东方红大队,1972年分开为草市大队,置牛峦段山坡。1984年改为草市村。下辖20个自然村组:芦下、草市、岸上、园背、东桥坡、圳上、寨下、青山庵、野鸡巷、荷叶塘、新茶冲、新屋、新建、长青、长丰、竹坡、钟山、石桥上、瓦屋、茶冲。共有人口1750余人,男性900余人,女性850余人。其中常住人口900余人,流动人口800余人。草市村共有75个姓氏,以邓、王、文为主。

自然环境与资源 草市村地处罗霄山脉的末端,系丘陵地,三面环山,东面是垄墟。全村有12口山塘水库,其中3个面积约10亩,9个面积约2亩。

经济概况 草市村主要种植水稻、油菜、茶油、红薯、藤茶,养殖猪、羊、狗、土鸡、鱼等。2022年,草市村水稻种植面积794亩,种植户30户;油菜种植面积约550亩,种植户约100户。猪养殖户4户,年末存栏200头,全年出栏300头。有养殖户1户,种植藤茶上千亩。草市村境内有2个榨油坊及木材加工厂,均为个体户。木材加工厂成立于2010年,位于草市村常青组,主营业务为木材加工,现有固定工人2人,临时用工2人,年产值约30万元。现有商铺9户,其中批发部3家,小卖部3家,餐饮1家,榨油坊2家。年营业额达到10万元以上有3家。2023年村集体经济收入15.06万元。

基础设施 草市村对外道路包括138县道和166乡道,均为沥青路面;村内道路宽3~5米,主要为沥青路面;生活道路约3千米,兼具生产生活功能的集镇段约3.5千

草市村钟鼓寨

米,为沥青路面。建有桥梁2座,均为小型桥梁。村民主要生活饮用水来源于井水,生活用水来源于自来水。2017年,草市村申报了中心村建设点,获批23万元项目资金用于草市村村史馆的建设,主要记录乡村的历史变迁,留住村民们艰苦奋斗时期的难忘记忆,更让村民们明白历史传承的价值和意义。

社会发展 草市村建有草市小学,草市小学于2018年7月撤并至赤桥镇中心小学,暂未设卫生所。草市村现有农村低保84人,城镇低保4人。"厕所革命"整治厕所约90个,投入金额约11万元。2023年10月已完成居家养老服务中心建设,预计2024年投入使用。

特色地情 境内有钟鼓寨、钟鼓寺、孩儿坐栏、七嫁桥、万寿宫等旅游景点。

钟鼓寨以形名山,钟山最西,如为东桥报晓而立的巨钟,其东为寨形似香炉,钟寨之间是鼓山,三山合为钟鼓寨。

包公庙位于草市村钟鼓山境内,为纪念北宋名臣包拯(包青天)而设立,庵内有观音像、包公像,庵前身是明末所建之五金山寺,后迁草市改为万寿宫,万寿宫再迁钟鼓山,可说是三迁其址,三塑金身。

钟鼓寨烈士陵园位于钟鼓山,是萍乡市爱国主义教育基地,区级文物保护单位。1981年,为纪念牺牲的革命烈士,由原农会主席袁清元同志牵头,将原葬地烈士遗骸回迁到钟鼓山。1984年,又将17位烈士的遗骸重整入烈士墓群,并建设了一座革命烈士纪念碑。

杨源村

村情概况 杨源村地处东桥镇南部,总面积6.1平方千米,村址设在彭家岭。东邻广寒寨乡高仓村,南连边山村,西依江边村和醴陵市船湾镇荆村村,北靠草市村。下辖19个村民小组:杨源冲、方吉场、上李子塘、下李子塘、上正冲、下正冲、杉木冲、玉家碧、地上、大陂、胡广坪、蛤蟆石、贺家冲、瓦冲、铁棚、彭家岭、庙山、新屋、南冲,全村共有1520人。

自然环境与资源 杨源村系半山区半丘陵地形,东北紧连鹅公山脉,西北相邻钟鼓寨。境内有山岭面积1470亩,森林资源较为丰富,以杉、松、竹为主的用材林650亩,油茶等经济林460亩,杂木稀疏林360亩。

经济概况 全村有耕地面积1018亩,其中水田614亩,旱田404亩,以种植水稻为主,兼种蔬菜、瓜果、花生、红薯、豆类等经济作物。2022年,杨源村成立建筑公司,承接镇村塘水库维修、道路养护、简易灌溉、排水、河湖库塘清淤、道路平整和墙面整治粉刷等7大类18项项目及涉农公益性项目。公司积极推行"支部+合作社+企业+脱贫户"的模式,脱贫户以资金、设备等方式入股,筹集公司运行资金35万元,吸纳脱贫户6人入司就业,带动脱贫户人均增收2万余元。村合作社购买收割机、打田机、挖机等大型农械5台,提供水稻收割、打田、播种等农事服务,解决就业岗位30余个,其中脱贫户15人。实现了本村水稻种植的一体化运行,减少了耕种成本,同时承接外村业务,带动村集体增收7万元。2023年村集体经济收入18.92万元。

基础设施 杨源村对外道路包括省道东界公路,均为沥青路面,路况良好;村内道路宽3.5~5.5米,主要为沥青路面,生产道路

杨源村村委会

约8.2千米,生活道路约9.1千米。全村有变电器10台,总功率4000千瓦,家庭通电率100%。村民主要生活用水来源于自来水,有8个集中供水点,分别位于南冲、瓦冲、庙山、合甲冲、胡广坪、地上、铁盆、自来水公司;有自来水蓄水池8座,可蓄水500立方米,铺设自来水管道约12千米,基本满足了全村村民日常生活用水需求。杨源村有南冲水库、青山塘、高塘、上正冲等具有水利灌溉功能的山塘18口,主要采用沟渠引水,可灌溉耕地800余亩。2021年村"两委"陆续申请实施了高塘饮水安全工程、蛤蟆石山塘维修项目和青山塘维修项目,有效保障了村民的生活用水和农业用水安全。2018年以来,杨源村成功申报了5个新农村建设点,分别是庙山自然村、瓦冲自然村、合甲冲自然村、玉家陂自然村、彭家岭自然村。新农村建设改造,有效提升了杨源的村容村貌。

社会发展　杨源村建有村小学1所,2022年9月与东桥镇中心小学合并。村内建有1所卫生所,服务范围辐射到东桥、草市、边山等周边村庄。杨源村有2户7人享受了失地农民保险;农村低保有36户43人,城镇低保有1户1人,分散供养特困有7户9人,集中供养特困有1户1人。村内建有垃圾集中处理中心1个;"厕所革命"整治厕所90个,总投入11万余元。

边山村

村情概况　边山村地处东桥镇南部,东邻广寒寨乡高仓村,南连界头村,西与湖南省醴陵市船湾镇荆村村和攸县皇图岭镇长华村接壤,北接杨源村。1948年属萍乡县昌源乡第七保,1949年属东桥区界头乡边山村,1958年属东桥公社边山管理区,1966年与湾里合并为边山大队,1968年与四新大队合并仍为边山大队,1984年改为边山村。全村总面积10.5平方千米。下辖24个村民小组:上仙庵、石等下、官冲、四新、江边、梨树下、仓下、边山、瓦子坪、枫树坡、前进、推子山、母冲、石祠、西冲、汤家店、时尾冲、长坪、虎形、上山塘、上西冲、蛇形、下屋园、小鱼塘,全村共计546户1875人,男性1003人,女性872人,其中常住人口916人,流动人口959人。边山村共有66个姓氏,以段、邓、颜、陈、王为主。

自然资源与环境　边山村地属半丘陵半山地地形,地势北低南高,平坦用地少,呈现纵向狭长态势。山岭面积8000亩,其中森林覆盖率80%以上,在森林总面积中,国营小坑林场占4800多亩,镇林场1000余亩,村级林场290多亩,其他系村民造林。

村内草水河自南向北穿村而过。全村山塘水库有20个,水域面积80亩,零散分布在全村内,能够满足干旱季节的农田灌溉需求。

经济概况　边山村总耕地面积2000亩,其中水田面积1100亩,旱地面积900亩,主要种植水稻、油茶、油菜,养殖土鸡、猪、羊、鱼等。2021年以来,边山村改造高标准农田1200余亩,水稻制种面积1000亩,水稻种植面积400余亩,通过村级股份经济合作社流转给3户种植大户;冬季全村油菜种植面积1000余亩。全村山羊存栏50头,猪存栏200头、鸡1500只、鱼3万尾。村级境内佳欣景观木业有限公司,注册资金300万元,年产值60余万元,纳税2万元;还有假发、米粉等小作坊,共计解决就业20余人。边山村每月农历逢三、七小型赶集。村内边山集镇全长400余米,现有商铺4户,其中大型商超1家,小卖部3家。2023年村集体经济收入达30.4万元。

基础设施　经过村境内的S308省道4千米,沥青路面宽7.5米,国家全资修建;村组道路12.7千米,硬化路面宽3~4米,国家与村集体筹资修建。全村有变电器3台,总容量800千瓦,家庭通电率100%。村内未接入燃气管道。村民主要生活用水来源于苦竹垅水坝,2022年度完成了"百吨千人"安全饮用水民生工程建设,安装了一体化净水器,可蓄水200吨,铺设自来水主管道约4千米,基本满足了全村村民日常生活用水需求。截至2022年,加固山塘水库6口,修建灌溉水渠达3千余米。边山村共计建设新农村建设点5个:观冲、前进、四新、社祠、母冲。

社会发展　边山村原有1所边山小学,由于生源不足,2022年9月份边山村小学撤销,全村中小学生就读于东桥中心小学、东桥镇中。村内设有卫生所,方便群众就医治疗。全村垃圾处理外包给龙吉顺公司;"厕所革命"整治厕所126个,投入15万余元。

边山翡翠谷风景区

特色地情 颜龙安,江西萍乡人,作物遗传育种专家,中国工程院院士。1962年大学毕业,一直从事水稻育种研究工作,是我国籼型杂交水稻的开拓者和主要发明者之一。60年代从事水稻矮化育种,育出了"萍矮58"等矮秆良种。1972年开始杂交水稻繁殖制种高产技术研究,解决六大技术难题,主编《杂交水稻繁制学》。曾承担国家及省部级项目20余项。获国家发明特等奖、国家级有突出贡献的中青年专家称号、中华农业英才奖、袁隆平农业科技奖等荣誉。是第五、六、七、八、九届全国人大代表,多次被评为全国劳模和省劳模。

边山翡翠谷景区,江西省AAA级乡村旅游点,投资300余万元解决了景区营地的用水用电,新建游步道设施3千余米,完成景区新修水坝的设计及相关基础工程,入口牌坊、景区广场、旅游厕所、露营基地等建设等,目前已累计投入资金2千余万元。随着硬件设施的不断提升,景区人气渐旺,也带动了当地农家乐、民宿的发展。

厚田村

村情概况 厚田村地处东桥镇南部,距东桥镇政府9千米,距离萍乡市区56千米,南面与西面均与湖南省株洲市攸县接壤,东面与北面与腊市镇界头、边山村毗邻,全村辖区面积约9.05平方千米。

厚田村下辖20个自然村组:京背组、河西冲组、大坪组、李子塘组、前进组、黄岭组、庙山组、湖里组、杨源组、塘冲组、烂泥组、老虎组、官塘组、姚家组、安上组、安定组、青山组、邹家组、石陂组、新坪组。全村共有人口618户,男性1125人,女性991人。厚田村共有81个姓氏,以丁、邓、周、王、贺、段、刘、王为主。

自然资源与环境 厚田村属于半丘陵半山地地形,山岭面积约500亩,地势东南略高,西北偏低,地形形似一个椭圆形,边缘多丘陵,中间为平原。村内有一条长5千米的厚田河自北向南穿村而过流入湖南省湘江。厚田村森林植被覆盖率高达88.5%,以常绿阔叶林、常绿针叶林和竹林为主。动植物种类繁多,野生动物有野猪、穿山甲、豪猪、松鼠、野兔、黄鼠狼等10种;野生植物有油茶林、绿阔叶林、针叶林、混交林、竹林、落叶阔叶林等。

经济概况 厚田村以良田居多,土地肥沃,耕地面积1919亩,主要种植水稻、油菜、油茶、红薯,养殖土鸡、羊、猪等。种植大户有5户,2023年制种面积达1500余亩。

厚田村工业以劳动密集型的轻工业为主,辖区内有2家企业,分别是萍乡市湘东

厚田村老虎山

区豪杰竹制品厂、萍乡市湘东区赣兴竹炭有限公司。

厚田村商贸市场每月逢五、十有大型赶集。村内厚田集镇全长600余米，现有商铺7户，其中小卖部6家，主营食品、果蔬、日化等。2023年村集体经济收入达34.57万元。

基础设施 厚田村交通便利，流通渠道较为顺畅，主要道路为乡际道路Y068，为沥青路面，路况良好，道路全长4.25千米，宽5米。其他村级道路4条，位于京背组、塘冲组、湖里组、石陂组，大部分为水泥硬化路面，路况良好。此外，还建设有桥梁3座，均为石拱桥，2022年投资58万元重建湖里桥，全桥长12米，宽6米；江西省洪患村整治项目总投资550万元完成3.8千米河道防洪治理项目。

厚田村有变电器12台，总功率4000千瓦，家庭通电率100%。村内未接入天然气管道，村民主要生活用水来源于山泉水。2009年新建新坪组集中供水点，有自来水蓄水池1座，可蓄水170立方米，铺设自来水管道约5千米，保障了石新、安上片区村民日常生活用水需求。为解决饮水问题，2024年在老虎水库建第2个集中供水点，计划总投资50万元，新建水池，可蓄水75立方米，铺设自来水管约1千米，目前正在施工中，该饮水点完成后可保障京背、杨源片区村民的日常生活用水需求。

厚田村有小(2)型水库1座，该水库建于1960年，2018年重新修缮，可灌溉耕地600余亩。其他大小山塘12口，基本保障了村民的生活用水和农业用水安全。

厚田村回龙庵

厚田村建设自然村点11个,其中自建点为安上自然村点和姚家自然村点,其他均为省建点。

社会发展 厚田村河西小学大概建校于新中国成立后,80年代重建,后来又修建数次。2021年,经区教育局核准,河西小学和界头小学合并。

村委会每年为村民提供代缴医保服务,2022年度农村医保参保率达100%,2018年重建村卫生室1所。

厚田村有101人享受了农村低保,常补每月715元、其他享受低保人员每人每月在365元至560元之间不等。特困户18人,每人每月补助930元。脱贫户6户19人享受政府补助,监测户1户4人。

厚田村人居环境较为良好,村庄道路网良好;村内有路灯350盏,均为太阳能路灯。全面完成"厕所革命"整治334个,投入40万余元。投入30余万元建设垃圾集中存放点和垃圾回收站13个,制定垃圾收集运转及监督等制度,极大改善农村人居环境卫生。

界头村

村情概况 界头村因与湖南省株洲市高枧镇界头村交界而得名,于1976年由香株大队、双江大队、东冲大队组合而成。

界头村辖区面积约18.83平方千米。东临广寒乡江山村,南接株洲市界联村,西与厚田村交界,北与边村山相连。下辖36个组:河冲、蛇形、大冲、界上、界二、台上、坳上、铁炉、大屋、老屋、班竹、半山、芦前、南排、观音、苍下、大江、小江、新江、车堆、尖石、万和、油榨、杏坪、定前、上榨、月形、桥头、纸槽、王家、上店、石冲、庙冲、辽冲、公坪、新屋。全村户籍人口600户2621人,其中男性1385人,女性1236人。常住人口1446人,流动人口1175人。村内共有66个姓氏,以王、周、刘、段、陈、贺、丁、汪为主。

自然资源与环境 界头村地形地貌山多地少,地势东高西低,坡度变化大,平坦用地少,呈现纵向狭长态势。村内有四条小溪自东向西穿村而过流入湘江。村内有国家级碧湖潭生态公园区域自西向东穿过。林地面积1500公顷,以油茶林、竹林、杉树林为主。

经济概况 界头村主要种植水稻、柑橘、紫竹、油茶、油菜和红薯。2022年水稻种植面积1650亩;主要养殖山羊、生猪、土鸡、蜂蜜等,其中黑山羊散养养殖户7户,全年出栏150头,年底存栏130头。生猪养殖户4户,全年出栏200头,年底存栏80头。

2018年,杨源假发帽厂界头分厂开始创业,每年安排50余人上岗就业,劳务创收

界头村

界头村皮影戏

80余万元。2022年,村"两委"成立腾世文化传媒有限公司,主营招牌、广告、策划、园林绿化等项目,为村集体创收40余万元。

界头村商贸较为繁荣,有一集市占地面积5亩,每月逢墟日6天。现有摊位120个、餐饮住宿3家,大型商超4家,小卖部6家,电器店1家,摩托店2家,诊所1家,美容美发店5家,水电安装3家。2023年村集体经济收入达62.3万元。

基础设施　界头村交通便利,道路网络基本形成。有S308道路纵向通过6千米,均为沥青路面,路况很好,村内道路宽3.5~5.5米,共计里程11千米,其中沥青路面3千米,水泥路面8千米;用于生产生活硬化道路12千米,均为水泥硬化道路。还有桥梁10座,小型桥梁6座;村内有变压器13台,总功率1700千瓦,家庭通电率100%。村内未接入天然气管道。村民主要生活用水来源于山泉水,已建储水池14个,储水量1000吨,铺设自来水管道15千米,能基本满足全村村民日常生活安全用水。

界头村具有灌溉功能的山塘6口,堤坝9座,可灌溉耕地2100余亩。近年来村"两委"向上级争资立项,将大塘山塘、台上山塘、小江山塘3口山塘和界上、南排、上榨、王家、石冲、公坪、新屋等7座堤坝维修加固,硬化水圳1万余米,彻底解决了界头村基本农田灌溉问题。

截至2022年,境内已完成公坪自然村、新屋自然村、香株自然村、大江边自然村、观音自然村、车堆自然村、小江自然村、大屋自然村、界上自然村9个自然村建设,共计耗资300余万元,有效提升了界头村的村容村貌。

社会发展　界头村有1所公立幼儿园和1所集中小学,学生小学毕业后前往镇中就读初中,初中毕业后,学生主要前往湘东中学和麻山中学完成高中学业。

村内有1所卫生室。全村医保参保率为100%。

界头村现有享受特困待遇8人,享受低保待遇86人,享受重度残疾补贴23人,享受基本养老保险待遇498人,享受高龄补贴人数52人。

界头村人居环境优美,村庄绿化率100%;村内有太阳能路灯450盏;厕所革命已完成厕所改造75%。

特色地情 贺竹英(1893—1938),女,汉族,出生于界头村芋叶坡,于1934年参加革命。她把家里作为自己成为革命红军接待员和联络员的地点。被捕后,面对敌人的种种威逼利诱,贺竹英没透露一个字,敌人残忍地将贺竹英杀害。

坑背村

村情概况 坑背村在民国时期称坑背保,属鸭路乡公所管理。1958年成立坑背大队,1968年"文化大革命"运动中大搞扩社并队,曲溪大队与坑背大队合并为坑背大队;1971年成立龙台公社,曲溪在坑背大队中拆开重建曲溪大队,属龙台公社管理;2003年7月撤乡并村,曲溪村撤销又重新回到坑背村。

坑背村坐落在东桥镇的西北部,距镇中心11千米,南连鸭路,北接五峰,东与白竺乡沙坪村接壤,西与排上镇的南村和山田村相连。总面积14.8平方千米,其中耕地面积859亩,旱地面积840亩,总山林面积10600亩。

坑背村下辖26个自然村组:上冲、双冲、常青、高峰、高岭、上汤家、下汤家、长丰、大坪、上文、梦松、岩下、五八、董冲、庄家、黄板、高桥、黄土、河背、金狮、下榨、龙虎、龙台、珠形、南冲、北冲。全村共有人口511户1750人,男性910人,女性840人。其中常住人口870人,流动人口880人。村内共有52个姓氏,以赖、黄、陈、邱、庄、廖为主。

自然资源与环境 坑背村属山地地形,且村庄地势坡度变化大,平坦用地少,呈现纵向狭长态势。村内有一条草水河支流自北向南穿村而过。

经济概况 坑背村主要种植水稻、油茶、红薯,养殖土鸡、羊、鸽子、蜜蜂等,其中茶油、土鸡、小龙虾、黑猪、番薯酒家喻户晓。2018年新引进虾稻共养项目,种植面积500亩,从业人员约20人。2022年,坑背村水稻种植面积约700亩、种植大户5户。黑山羊养殖户5户,年末存栏300头,全年出栏200头。

截至2022年,境内规模较大的合作社有坑背种养合作社、刀背岭种养专业合作社、萍乡市展稻生态农业有限公司。

坑背村工业以劳动密集型的轻工业为主。湘东区博恒网帽加工厂,现有固定工人10人,临时用工30余人,年产值40余万元。2023年村集体经济收入为15.39万元。

基础设施 坑背村村庄道路网基本形成,交通较为便利。对外道路主要是南丰公路和Y036乡道,均为沥青路面,路况良好;村内组道路宽3.5米,主要为水泥路面。坑

坑背村刀背岭烈士陵园

背村有变电器6台,总功率4000千瓦,家庭通电率100%。村内未接入燃气管道。村民主要生活用水来源于山泉水,有12个集中供水点,基本满足了全村村民日常生活用水需求。坑背村有汤家冲山塘1口,主要采用沟渠引水,可灌溉耕地400余亩。

社会发展 1990年重新建了坑背小学教学楼。村内建有1所卫生所(室),2022年度农村居民医保参保率达100%。坑背村有88户134人享受了农村低保,10户10人享受了特困,3户6人享受了城镇低保。坑背村人居环境较为良好,村庄道路网基本形成;村内有路灯60盏,均为太阳能路灯;建有垃圾分类亭15个,聘请保洁人员6名。

小坑村

村情概况 小坑村原名清溪村,亦称广溪里,因一泓清溪水从村中流过而得名。小坑村新中国成立前隶属坑背乡公所;新中国成立初期属鸭路乡管辖;1958年归属公社;1962年属鸭路公社;1966年并入东桥公社;1972年设立小坑村,隶属龙台公社(乡)管辖;2003年8月,随着乡、村体制改革,龙台乡撤销,小坑又回归东桥管辖。

小坑村距东桥镇5.5千米,距离萍乡市区30千米,坐落于东桥镇东部,与鸭路村、坑背村以及白竺乡沙坪村,广寒寨乡塘溪村毗邻,辖区面积9.8平方千米。下辖9个自然村组:横档、荷家、二八、谭冲、官冲、大坪、罗汉万、藕塘、龙下,全村共有人口246户771人。其中常住人口180人,流动人口591人。村内共有81个姓氏,以汤姓为主。

自然环境与资源 林地面积约9200亩,主要为油茶林、竹林、杉树林。

经济概况 小坑村主要种植水稻、油茶、油菜、红薯,养殖土鸡、鸭、鹅、羊、蜜蜂等。2022年,小坑村水稻种植面积约240亩、种植户约30户;油菜种植面积约100亩,种植户约20户。黑山羊养殖户6户,年末存栏150头,全年出栏150头。猪养殖户8户,年末存220头,全年出栏400头。截至2022年,境内规模较大的合作社有小坑股份经济合作社、上栗县下坊种植专业合作社。2023年村集体经济收入为15.21万元。

基础设施 小坑村村庄道路网基本形成,交通较为便利。对外道路主要是YS22乡道,均为沥青路面,路况良好;村内道路宽3.5~5.5米,主要为水泥路面,生活道路约5.1千米。此外,还建设有桥梁6座,其中小型桥梁4座、涵洞型桥梁2座。小坑村有变电器3台,总功率4000千瓦,家庭通电率100%。村内未接入燃气管道。村民主要生活用水来源于深井水,有3个集中供水点,分别是谭冲、藕塘、龙下;有自来水蓄水池5座,可蓄水200立方米,铺设自来水管道约9千米,基本满足了全村村民日常生活用水需求。

小坑村有大坪、龙下、罗汉万等具有水利灌溉功能的山塘4口,主要采用沟渠引水,可灌溉耕地400余亩。

小坑村村委会

2022年,小坑村成功申报了1个新农村建设点,获批10万元项目资金用于罗汉万新农村建设改造,有效提升了小坑村的村容村貌。

社会发展　小坑村没有学校,学生都在东桥镇、湘东区、萍乡市三个地方上学。

村内建有1所卫生所,2021年度农村医保参保率达100%。小坑村有31户41人享受了农村低保。

小坑村人居环境较为良好,村庄道路网基本形成;村内有路灯48盏,均为太阳能路灯;建有垃圾集中处理中心1个,"厕所革命"整治厕所45个,投入2万余元。

麻山镇地图

比例尺：1:85 800

麻山镇

麻山镇地处萍乡市西南部,湘东区东部,东连安源区郊区乡、五陂下镇,南接白竺乡,西与东桥镇、腊市镇接壤,北邻湘东镇和安源区青山镇。行政区域面积91.46平方千米,有耕地面积33亩,山林面积59367.5亩。镇政府驻地为麻山镇麻山村。

麻山镇相传自唐朝设立驿站于此,明朝时期,知县李自立在麻山建驿所,置驿楼,故称麻山。麻山镇历史悠久,1949年8月前属四维乡。1950年8月后属麻山区三山、汶泉、横江、桐田、船形、江源、井冲7乡。1956年属麻山区麻山、桐田、汶泉、船形4乡。1957年12月为麻山乡。1958年为萍乡县麻山公社。1960年属萍乡市。1961年属麻山区麻山、船形2公社。1966年为麻山公社。1971年为湘东区麻山公社。1974年从井冲大队分出里善大队,划入安源区郊区公社。1981年江口大队(时称谷陂冲大队)划入湘东镇。1984年3月撤社建乡,为麻山乡,同时诗源村划入湘东镇。1993年5月撤乡设镇,为麻山镇。1997年新塘村分设为新塘、仙峰2村。2003年9月撤乡并村,下横、津源并入景星村,岭背并入三山村,大山并入小桥村,茶溪并入苏坊村,仙峰并入新塘村,高车并入桃源村,农科所与麻山村合并。湘东镇江口村麻田尾组被划入麻山村。

麻山镇地处罗霄山脉北段,属丘陵地区,地势东南西略高,北部偏低。地形为中间多丘陵,中偏北有萍水河冲积平原。主要山峰有天台山、婆婆岩、长鹤岭、鸡冠岩、四百门、仙峰岩。村内海拔最高点婆婆岩位于三山村,高度为524米;

麻山镇镇域中心

海拔最低点上官岭煤矿位于景星村,高度为79米。属亚热带湿润季风气候,其特点是四季分明,光照充足,雨量充沛,气候温和。多年平均气温17.2℃,1月平均气温5.3℃,7月平均气温28.7℃。生长期年平均257天。无霜期270天左右。年平均日照时数1452小时,年平均降水量1603.2毫米,降雨主要集中在每年的4—6月,5月最多。森林覆盖率80.3%。森林主要以杉树、竹子、油茶为主,共有林地97370亩,其中杉林4.5万亩、竹子1.4万亩、油茶林1.1万亩、炭薪灌木林1.9万亩、柑橘及其他果林0.3万亩。村内河道属湘江水系,萍水河在北部东西通过,麻山河从南向北在桐田晒网洲汇入萍水河。有三口塘、芦洞小(1)型水库2座,花背冲、平原、茶冲3座小(2)型水库。大小山塘368口;源涟渠道11.5千米,集灌溉和发电两用。

2023年,村内辖14个村,分别是麻山村、新塘村、小桥村、善洲村、桐田村、景星村、三山村、连山村、横岗村、汶泉村、中平村、桃源村、苏坊村、船形村。有251个村民小组,9916户,35935人。村内人口大多数为汉族。

村内交通便利。贯穿国道319、省道311、省道533、萍麻公路、南部经济干线、萍莲高速公路(村内7千米)、县道麻龙公路、外环路、麻凤公路、新塘大桥、佳沙洲大桥等。

麻山镇共有企业455余家,其中规上企业23家,(有规上工业企业6家,规上服务业2家,规上建筑业2家,限上批零住餐业13家)。2023年实现工业总产值2.7亿元,同比增长24.77%。2023年麻山镇限上批发零售餐饮业共12家企业,总销售额达19189.9万元,同比增长13.5%,分别为江西阔智能源有限公司、萍乡市浩诚船舶工程有限公司、萍乡市勒瓜电子商务有限公司、萍乡市粤客隆商务有限公司、萍乡市景星加油站(普通合伙)、萍乡市七彩生态农业科技有限公司、萍乡市萍实通肴饮食文化有限公司、江西雍福文化传媒有限公司、萍乡市鼎康商贸有限公司、萍乡惠富鲜商贸营业部、萍乡表嫂当厨餐饮服务有限公司、萍乡市科泰能源有限公司。限额以上批发零售企业零售额4555.4万元，同比增长76.99%；限额餐饮业1498.9万元，同比增长68.9%。麻山镇通过发展农业种植业、特色产业、基础设施建设和乡村旅游业等多种措施，2023年全镇12个村集体收入均达到20万元以上，5个村集体收入超过50万元。

麻山镇教育、卫生、科学、体育、精神文明建设等事业发达，有麻山镇中学1所，在校生1007人，专业教师80人。有4所小学，分别为麻山中心小学、桐田小学、三山小学、善洲小学，在校学生总共1570人，专职教师223人。有公办幼儿园2所，在园幼儿416人，专职教师41人；民办幼儿园1所，在园幼儿231人，专职教师16人。在医疗方面，2023年麻山镇新建乡镇中心卫生院1所，有社区卫生服务中心1个（挂靠在乡镇卫生院），村卫生室21所，卫生院有医务人员76人，其中中级职称29人，5名全科医师，29名执业护士，病床95张。

2023年，全镇城乡居民养老保险参保30414人，实现脱贫人口和监测户应保尽保。全镇有低保1187户1663人，发放低保金924.3832万元；特困供养139人，发放五保金224.844万元；残疾人口992人，发放残疾补贴84.36万元；实施临时救助352人，发放救助金70.339万元；80周岁以上的高龄老人867人，发放高龄补助81.101万元。城乡居民养老保险参保人数17365人，领取待遇人数5515人，发放养老金合计约1158.15万元。

2023年，全镇完成财政总收入8859.1万元，同比增长61.3%，规上工业增加值同比增长24.77%，社会消费品零售总额同比增长13.5%，城镇居民人均可支配收入同比增长23.3%。先后获评省级乡村治理示范镇、全市党管武装先进单位、全市文明交通乡镇、全市乡村振兴综合评价先进乡镇、全市农业产业发展先进乡镇等多项市级以上荣誉。

麻山镇国家水稻繁育创新中心

镇内人文古迹甚多。善洲古桥长72米、宽6米,为六拱石拱桥,由桐油石灰筑就的三合土桥栏,1984年被列为萍乡市重点文物保护单位。

童氏宗祠位于汶泉村下办组,由族间元友、元章、玉能、尧临、春生、奇贤于清雍正四年(1726)建造,是童氏先祖留下的宝贵历史文化遗产,也是我市众多宗祠中的一座宏伟建筑。

麻山镇的傩文化古老悠久,其中麻山村、汶泉村傩庙、傩舞、傩面具"三宝"保存较为齐全完整。麻山村建有傩文化展示馆,其傩面具雕刻技艺精湛,注重对人物性格的深层刻画,以刀代笔,综合浮雕、透雕、圆雕、线刻等技法,以五官的变化和装饰来完成人物性格塑造,从而展现人物剽悍之美、凶猛之美、狰狞之美、刚烈之美、英气之美。20世纪90年代以来,麻山傩面具曾多次参加在北京、广州、河北等地举办的展览会,被专家誉为"民族奇葩"。汶泉村的傩神庙历经两次搬迁,五次修缮,有着680多年的历史,2011年被中国民间文艺家协会评为萍乡市第一批重点傩庙。傩舞是先民用以承载对先灵的崇拜和对美好生活的憧憬所创造出的一种集酬神娱人为一体的原始艺术。傩成分为宫廷傩、军傩和乡傩,每年正月里,村民们都要来傩庙祈福。湘东区汶泉傩舞属宫廷傩。宫廷傩舞装束华丽,动作庄重柔美,但不失阳刚之气;军傩则动作更加刚猛,舞傩全程没有唱腔。傩舞表演一般在正月,表演时都佩戴某个角色的面具,"摘下面具是人,戴上面具是神",傩班舞起来气势威武磅礴,气氛神秘而威严。

婆婆岩坐落在麻山镇三山村白云山,海拔534米,离萍乡城仅十多千米。婆婆岩山门牌坊的两边蹲着一对石狮,门坊的上端题有"功全""德备"四个字。

蓝福光(1888—1932),湘东区麻山镇人,革命烈士。1927年参加革命并加入中国共产党,1928年开始从事党的地下工作。1928年11月,井冈山革命根据地为粉碎国民党严密的经济封锁,决定在国统区萍乡县城设立赣西采运处,为红军采购和转运物资,蓝福光被中共湘东特委任命为赣西采运处交通员。他担任物资采运工作以来,机智勇敢,多次化险为夷,出色地完成了党组织交给他的运输任务,有力地支援了井冈山革命根据地的斗争。1932年6月,蓝福光因叛徒出卖不幸被捕,宁死不屈,7月17日被反动派杀害于萍乡大西门,终年44岁。

麻山村

村情概况　相传,麻山村因家家户户种植苎麻而得名。1949年8月前属四维乡第三、六保。1950年8月后属麻山区江源乡。1958年为麻山公社麻山管理区。1959年为麻山公社麻山大队。1962年分为麻山、五联两个大队。1965年五联大队并入。1968年连山、汶泉大队并入。1972年冬连山、汶泉分开仍名麻山大队。1984年3月为麻山乡麻山村。1993年5月属麻山镇。2003年9月麻山镇农科所、湘东镇江口村麻田尾组划入。

麻山村辖区面积6.8平方千米,地处湘东区东南部,距离萍乡市区10千米,交通区位优越。东邻桐田村,南接汶泉村,西与景星村交界,北与江口村接壤;下属20个村民小组:幸福、浪下、塘岸、草坪、新屋、古祠、石前、新洲、船形、人形、山下、上河、王家、煤金、麻田、下金、桥头、街口、金勾、桃源。总共1309户4379人,其中常住人口3800人,流动人口579人。村内共有114个姓氏,以刘、陈、徐、文、肖、李、周、黄、罗、彭、吴姓为主。

自然环境与资源 村地属半丘陵半山地地形,地势东西高,村庄地势坡度变化大,平坦用地少,呈现纵向狭长态势。村内有一条萍水河支流自南向北穿村而过。村内林地面积1650亩,占比16%,主要为油茶林、松树林、杉树林。煤矿资源比较丰富,原村内有煤金煤矿、下金煤矿两座煤矿的开采地。

经济概况 村内主要种植水稻、油菜、草莓、葡萄、安福柚子、柑橘、无花果、西瓜等经济作物,全村村内共建了葡萄基地760亩、草莓基地200亩、花卉苗木基地150亩,果园基地200亩;引进七彩生态农业有限公司、仁圣农业有限公司等大小农业公司10家。村内无规模工业企业。村内商贸较为繁荣,每月四、九大型赶集。麻山村集镇全长900余米,有商铺200余户,其中大型商超3家,年营业额达千万元。七彩生态农业年接待游客3万余人次,年产值逾千万元。2023年村集体经济收入达62.01万元。

基础设施 村内基础设施齐全,萍麻公路、萍凤公路与城南经济干线交织,贯穿全村村内,村内基本实现了全村主要道路平坦、硬化、通畅。村内有沿山水渠、幸福水渠、沿河水渠、堤顶水渠4条水渠,总计10460米。有石前横塘、新洲大塘、桃源横塘、街口横塘、桃源组铁路5口具有水利灌溉功能的水塘,主要采用沟渠引水,覆盖全村耕地1320亩。家庭通电率100%,村民日常做饭烧水使用的能源主要为电能和液化气,少数家庭使用蜂窝煤、木柴。自来水全面普及到户,部分家庭为井水、自来水混用。村内有移动、电信、联通营业厅和邮政物流配送点。粤客隆超市、惠联超市、老地方生活超市配有POS机,村民可刷卡消费。

社会发展 村内建有红太阳幼儿园、麻山镇中心幼儿园和麻山中心小学。小学毕业后,学生主要前往麻山镇中学、湘东中学等学校读初、高中。村文化活动场所占地面积约23500平方米,其中文化健身广场约22000平方米,村委会(含党群服务中心)约1100平方米、新时代文明实践站约300平方米,村史馆100平方米。麻山村新时

麻山村沿河路游步道

代文明实践站采取"一室多区"形式建设,共设立6个集中活动室,包含农家书屋、科学普及、市民宣讲室等10个功能区域。村内建有4所卫生所(室),服务范围辐射到景星、汶泉、连山等周边村庄。村内人居环境较好,有路灯453盏,均为太阳能路灯,垃圾清运为统一承包,完成"厕所革命"整治厕所294个。

特色地情 麻山的傩文化具有它的独特性,有国家级非物质文化遗产传承人——傩面具雕刻大师赖明德,有从唐朝时期流传至今的宫廷傩舞队黄家班,有始建于宋朝时期的汶泉傩神古庙,傩面、傩舞、傩庙三宝俱全。

新塘村

村情概况 新塘村村名,据说因萍水河流域途经村旁,加之各丘陵之间自然形成多处池塘,故名新塘。新塘村原分为新塘和仙峰两村,后新塘和仙峰两村合并成现新塘村。

新塘村位于麻山镇南部,距离镇政府所在地3千米。辖区面积12.6平方千米。东邻城郊略下村,南与桐田村隔河相望,西北方向与黄堂村背山交界。全村11个村民小组:油榨组、虎形组、塘下组、冲口组、路边组、高公祠组、岭脚下组、水口组、塘尾组、藕塘组、拆迁组。共423户1803人,村内姓氏以钟、赖、谢、刘、周、危、凌、梁、曾姓为主。

自然环境与资源 新塘村三面环山,一面朝水,地势北高南低,坡度变化大,平坦用地少,呈现纵向狭长态势。新塘村以丘陵地貌为主,绿化率达70%,主要为竹林、松树林、杉树林和樟树林。村内有萍水河支流自东向西穿村而过。村内煤炭、黄土资源较为丰富。

经济概况　新塘村主要种植水稻、玉柚、景观苗木等,另有多处经济鱼塘,耕地面积1200亩,其中水田620亩。山地面积15525亩。水面面积150亩。养殖以养鸡、猪、山羊为主。2023年引进一家木材加工厂。村内有小卖部3家。2023年村集体经济收入17.49万元。

基础设施　村内S533省道从村口穿境而过,为沥青路面,路况良好;村内道路宽6米,为沥青路面,村头到村尾道路约8.6千米,从村入口蜿蜒而入,从低到高爬山而上,尾端与略下村贯通,其中沥青路面4.8千米,泥沙路3.4千米。新塘村有变电器10台,总功率4000千瓦,家庭通电率100%。新塘村建设有桥梁1座。有葫芦冲、藕塘、岭脚下、虎形、泉冲等具有水利灌溉功能的山塘6口,主要采用沟渠引水,可灌溉耕地620余亩。

社会发展　村内无中小学校。新塘村文化活动场所占地面积约7200平方米,包括村委会(党群服务中心)、新时代文明实践站、文化健身广场、庙宇。村内建有1个卫生所(室),村内人居环境优良,建有垃圾亭5个,道路旁进行了绿化。

特色地情　仙姑寺。位于麻山镇新塘村,据传始建于唐代。1950年寺庙因故被毁,仅剩一块128字的修庙残碑。1984年重建,修成寺舍两间,约40平方米,立有仙姑、观音、石姑、崇山四尊神像。1998年扩建南岳殿,增塑圣帝、金木二将、崇山、李氏五尊神像,重塑仙姑神像。2002年增建僧房,加层五间,至此寺舍定形,占地面积260多平方米,建筑面积约170平方米。

新塘村全貌

新塘村宝善寺

宝善寺。位于麻山镇新塘村黄竹坪，2001年建成新塘南岳寺，2005年规划为宝积寺的下院，命名为宝善寺。征用土地71亩，陆续建成山门殿、天王殿、大雄宝殿、祖师殿、南岳圣帝殿、斋堂、寮房、方丈楼、玉佛殿等20余栋建筑，建筑面积达8000平方米。宝善寺建筑采用明清风格，其中四座大殿和钟楼、鼓楼为歇山式建筑，其他为硬山式和悬山式建筑，整座寺院错落有致，庄严肃穆。

小桥村

村情概况　小桥村曾名"小桥下"。相传在萍水河边街口段大山支流处商贸街有一座古老的石板桥而得名。2003年由原来的大山村、小桥村合并为小桥村。小桥村地处萍乡市西部，距离湘东区12千米，距离萍乡市区5千米，东邻城郊里善，南接萍水河，西与善州交界，北与略下接壤。下辖22个村民小组：大山组、来下组、万仔组、船形组、狮形组、蛇形组、横杂组、虎形组、炭什组、月形组、小桥组、仓下组、老屋组、新屋组、佳沙组、双车组、棉花组、姜冲组、思源组、杨佳组、街口组、阳家组。其中常住人口2426

人,流动人口1225人。全村有81个姓氏,以陈、李、刘、邓、危、欧阳、兰、杨、糜为主。

自然环境与资源 小桥村地属半丘陵半山地地形,地势北高南低,另外村庄地势坡度变化大,平坦用地少,呈现纵向狭长态势。村内有萍水河支流自北向南穿村而过。小桥村绿化率达70%,林地面积为4600亩,占比29.11%,主要为竹林、松树林、杉杂林和樟树林。村内石灰石、煤矿产较为丰富。

经济概况 小桥村主要种植水稻、蔬菜等,养殖鸡、鸭、鹅、猪、羊、牛等。2022年,小桥村水稻种植面积666.1亩,种植户约610户,2023年新引进发展双季水稻制种项目,种植面积200亩。黑山羊养殖户2户,年末存栏140头,全年出栏100头。村内规模较大的合作社有湘东区麻山镇豪胜专业养殖合作社、湘东区麻山镇牧仲黑山羊养殖合作社。小桥村工业以劳动密集型的轻工业为主。2004年创办的小桥村城南机械厂,位于小桥街,注册资金1350万元,主营业务为机械加工,为国内外多家服装品牌提供服饰代加工服务,年产值100余万元。2013年创办的银乔包装厂,主营业务为加工打包,维护设备等,位于小桥街,注册资金1350万元,年产值100余万元。2003年创办的小桥村钢模厂,主营业务是用于混凝土浇筑成型的钢制模板等设备,位于小桥街,注册资金300万元,年产值100余万元。2017年创办的江西省三汇科技有限公司,主营业务为有机肥料加工等,位于小桥村大山蛇形组,注册资金2000万元,年产值200余万元。小桥村商贸较为繁荣,每月逢三、八大型赶集,村内小枧集镇全长200余米,有商铺12余户。村中有大型商超3家,小卖部15家,干货店6家,餐饮4家,电器店2家,移动电信1家,诊所3家,美发店5家,五金店1家,水电安装2家,汽车修理2家,建材店5家,石材店3家。年营业额30万元以上商家3家,年营业额10万元以上商家5家。2023年村集体经济收入53万元。

基础设施 小桥村村庄道路网基本形成,交通较为便利。对外道路包括萍麻公路和X533,均为沥青路面,路况良好;村内道路宽3.5~6米,主要为沥青路面,生产道路约4.8千米,生活道路约9千米,为沥青路面。小桥村有变电

小桥村村委会

小桥村陈家湾湿地公园

器8台,总功率4000千瓦,家庭通电率100%。小桥村建设有桥梁3座,其中小型桥梁2座;有大山、来下、班冲、炭什、虎形、横杂、月形等具有水利灌溉功能的山塘10口,主要采用沟渠引水,可灌溉耕地200余亩。

社会发展 小桥村建有小桥小学1所。小桥村文化活动场所占地面积包括村委会(含党群服务中心)约1200平方米、新时代文明实践站约300平方米、文化健身广场约1500平方米、庙宇约3050平方米。村内建有3所卫生所(室),服务范围辐射到善洲、里善、新塘等周边村庄。小桥村人居环境较为良好,村庄道路网基本形成;村内有路灯362盏,均为太阳能路灯;建有垃圾集中投放点22个,由环卫垃圾车每日运送到垃圾处理中心进行处置;完成"厕所革命"整治厕所140个。

善洲村

村情概况 1964年,桐田公社时为善洲管理区、樟木湾管理区。1968年桐田公社转为麻山公社,当时将善洲管理区、樟木湾管理区合并为一个大队,命名为樟洲大队;后更名为善洲大队,内分善洲片、樟木湾片。1969年因扩社并队,善洲大队、小桥大队、泰山大队合并为小桥大队。1971年,因建乡工作,公社转为乡,大队转为村,同时又恢复为善洲村、小桥村、泰山村。至此"善洲村"村名一直沿用到现在。善洲村地处萍西郊外,距萍城5千米,萍水河、萍莲高速、湿地公园贯穿本村。善洲村辖15个村民

善洲村

小组：返回下组、刘新昌组、叶家塘组（三组、十五组）、老屋场组、郭家坪组、花鼓坪组、塘冲组、欧家祠组、陈家湾组、祠堂组、马井组（十一组、十四组）、小河背组、黄竹组。共有556户2485人，其中男性1240人，女性1245人，村内姓氏以陈、欧阳、罗、李、胡、刘为主。

自然环境与资源 善洲村依山傍水，地势相对平坦，风景优美，水土肥沃，水稻作物产量高。萍水河、萍莲高速贯穿而过，东西方向小河流沿村级主干道贯穿全村，满足水田灌溉需求。

经济概况 善洲村森林覆盖面积70%；耕地面积1000余亩，主要种植水稻、油菜，红薯、西瓜、香瓜等经济作物，养殖家禽、黑山羊、牛、蜜蜂等。村内有企业及个体户60户，其中意洁包装厂、佳福卫生纸厂、幸福水箱炉具厂生产效益较好。善洲村S533沿线各商户中，炎集昌味道在家老鸭汤远近闻名，每天从各地慕名而来品尝美食的游客络绎不绝，有效地带动了善洲村的经济向上、向好。2023年村集体经济收入达48.3万元。

基础设施 善洲村交通便利，S533省道穿村而过，是由市区通往湘东区、腊市镇、白竺乡及麻山镇其他村的必经之路。村级主干道于2021年完成了拓宽及白改黑，主干道全长3.5千米，宽度为6米以上，并在沿岸处加设防护栏。保障村民安全出行。

社会发展 善洲村内有小学1所，2023年有教职工14人，有学生163人。善洲村文化活动场所占地面积约2500平方米，包括村委会办公楼、新时代文明实践站、2个党员活动室，文化健身广场约1500平方米，已建成5个新农村点。善洲村有卫生室1所。善洲村依山傍水，更有萍水印象湿地公园，人居环境好，村庄道路实现了户户通；村内有路灯200余盏；建有公墓山1座，垃圾集中处理中心1个；全面完成"厕所革命"，旱厕全部改为水冲式卫生厕所。

特色地情 善洲古桥。位于麻山镇善洲村与桐田交界处，是一座修建于清代的石拱桥，现已被萍乡市人民政府列为市级重点保护文物。2018年，善洲村对古桥遗址进行了修葺。

桐田村

村情概况 桐田村曾名桐田市,相传村内长有很多很大的桐子树而得名。1961年改为桐田公社,分为桐岗、桐田、福来三个大队;1965年三个大队合并为桐田大队。桐田村地处萍乡市城西南部,萍麻线、319挂线、S533线贯穿全境,地理位置优越,交通便利,环境优美。桐田村下辖17个自然村组:苗塘组、桂花组、山下组、虎形组、荷叶塘组、桐干组、沙龙组、鸭塘组、黄竹组、潭前组、桐田组、福来组、罗棚组、煤金组、鸭形组、晒网组、农民街。全村共有人口1315户4803人,男性2445人,女性2358人。村内共有61个姓氏,其中以易、王、徐为主。

自然环境与资源 桐田村地属半丘陵半山地地形,地势北高西低,基本属平坦地区。村内有萍水河支流自北向西穿村而过。桐田村靠近上游锅底潭水库,水源充足建有麻山水厂,供萍乡区域内30%人口和小西路的饮用水。村内有萍水河支流自北向西穿村而过。村内细沙、黄土、石灰石等较为丰富。

经济概况 桐田村主要种植水稻、油菜和大棚蔬菜。桐田村田少人多,人口密集,有轻工业厂12个,主营业务为鞋业、食品,有工人上千人,为国家创收200多万元。桐田村商贸较为繁荣,每月逢一、六大型赶集,农民街两边有1千米长,商铺有100多家,其中大型超市5家。2023年村集体经济收入达57.56万元。

基础设施 桐田村交通便利,有G319、萍麻S311经过本村,均为沥青路面,村内主要道路为水泥路面。桐田村新建110千伏占地10多亩的变电站,有变电器将近30台。部分燃气管道已接通,村民全部用麻山水厂饮用水。

社会发展 桐田村建有麻山镇公办幼儿园、桐田小学、麻山镇中和麻山中学。桐田村文化活动场所占地面积约2500平方米,包括村委会(党群服务中心)、新时代文

桐田村村委会(邓婷 摄)

明实践站、文化健身广场等。村内建有1所卫生所(室)。桐田村人居环境较为良好,村庄道路网基本形成;村内有路灯360盏;完成"厕所革命"整治厕所244个。

景星村

村情概况 先人以汉王充《论衡·是应》"古质不能推步五星,不知岁星、太白何如状,见大星则谓景星矣"取名。景星村东靠麻山镇政府,西靠腊市镇,南邻横岗村,北至湘东镇,辖区面积9.6平方千米。下辖有24个村民小组:铁罗冲、田垅、荷叶塘、竹山下、山西坪、花鼓坪、新屋场、三口塘、桐木、井江、乌石、新源、炉前、三一安、新民、姚家坡、石头坡、新屋、沙围、上山、下山、上井、下井、移民。全村1210户5210余人,其中男性2900余人,女性2300余人。村内共有96个姓氏,其中以凌、吴、王、易、曾、肖、李、张、文、陈姓为主。

自然环境与资源 景星村地属半丘陵半山地地形,地势北低南高,山地丘陵为主,南部地势更高。村内林地面积4895亩,森林覆盖率90%。杉、松、杂用材林3395亩,竹林1000亩。村内煤炭、石灰石等矿产较为丰富。

经济概况 景星村主要种植水稻、油茶、油菜、红薯,养殖土鸡、羊、鸽子、蜜蜂等。2022年,景星村水稻种植面积1938.9亩,种植大户1户;油菜种植面积约1200亩,种植大户1户。2022年新引进水稻制种项目,种植面积1530亩,从业人员35人。养殖户10户,年末存栏1350头,全年出栏1950头。景星村工业以轻工业为主。大金坡煤矿成立于1972年,位于景星村姚家坡组,注册资金10万元,主营业务为煤矿采掘、加工、销售、存储,煤化工产品的生产销售,有固定工人66人,年产值280余万元。景星

景星村村委会

景星村三口塘水库

村砖厂成立于2001年，位于景星村姚家坡组，注册资金1000万元，主营业务为生产砖、销售砖，有固定工人50人，年产值500余万元。景星村有商铺60余户，其中餐饮店9家、诊所1家、水电安装5家、汽车修理3家、建材店3家、石材店4家、家具店3家、摩托店车2家、美容美发店2家、加油站1个、液化气站1个。年营业额达10万元以上商家4家。2023年村集体经济收入27.132万元。

基础设施 景星村距萍城区仅20分钟车程，村庄道路网基本形成，交通较为便利。省道S311、S314穿村而过，紧挨S533省道，均为沥青路面，路况良好；村内道路宽3.5~5.5米，主要为水泥路面，生产道路约10.5千米，生活道路约13千米，兼具生产生活功能的集镇段约1千米，为沥青路面。景星村有变电器16台，总功率4000千瓦，家庭通电率100%。村民主要生活用水来源于自来水和深井水，有2个集中供水点，分别位于津源片、铁罗冲组。景星村有竹鸡塘、甘冲塘等具有水利灌溉功能的山塘28口，主要采用沟渠引水，可灌溉耕地1350余亩。

社会发展 村无中小学校。村内建有1所卫生所(室)，2022年度农村医保参保率达100%。

景星村有84户417人享受了失地农民保险；有146户192人享受了农村低保，分散供养12户13人。景星村人居环境较为良好，村庄道路网基本形成；村内有路灯170

盏,均为太阳能路灯;完成"厕所革命"整治厕所297个。

特色地情 三口塘。1975年,为确保农业生产的丰收和发展渔业,麻山公社在津源大队与腊市公社庙岭大队交界处兴修水库——三口塘水库。水库自建成以来,既保证了下横大队部分粮食的灌溉,更保证了津源大队近3000亩粮田的丰收。2004年,继而开始了水库环山的林果业,其以种植杨梅为主,陆续发展林果。至今,已初步形成了农业生产的水库、渔业垂钓、林果采摘、景点游玩、文旅教育基地。

三山村

村情概况 三山村因村内有天台山、白云山、乌云山三座山而得名。三山村位于麻山镇东南部,与萍乡市安源区五陂镇、湘东区白竺乡交界,全村总面积8.8平方千米;共932户3442人,原来33个村民小组,在区委组织部推行115合并成7个村民小组,其中常住人口2260人,流动人口1182人。村内姓氏以胡、刘、李、彭姓为主。

自然环境与资源 三山村地属半丘陵半山地地形,地势北低南高,山地丘陵为主,南部地势更高。三山村绿化率达70%,山地面积10266亩,森林覆盖率90%。其中,生态公益林1686亩,杉、松、杂用材林4794亩,经济林160亩,竹林2600亩,是生态村。村内石灰石矿产较为丰富。

三山村婆婆庵
(胡德婷 摄)

经济概况 三山村主要种植水稻、油茶、油菜、红薯,养殖土鸡、羊、鸽子、蜜蜂等。2022年,三山村水稻种植面积约800亩,种植户约130户;油菜种植面积约200亩,种植户约90户。2022年新引进水稻制种项目,种植面积500亩,从业人员约15人。养殖户12户,年末存栏180头,全年出栏150头。三山村工业以轻工业为主。中辉化工填料成立于2019年,位于三山村坪源组,注册资金60万元,主营业务为防水材料加工,为国内外多家防水材料提供防水材料代加工服务,年产值400余万元;洪鑫包装工厂,成立于2015年9月,主营业务为纸盒包装加工。村内有商铺20余户,其中大型商超1家,小卖部11家,餐饮7家,诊所2家,水电安装2家。年营业额达10万元以上商家4家。大型商超为三山村众鑫超市,成立于2016年,位于三山村马路组,注册资金20万元,主营食品、果蔬、日化,年营业额达20万余元。2023年村集体经济收入57.13852万元。

基础设施 三山村距萍乡城区仅15分钟车程,村庄道路网基本形成,交通较为便利。319国道穿村而过,均为沥青路面,路况良好;村内道路宽3.5~5.5米,主要为水泥路面;生产道路约8.2千米,生活道路约9.1千米,兼具生产生活功能的集镇段约1.8千米,均为沥青路面。三山村有变电器30台,总功率4000千瓦,家庭通电率100%。村民主要生活用水来源于自来水和深井水,有2个集中供水点,分别位于芭蕉台、坪源。三山村有坪源水库、石家冲、大塘里等具有水利灌溉功能的山塘7口,主要采用沟渠引水,可灌溉耕地600余亩。

社会发展 三山村建有三山小学1所。村内建有2所卫生所(室),2022年度农村医保缴纳率达100%。三山村人居环境较为良好,村庄道路网基本形成;村内有路灯210盏,均为太阳能路灯;建有垃圾集中处理中心1个;完成"厕所革命"整治厕所65个。

特色地情 婆婆庵。相传建于晋永嘉年间,面积达1000多平方米,供奉的是吕氏娘娘,每年农历九月十三日为祭祀香期,香期均有小型庙会活动。

连山村

村情概况 连山村以境内连山下得名。位于麻山镇西南部,紧靠麻山镇政府中心位置,连接萍麻公路,为麻龙公路主要干道,道路四通八达,出行便利。连山村下辖15个自然村组:大水塘、连山下、小江边、老虎舍、田塅、天地坑、盆形、凤凰山、石龙口、

连山村村委会

连山村居家养老服务中心

老屋、新屋、石排下、塘冲、象岭、墙背岭。全村有725户3137人,男性1607人,女性1530人。共有16个姓氏,其中以罗、赖、彭、刘居多。

自然环境与资源 连山村地属半丘陵半山地地形,地势北低南高,另外村庄地势坡度变化大,平坦用地少,呈现纵向狭长态势。村内有苏坊河自西向东穿村而过。连山村有耕地面积1600余亩,山地面积600余亩,山林面积6000余亩。水资源丰富,灌溉充足。以种植水稻为主,兼产蔬菜、水果等农产品。

经济概况 村内规模较大的合作社:信萍红莲合作社,专业种植红莲;盆形种养专业合作社,种植桃林、柚子600余亩。设有1个生态农场,程达生态农业家庭农场,专业种植各种生态蔬菜。2023年村集体经济收入达33.15万元。

基础设施 连山村村庄道路网基本形成,交通较为便利。对外道路麻龙公路,均为沥青路面,路况良好;村内道路宽3.5～5.5米,主要为沥青路面;生产道路约8.2千米,生活道路约9.1千米,兼具生产生活功能的集镇段约1.8千米,均为沥青路面。村内具有水利灌溉功能的山塘6口,主要采用沟渠引水,可灌溉耕地1000余亩。

社会发展 村内设有占地面积达1万余平方米的连山小学、连山幼儿园,师资力量齐全。连山村文化活动场所占地面积2000余平方米,包括村委会(含党群服务中心)、新时代文明实践站、文化健身广场等。设有居家养老中心。村内建有3所卫生所(室)。

横岗村

村情概况 横岗村,明清时期属萍乡县观化乡,新中国成立前夕属萍乡县四维乡第三保;解放初期为湘东区横江乡,土地改革时期为麻山区横江乡,1958年改为横江管理区,1959年为横江大队,1982年更名为横岗大队,1984年3月改为麻山乡横岗村,1993年7月改为麻山镇横岗村。横岗村位于麻山镇西南部,距萍乡市区17.5千米。辖区面积3.8平方千米。共有20个村民小组:吉星、元珠、新屋、荷花、芦洞、樟树、池下、凉亭、后屋、大路、燕子、桐背、老祠、三公祠、石井、汤家园、下横江、鲤鱼形、珠木桥、下山,621户2700余人,其中男性1700余人、女性1000余人,村内姓氏以文、陈、周、彭等为主。

自然环境与资源 横岗村地属半丘陵半山地地形,地势北高南低,山地丘陵为主,北部地

横岗村村委会(王云舒 摄)

横岗村(王云舒 摄)

势更高。村内矿产资源有石灰石、花岗岩、铅锌矿等。村内有芦洞水库,总库容101立方米;花背冲水库,总库容49.09立方米。村内横岗河全长4.5千米,塘溪渠共25个。

经济概况 横岗村主要种植水稻、油茶、油菜、红薯,养殖龙虾、鱼、鸡、牛、羊、鸽子、蜜蜂等。2022年,横岗村水稻种植面积1497亩,种植户47户;油菜种植面积约800亩,种植户23户。引进水稻制种项目,种植面积1120亩。养殖户28户,年末生猪存栏1227头,全年出栏926头。横岗村工业以轻工业为主。2020年3月创办的美佳皮革加工厂,主营业务为皮具加工和销售,长期雇用村民20多人。横岗村有商铺7户,其中大型商超2家,小卖部3家,诊所2家。年营业额达10万元以上商家2家。大型商超有成立于1999年的横岗先波超市和成立于2008年的横岗村百货店,这两家主营副食品、日化等,年营业额均达20万余元。2023年村集体经济收入达74.94万元。

基础设施 横岗村村庄道路网基本形成,交通较为便利,距萍城区仅30分钟车程;景江路道贯穿村内主要通道,均为沥青路面,路况良好;村内道路宽3.5~5.5米,主要为水泥路面。横岗村有变电器20台,总功率3000千瓦,家庭通电率100%。村民主要生活用水来源于山泉水和深井水,有2个集中供水点,分别位于芦洞和花背冲。横岗村有芦洞水库、花背冲水库、鲤鱼形山塘、石井水库等具有水利灌溉功能的山塘20余口,主要采用沟渠引水,可灌溉耕地1400余亩。

社会发展 横岗村文化活动场所占地面积包括村委会(含党群服务中心)345平方米、新时代文明实践站345平方米、文廷式文化广场约120平方米。村内建有2所卫生所(室),接诊率较高,服务范围辐射全村村民。横岗村人居环境较为良好,村庄道路网基本形成;村内有路灯93盏,均为太阳能路灯;聘请保洁人员3名;"厕所革命"整治厕所155个。

特色地情 双眼古井。位于燕子窝中心处,相距不到3米,因貌似燕子的两只眼睛而得名。其井壁圆形,由青砖砌筑,相传为文氏祖先迁居至此后开挖而得。该井历经千年泉水不竭,至今每年初夏雨水丰盛之时,井水都会溢出来。

汶泉村

村情概况 汶泉村,1949年9月前属四维乡第七保,1949年10月后为麻山区汶泉乡,1958年属麻山公社汶泉管理区,1959年为汶泉大队,1984年3月为麻山乡汶泉村,1993年5月属麻山镇。汶泉村位于湘东区东南部,麻山中部,距萍城13千米,位置优越,南部经济干线贯穿其中,北靠幸福村、南邻桃源村,麻山河从境北流过。汶泉村有面积6.22平方千米,共有508户2102人,16个自然小组:麦园组、新坪组、孙山组、黄家组、谭家组、汶泉组、坳上组、南坪组、新塘组、斜塘组、江家组、新民组、高灯组、上办组、下办组、大西组。

自然环境与资源 汶泉村地属丘陵地形,地势北低南高,另外村庄地势坡度变化小,平坦用地较多。村内有一条萍水河支流自东向西穿村而过。

经济概况 2012年吸引了省龙头企业天涯种业公司和国内知名画家刘新国老师入驻汶泉村。投资了2200多万元种植200多亩水果,包括冬枣、桃子等经济作物。村内涌现出许多种养合作社,有桑葚采摘基地和乐悠悠枇杷采摘园等。2023年村集体经济收入达22.19万元。

基础设施 汶泉村对外道路主要是S314,均为沥青路面,路况良好;村内道路宽3.5～6米,主要为沥青路面。此外,还建设有桥梁2座,其中小型桥梁1座。目前汶泉村村庄道路网基本形成,交通较为便利。有大西、南坪、松山、斜塘、新塘、坳上、麦园等具有水利灌溉功能的山塘12口,主要采用沟渠引水,可灌溉耕地800余亩。

社会发展 汶泉村建有集幼儿园和小学于一体的汶泉小学,小学毕业后,学生主要前往麻山镇镇中、麻山中学读初中和高中。汶泉村文化活动场所占地面积包括村委会(含党群服务中心)约200平方米、新时代文明实践站约50平方米、文化健身广场约1000平方米、庙宇约1500平方米。村内建有1个卫生所(室)。

特色地情 傩舞队。傩舞是最古老的一种祭神跳鬼、驱瘟避疫、表示安庆的传统娱神舞蹈。萍乡俗称"耍傩神""耍傩案""蹍傩神""仰傩神"(仰,方言为跳舞之意),舞

汶泉村傩神古庙（湘东区文广旅局供图）

蹈的特点大体可分三类：一是以古朴庄重、典雅文静为特色；二是以激烈奔放、对峙而舞为特色。

傩神古庙。位于汶泉村黄家组，占地面积千余平方米。傩文化始于唐朝，根据历史记载，在1368年由黄家组祖先黄细公，字文励，在明朝初年携带傩神落户汶泉村内，那时正值明朝初年，庙里石柱上刻有萍乡第一个武进士童星魁留下的对联，"问下跪何人，自摸心头再来拜我，伤天害理，横行霸道，任你烧香也无益，劝君莫为歹，宝剑之下不肯容你，孝道和睦，宽容从善，见我不拜又何妨"。

童氏宗祠（恢先堂）。始建于清雍正四年（1726），童氏宗祠前，两根高大四方的石柱牢牢地撑起了恢先堂的前檐，中间两扇斑驳的古门上镶着一个铁环。门上对联写着：迢递雁门家声道骏，馨香萍水世泽延鸿。童氏家族最有名的是清道光年间的武进士童星魁。

中坪村

村情概况 中坪村地处麻山镇西南，东连五峰林场，西邻横江村，总面积3.8平方千米，其中耕地面积935亩，山林面积7000亩，森林覆盖率达58.3%。中坪村下辖14

个村民小组：仙人组、石陂组、茶冲组、张家组、门架组、永吉组、大坪组、新屋组、辽里组、石背组、塘沙组、土田组、天符组、下埠组。全村共有446户1654人，男性882人，女性772人。其中常住人口996人，流动人口658人。村内共有70个姓氏，其中以文姓为主。

自然环境与资源 中坪村靠近五峰山风景名胜区，绿化率达80%。林地面积为7300亩，主要为油茶林、天然林、竹林。村内石灰石、煤炭矿产较为丰富。

经济概况 中坪村主要种植水稻、油茶、油菜、红薯，养殖土鸡、羊、猪、蜜蜂等。2022年，中坪村水稻种植面积约980亩，种植户约430户；油菜种植面积约400亩，种植户约300户。村级成立合作社购买农业机械5台，投资30余万元。黑山羊养殖户12户，年末存栏180头，全年出栏150头。土猪养殖户13户，年出栏3000头。2023年村集体经济收入32万元。

中坪村村委会

基础设施 中坪村对外道路均为沥青路面，路况良好；村内道路宽5～5.5米，主要为沥青路面，生产道路约6.5千米，生活道路约4千米。此外，还建设有桥梁6座，其中小型桥梁5座、涵洞

中坪村包公庙

型桥梁1座。中坪村有变电器8台,总功率1200千瓦,家庭通电率100%。村民主要生活用水来源于自来水,有4个集中供水点;有自来水蓄水池6座,可蓄水600立方米,铺设自来水管道约32千米。中坪村有茶冲水库、述岭坳等具有水利灌溉功能的山塘7口,主要采用沟渠引水,可灌溉耕地900余亩。

社会发展　中坪村建有萍兴小学,2022年撤并。村内有路灯230盏,为太阳能路灯和电灯;建有垃圾转运中心1个;"厕所革命"整治厕所210个。村内建有1个卫生所。

桃源村

村情概况　桃源村是省"十三五"脱贫村,地处湘东区麻山镇南部,距麻山镇政府6.5千米,距离湘东区19.7千米,距离萍乡市区16.5千米,东与白竺乡交界,南接汶泉村,西接桐田村,北与三山村接壤。桃源村下辖22个自然村组:上西坑、桥头、冲口、刘歧山、南竹、三星、三口塘、大塘、桃源冲、烟洲、大园、茶园、灯背、文家、石壁垅、胡家湾、九岗冲、山尖峰、台上、对老上、郭家冲、八家社。全村共有805户2926人,男性1575人,女性1351人。其中常住人口1452人,流动人口1474人。村内共有81个姓

桃源村农耕文化体验园

氏,其中以陈、何、胡、江、刘、文、吴、张为主。

自然环境与资源 桃源村村内水资源丰富,有林地面积2万多亩,森林覆盖率达到80%以上,村内有建档挂牌古树木2棵,分别是荷树和枫树,林地以毛竹、杉树为主,以及村民大面积种植的油茶树为主。村内石灰石矿产资源较为丰富。桃源村主要种植水稻、油茶、油菜、红薯,养殖土鸡、羊、猪、蜜蜂等,其中盛产茶油、番薯酒。2022年,桃源村水稻种植面积约450亩,种植户230户;油菜种植面积约200亩,种植户150户。2022年种植了罗汉果15亩。

经济概况 桃源村工业以劳动密集型的轻工业为主。成立于2020年的亿米高玩具厂,位于桃源村八家社组帮扶车间,注册资金50万元,年产值50余万元;成立于2012年的荣丽玩具加工厂,主营业务为玩具加工,年产值90余万元。2023年村集体经济收入为21.1万元。

基础设施 桃源村村庄道路网基本形成,交通较为便利。村内主道路宽7米,主要为沥青路面,约2.8千米,村组道路宽4~5.5米。此外,还建设有桥梁6座,其中小型桥梁2座。桃源村有变电器17台,总功率3740千瓦,家庭通电率100%。桃源村有郭家冲山塘水库1口,主要采用沟渠引水,可灌溉耕地200余亩。

社会发展 桃源村建有桃源村幼儿园和桃源小学于一体的学校。桃源村文化活动场所占地面积包括村委会(含党群服务中心)约720平方米、新时代文明实践站约240平方米、文化健身广场约300平方米。村内建有1所卫生所(室)。桃源村人居环境较为良好,村内有路灯270盏,均为太阳能路灯;完成"厕所革命"整治厕所91个。

苏坊村

村情概况 苏坊,原名苏家坊,相传明代中后期,一苏姓榨油手艺人搬迁此地而得名。

苏坊村位于麻山镇麻龙(麻山—龙台)公路边,距麻山镇政府4.8千米。北接连山村,东至桃源村,南至船形村,西至中坪村,县道X126从村中心穿过,连接着连山村和船形村。苏坊村下辖7个自然村组:南坪、边山、石井、苏坊、罗下棚、排上、茶源。全村共有户籍246户958人,男性536人,女性422人。其中常住人口412人,流动人口546人。村内共有67个姓氏,其中以刘、陈、王、童为主。

自然环境与资源 苏坊村地属半丘陵半山地地形,地势北低南高,另外村庄地势坡度变化大，平坦用地少，呈现纵向狭长态势。村内有一条支流自南向北流向麻山镇的萍水河。

苏坊村森林覆盖率达85%，主要为油茶林、竹林、自然林、松树林、杉树林、樟树林和果木林。苏坊村地域面积8.2平方千米，其中耕地621亩、山林8000亩、水面面积100亩。苏坊村主要种植水稻、油茶、油菜，养殖土鸡、土鸭、鱼、猪、羊、蜜蜂等。2023年引进水稻制种项目，种植面积110亩。

经济概况 2023年，村内设有国青安萍种养专业合作社、苏坊村股份经济合作社，一个竹制品加工厂。2023年集体经济收入为66.6万元。

基础设施 苏坊村村庄道路网基本形成，交通较为便利。对外道路包括麻龙公路、绕村公路均为沥青路面，路况良好；村内道路宽3.5~6米，主要为沥青路面，生产道路约4.2千米，生活道路约4.5千米，兼具生产生活功能的集镇段约1.1千米，为沥青路面。苏坊村有变电器6台，总功率3000千瓦，家庭通电率100%。村民主要生活用水来源于山泉水，有7个集中蓄水池，分别位于南坪组、边山石井组、周源组，基本满足了全村村民日常生活用水需求。南坪组有一口龙泉，常年水源不断，不供本村及周边村庄日常用水。苏坊村有塘尾里、佛里坳、茶源、周源等具有水利灌溉功能的山塘6口，主要采用沟渠引水，可灌溉耕地400余亩。

社会发展 苏坊村因人口较少，地理位置偏僻，无中小学。苏坊村文化活动场所占地面积约4060平方米，包括村委会（含党群服务中心、新时代文明实践站）约360平方米，新时代文明实践站约300平方米，文化健身广场约1100平方米，村史馆约300平方米，烈士墓约2000平方米。村内建有1所卫生室，配有专业村医。

特色地情 革命烈士墓。苏坊为井冈山支援中草药和后勤物资贡献力量，有许

苏坊村（邬丽媛 摄）

苏坊村革命烈士墓(邬丽媛 摄)

多红军战士和革命者帮助井冈山革命根据地运送药材、食盐等紧缺物资通过苏坊时被陈明轩的部队杀害。当时这些被杀害的红军和革命者被安葬于各个山头、山坡。为纪念和缅怀在苏坊牺牲的革命先烈,2014年,苏坊村将参加中国共产党创建和大革命时期、土地革命时期、抗日战争时期、建设和改革时期牺牲后分散各处的53位革命烈士遗骨迁移合葬于此,修建了纪念碑,后被列为区爱国主义教育基地。

苏坊村境内有福主祠、包公庙、龙王庙等。

船形村

村情概况 村内有一山丘,形似孝犬,后雅化成船形,因此得名。1949年9月前船形村属乐群乡第八保。1949年10月后属麻山区,1952年属第六船形乡,1958年属麻山公社船形管理区,1962年麻山公社划为桐田、麻山、船形三个公社时属船形公社,名船形大队,1966年该三个公社又合并为麻山公社时名为船形大队,1968年扩社并队与苏坊、茶溪合并,名船形大队,1973年苏坊、茶溪又分出后仍名船形大队,1984年3月为麻山乡船形村,1993年5月隶属麻山镇船形村。船形村位于麻山镇南部,紧邻白竺乡沙坪村。船形村下辖16个自然村组:麻棚组、黄泥塘组、水炉组、邹家组、刘家组、水

船形村五峰林场船形分场（陈检波 摄）

冲组、船形组、大园组、等上组、毛岭组、罗汉组、老屋组、新屋组、新棚组、坊塘组、枧上组。全村共有433户。村内共有40个姓氏，其中以周、欧阳、高、易、贾、蔡、马、聂为主。

自然环境与资源 船形村地属半丘陵半山地地形，地势北低南高，另外村庄地势坡度变化大，平坦用地少，呈现纵向狭长态势。村内有一条河支流自枧上组向西北流向船形组村内，萍龙公路穿村而过。村内有少量瓷土。船形村占地面积13.8平方千米，耕地面积720余亩，山地面积2万余亩，水面面积10亩。森林覆盖率达86%，主要为油茶林、竹林、自然林、松树林、杉树林、樟树林和果木林。

经济概况 船形村主要种植水稻、油茶、油菜，养殖土鸡、土鸭、鱼、猪、羊、蜜蜂、冰糖柚等。村内设有船兴种养专业合作社、坊塘股份经济合作社，均是以种植金蝉柚和冰糖柚为主。村内有1个汇鑫化工厂。2023年村集体经济收入达17.16万元。

基础设施 船形村村庄道路网基本形成，交通较为便利。对外道路包括麻龙公路、绕村公路，均为沥青路面，路况良好；村内道路宽3.5~6米，主要为沥青路面。船形村有变电器5台，总功率3000千瓦，家庭通电率100%。村民主要生活用水来源于山泉水，有3个集中蓄水池，基本满足了全村村民日常生活用水需求。

特色地情 村内有一座四圣庙，有近百年历史，庙前有古树两棵，当地老百姓称为"鸳鸯树"。有流传已久的夜龙灯笼文化，老百姓每逢过年期间都会举行相关文化活动，寓意着喜庆和来年的大丰收。

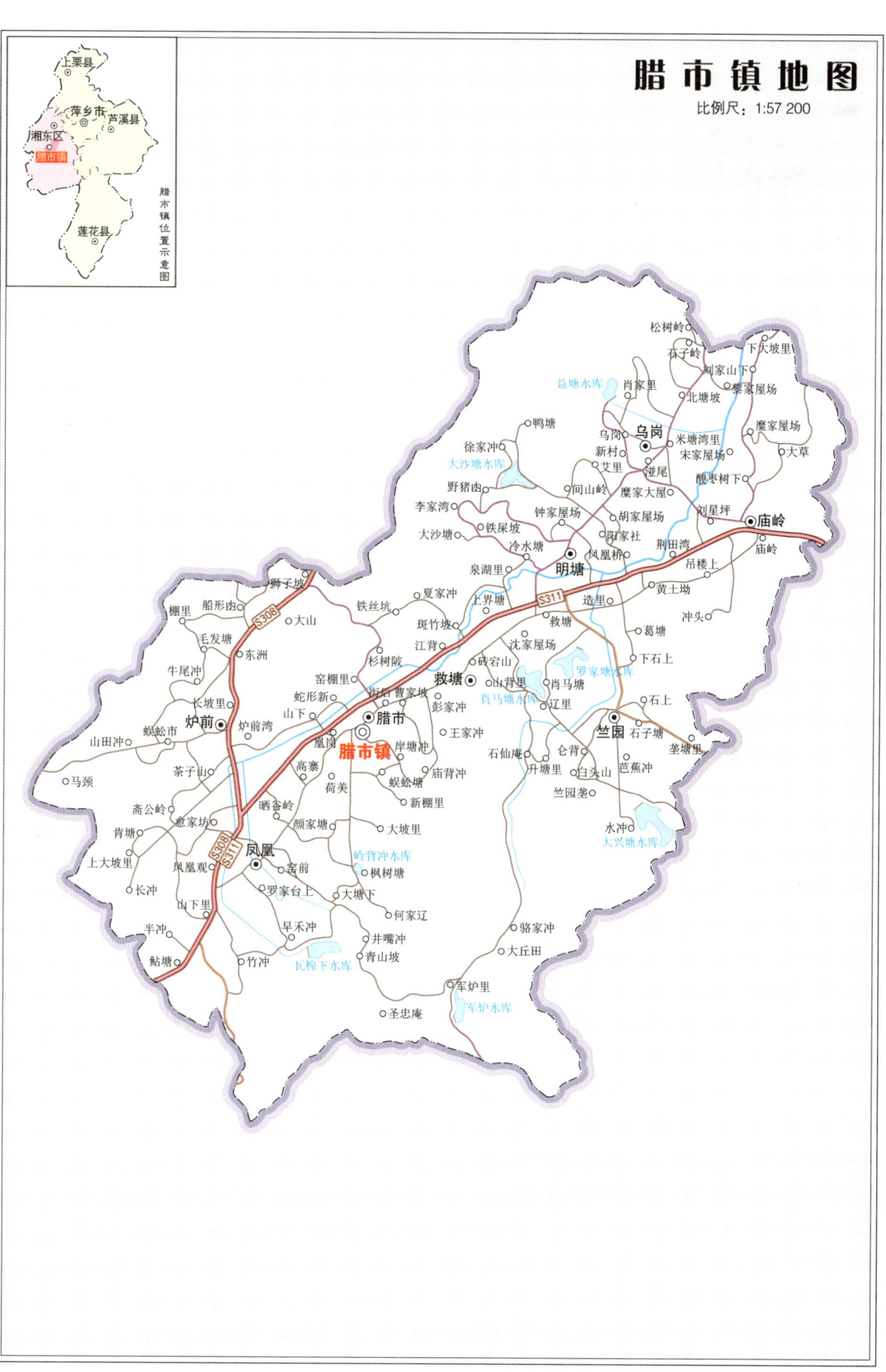

腊市镇

腊市镇地处湘东区中部、萍乡西南部,省二级公路陈广线、麻凤线穿境而过,距沪昆高速16千米,离浙赣铁路21千米。全镇总面积40.3平方千米,辖8个行政村,分别为腊市村、乌岗村、庙岭村、明塘村、救塘村、竺园村、炉前村、凤凰村,共144个村民小组,总人口3.5万,居住人口中以汉族为主,是湘东区人口密度最大的乡镇之一。

腊市镇曾名"腊树下",因种有大片腊树而得名。明洪武二年(1369),属萍乡县归圣乡。清光绪三年(1877),属萍乡县归仁乡和腊树下市。1931—1934年,腊树下市并入归仁乡。1949年8月,属萍乡县第四区归仁乡。1950年8月,属萍乡县麻山区(区辖腊市、凤凰、救塘3乡)。1952年,属萍乡县第六区(区辖腊市、凤凰、乌岗、庙岭、竺园、救塘、东洲7乡)。1956年,恢复麻山区,设腊市、乌岗2乡。1957年,腊市、乌岗合并为腊市乡。1958年,撤乡建腊市公社。1971年,属湘东区腊市公社。1984年,撤公社建腊市乡,辖9村;同年12月,撤乡建腊市镇。2003年9月,东洲与炉前村、腊市林场与凤凰村合并。

腊市镇自然环境资源丰富。腊市镇属亚热带湿润季风气候,其特点是四季分明,光照充足,雨量充沛,气候温和。年平均日照时数1452小时;生长期年平均257天;年平均降水量1603.2毫米,降雨集中在每年的4—6月,5月最多。腊市镇地处罗霄山脉北段,属丘陵地区,地势东北向西南倾斜,地形四面环山,中部为平原地带,主要山峰有上官岭、马颈坳,沿省道在西南凤凰村、沿腊市河在东北乌岗村形成两峡口。境内最高点位于跨境山五峰山,海拔644.3米,最低点雷公湾位于乌岗村,海拔76米,森林覆盖率90%。

腊市镇境内河道属湘江水系,河流1条,为乌岗河,总长10千米,流域面积45平方千米,自西南向东北经炉前湾、救塘、明塘、乌岗流入萍水河,河网密度0.22千米/平方千米,径流总量1.9亿立方米。有大沙塘、益塘、肖马塘、罗家塘、岭背冲、瓦榨下、军炉、大兴塘8座小(2)型水库。

腊市镇粮食作物以水稻为主;主要经济作物有油菜、蔬菜等;畜牧业以养猪、羊为主;林业以防护林、经济林、竹林为主;工业已形成以工业陶瓷、机械加工为主,鞋业加工、腐殖酸、建材为辅的工业产业。境内有石灰石、花岗岩、铁、铅、锌、煤、二氧化硅、白云石等矿产资源;野生动物资源有野猪、松鼠、野猫、野兔等10多种;野生植物资源有绿阔叶林、针叶树林、混交林、竹林、落叶阔叶林等。

腊市镇主要自然灾害有洪涝、干旱、冰冻、泥石流等。境内洪涝灾害最严重的一次发生在1982年6月21日,受台风影响,降雨量达128.2毫米,受淹农田9300亩。冰冻灾害最严重的一次发生在2008年1月,时间达1个月之久,造成房屋倒塌21户、62间,损坏房屋167间,造成直接经济损失355多万元。

腊市镇农业产业基础雄厚。腊市镇共有农业种养专业合作社43家,依托地方特色农产品和特色品牌,挖掘与拓展农业多种功能,集中连片超百亩的产业基地26个,其中超千亩的产业基地6个,分别是杨梅基地、茶油基地、脐橙基地、虾稻基地、果蔬基地和西瓜基地,并涌现富盛、锦旺2家省级龙头企业,主要种植油茶、芋头、火龙果、脐橙、杨梅、金兰柚,有瑞农生态、安明生态、联欣园艺、方燕养殖四家市级龙头企业,且瑞农、富盛两家已申请绿色认证食品商标。规模以上养猪场12户,年生猪出栏近10

腊市镇鸟瞰(许昭坤 摄)

湘东区乡村振兴产业融合示范园脐橙种植基地（钟依玲 摄）

万头。湘东区乡村振兴产业融合示范园脐橙种植基地流转炉前村1500亩荒山，栽种脐橙、葡萄柚，总投资3400万元，种植面积1500亩。2023年11月，京东农场入驻脐橙基地，依托京东物流的"产地直发"模式，有效打通线上线下多业态发展网络。腊市镇培育了杨梅、龙虾、蔬菜、黄桃、火龙果、金兰柚、脐橙等各类特色农产品基地，打响了"锦旺福油茶"和"安明生态龙虾"两个本土品牌，已成功举办了4届龙虾美食文化节，腊市稻虾共作模式屡登央视。2023年完成水稻种植面积12423.22亩，冬种油菜完成播种面积9400余亩。

腊市镇内有规模以上工业企业8家，2023年工业总产值完成6.29亿元。新增"五上"企业6家，"个转企"3家，固定资产投资完成12.73亿元，增幅12.88%。湘东石化成功获评全区唯一的第四批国家级专精特新"小巨人"企业，湘东石化、成宇陶瓷公司获评省级专精特新中小企业。浩峰包装酒瓶设计项目、贝特陶瓷年产5000吨碳酸锂项目已完成全部投资，总投资3600万元的湘东区水稻智能育秧中心建设已投入生产；冬瓜槽废弃矿山生态修复治理项目完成95%；总投资2000万元的竺园村农业蔬菜基地建设项目正在建设中；萍乡市久安红运输服务有限公司跻身国家AAA级物流企业。

腊市镇基础设施建设完善。腊市镇有县道陈广线，境内长5千米；麻凤线，境内长9千米，双向4车道。投资近3000万元完成辖区内近30千米的沥青路面改造，境内主干道基本实现白改黑。全镇通信网络信号覆盖率100%，有线电视使用率100%，家庭通电率100%，全镇都有移动、电信、联通营业厅和邮政物流配送点，其中移动用户数1万左右，宽带用户数5000左右。全镇部分村内接入天然气管道，村民日常做饭烧水使用的能源主要为天然气、电能和液化气，少数家庭使用蜂窝煤或木柴，村民主要生活用水来源于自来水、深井水。投资4000万元完成了13.2千米河道治理，完成全镇

8座小（2）型水库、百余口山塘维修加固、金龙庙灌渠系统改造工程。打造美丽宜居示范村2个，美丽庭院700户，全面打造新农村建设点10个，打造了炉前村森林公园、庙岭村小微湿地公园，提升了腊市村、乌岗村、竺园村3个"党建+幸福家园"养老服务中心。

腊市傩文化古老悠久。腊市镇是傩庙、傩舞、傩面具"三宝俱全"的发源地之一。愈家坊傩神庙是萍乡市最大的、最古老的、最为完整的傩神庙，有222年历史；明塘村大沙塘傩舞队传承着最为原汁原味的傩班表演傩仪——"扫堂"，腊市镇救塘村村民彭国龙是"国家级非物质文化遗产项目代表性传承人""赣鄱工匠""傩面雕刻传承人"。

腊市镇教育事业稳上台阶。全镇九年义务教育覆盖率100%，有中学1所，为腊市中学；小学7所，分别为腊市镇中心小学、乌岗小学、竺园小学、凤凰小学、庙岭小学、明塘小学、炉前小学。2023年，乌岗小学、明塘小学重建项目启动；新建公办中心幼儿园2所，为腊市镇中心幼儿园和腊市镇第二幼儿园。小学附属幼儿园3所，民办幼儿园2所，教师239名，学生2807人。

境内有卫生院1所，卫生院医养结合项目于2022年投入运营，2023年度，全镇儿童计划免疫单苗接种率为98%以上，"五苗"覆盖率100%，糖丸服用率100%，孕产妇保健管理率100%，住院分娩率100%，农村医保参保率达95%。发放低保资金915万元，特困资金159万元，长寿老人补助68万元，养老金1027.67万元。打造腊市镇"5+2就业之家"，提供公益性岗位36个。

境内有综合文化站1个；村级文化活动中心8个，具备阅览、科普、娱乐、培训、展览等功能；图书室9个，藏书10万册。有龙灯、军鼓、腰鼓队等10多个。

腊市镇传统文化、红色文化资源丰富，境内人文荟萃。彭树敏生平事迹陈列展馆位于腊市镇腊市村新厅下组，在彭树敏烈士故居的基础上，打造了彭树敏生平事迹陈列展馆并修缮烈士广场，挂牌湘东区党员干部教育培训现场教学点、少先队校外教育实践基地、红领巾讲解员教育实践基地。

腊市镇先后获江西省第三批特色小镇、江西省"万企兴万村"行动区域类典型乡镇、江西省生态文明建设示范乡镇、江西省经济普查先进单位、萍乡市文明村镇、萍乡市新农村建设先进单位、萍乡市安全生产先进单位、第十六批萍乡市练兵备战先进单位、萍乡市全面深化改革工作先进单位、萍乡市第三批公共机构垃圾分类示范单位等荣誉。

腊市村

村情概况 腊市村是湘东区腊市镇下辖行政村,地处腊市镇的中心地带,四面环山,东面邻救塘村,南面邻凤凰村,距镇政府0.5千米,离区政府10千米,省二级公路麻凤线穿境而过,交通便利。全村总面积3.5平方千米,分25个村民小组(荷家辽组、枫树塘组、大塘组、边山组、颜塘组、新棚组、岸塘组、刘万组、黄塘组、新屋组、荷美组、山下组、下厅组、新厅下组、街头组、街后组、下万组、曹家坡组、上屋组、郭沫冲组、泉塘组、下家冲组、铁丝坑组、杉陂组、张万组),1365户,总人口5004人,村民姓氏以彭姓为主。

自然环境与资源 腊市村属亚热带湿润季风气候区,四季分明,村内有多条河流。耕地面积1776.2亩,林地面积3610.6亩,水面面积256亩。2019年7月9日发生洪灾,腊市村河道及河道两侧建筑全部冲垮,桥梁倒塌,未造成人员伤亡。

经济概况 腊市村主要种植水稻、油菜,稻虾共养。水稻种植面积约1120亩,油菜种植面积约700亩。

基础设施 腊市村有大型具有水利灌溉功能的水库2座,分别是军炉水库和岭背冲水库,主要采用沟渠引水,可灌溉耕地580余亩。

社会发展 腊市村辖区内有中心幼儿园、中心小学、镇中学各1所,可满足腊市村以及周边学龄前和九年义务教育阶段的就学需求。村内有卫生院1所,接诊服务范围

腊市村研学小镇

覆盖全镇8个村。卫生所3间,接诊率较高,服务范围辐射到腊市村每家每户。

特色地情 彭树敏(1897—1926),湘东区腊市镇人。1920年赴法国留学。1922年7月,加入旅欧中国共产主义青年团,1924年转为中国共产党党员。同年9月,被中共旅欧支部选派到苏联莫斯科东方劳动大学中国班学习。1925年"五卅"惨案后,被派回江西,到安源参加工人运动。1926年初,到郑州参加铁路工人运动,后到天津做军运工作。不久,只身潜入北京做共产党的地下工作。7月,为策应北伐军,党组织派他到九江工作,组织南浔铁路工人罢工。9月,不幸被捕后,被敌人杀害。

乌岗村

村情概况 乌岗村隶属采煤区,采挖始于清朝晚期,历史悠久,素有乌金村之名。乌岗村位于腊市镇的东北部,东邻庙岭村,南接竺园村,西与明塘村交界,北与湘东镇浏市接壤,全村总面积9.6平方千米。全村共有19个村民小组,全村总户数1185户5005人,村内共有116个姓氏,其中以糜、李、黎、刘、罗为主。

自然环境与资源 乌岗村地属半平原、半丘陵地形,地势北高南低,村庄地势变化较为明显,北部至西部为山地丘陵,东部至南部为平原。气候温和,四季分明,光照充足,雨量充沛,霜期较短,春季温和天气易变,夏季炎热期较长,秋季天高气爽,冬季寒冷少雪。境内煤炭资源较为丰富,属紫家冲煤组,基本为亮煤与暗煤,20世纪50—80年代,乌岗村的小煤窑多达几百余个,有几十户镇村煤矿企业落户。受地形和水文条件影响,乌岗村历史上洪灾频发,在1994年、1999年和2019年

乌岗村村委会(糜检萍 摄)

乌岗村(汪立新 摄)

分别暴发过三次大型山洪,无人员伤亡,经济损失较为严重。

经济概况 乌岗村主要种植水稻、油菜、红薯、西瓜、芋头等作物,家禽养殖多以猪、牛、羊、鸡、鸭、鹅为主,其中乌岗鲜芋头是村内主要的特色农产品。乌岗村工业以劳动密集型的轻工业为主,多数为鞋厂和砖厂等小企业。乌岗村商贸较为繁荣,每月逢农历一、六大型赶集。集镇长期从业人员300余人,临时性从业人员400余人。

基础设施 乌岗村境内无国道、省道,村中心主道为"四好农村路",其他道路均以乡村小路为主,大多为沥青路、水泥路。通信网络信号覆盖率100%,宽带网络使用率约90%,有线电视使用率100%。村内有移动、电信、联通营业厅和邮政物流配送点。境内主要水利设施为一条长达1千米的渡槽及长达上万米的水渠,用于灌溉农田。2021年打造了益塘新农村示范片,有一条超700米的游步道。

社会发展 乌岗村境内共有腊市镇第二公办幼儿园和乌岗小学两所学校。村内建有卫生所3所,2023年度农村医保参保率达95%。有151户641人享受了被征地农民保险,有159户232人享受了农村低保。村庄道路网基本形成,村内有路灯425盏,均为太阳能路灯。乌岗村荣获全市民主法治示范村,乌岗村邱连荣获2022年"江西好人"荣誉称号。

特色地情 村内有清朝寺庙三座,分别为金龙庙、二王庙、枫梓庙。

庙岭村

村情概况 庙岭村位于腊市镇东南部,距镇政府所在地2千米,东邻麻山镇景星村,南接救塘村,西连乌岗村,北连竺园村。土地总面积5.9平方千米,其中耕地面积1300亩,旱地面积505亩。有16个村民小组(一组黄土坳、二组京田湾、三组冲头、四组易家、五组吊楼上、六组杨树井、七组庙岭坳1、八组文家屋场、九组路下里、十组桑枣树下、十一组宋家屋场、十二组石家冲1、十三组石家冲2、十四组糜家冲1、十五组糜家冲2、十六组庙岭坳2),共有822户3634人。村内人口以骆、宋、文、糜等姓为主。

自然环境与资源 庙岭村周围为丘陵地貌,三面环山,一面为大面积的水田。热量丰富,光照充足,雨量充沛,四季分明,全年平均气温17.2℃,年平均超过10℃的天数为230天,年平均降雨量为1670毫米,以3—6月份降雨量多,年平均无霜期280天,是全省小微湿地保护与利用示范点之一。水流主要是用于灌溉北面大面积的水田,最终汇入萍水河麻山段。2019年"7·9洪灾",致河道及河道建筑部分被冲垮。

经济概况 庙岭村主要以种植业为主,有早稻制种500亩、晚稻共作500亩、油菜种植1260亩、艾草种植350亩、槟榔芋种植200亩。境内有环保建材厂3家、大型养猪场、大型机砖厂、大型鞋厂、肥料厂、塑料厂、硅板厂、钢筋加工厂,村集体经济合作社成立农业服务公司。

庙岭村油菜种植基地(糜立立 摄)

基础设施　庙岭村对外道路为麻凤线，均为沥青路面，路况良好，交通较为便利。庙岭村通信网络信号覆盖率100%，宽带网络使用率约90%，有线电视使用率100%。村内有邮政物流配送点。建有新农村广场11个，设有公厕、健身场地等。

社会发展　庙岭村建有庙岭小学，可满足庙岭村及周边村庄九年义务教育阶段的就学需求，义务教育普及率100%。庙岭村文化活动场所占地面积约1200平方米，新时代文明实践站约100平方米、文化健身广场约1000平方米，实践站成立了7支志愿服务队伍。村内建有1个卫生所(室)，有82户享受了农村低保，监测户2户5人，脱贫户19户68人。

特色地情　白马庙。始建于宋朝初期，1997年重建后。2013年初整修庙宇，新建李氏仙娘殿。整座庙宇依山而建，分正殿、偏殿两部分，是一处典型的佛教庙宇建筑，内供塑像四尊。2006年被湘东区人民政府列为区级文物保护单位。

明塘村

村情概况　明塘村新中国成立前夕属归仁乡第十四保。新中国成立初为乌岗乡明塘村，1958年为腊市公社明塘农场，1960年为明塘大队，1984年3月改为腊市乡明塘村。以境内的明塘庙得名，驻地何家圳。明塘村地处萍乡市市区以西、湘东以南，与救塘村相望，和乌岗村相毗邻，距萍乡城区约17千米，西北紧靠小山岗，东南皆农田。全村总面积2.82平方千米，其中耕地面积1296亩，山地面积2820亩，水面面积

明塘村（汪立新　摄）

明塘村华严寺

345亩。明塘村下辖9个自然村组,分别为大沙塘、冷水桥、山下里、何家圳、彭家岭、钟家屋场、胡家屋场、凤凰桥、徐家冲,全村共有826户3674人,男性1924人,女性1750人。其中常住人口1867人,流动人口1807人。村内共有38个姓氏,以陈、邬、欧阳、胡、钟、徐、罗、文、李、刘、彭为主。

自然环境与资源 明塘村地属半丘陵半山地地形,海拔500米以下,地表相对高差不大,山峦起伏的低缓地形。绿化率达70%,林地面积为1.88平方千米,主要为茶树林、松树林、杉树林和樟树林。

经济概况 明塘村主要种植水稻、油菜、红薯,养殖猪、土鸡、土鸭、羊、鸽子、蜜蜂等,水稻种植面积约1200亩,种植户约200户;油菜种植面积约400亩,种植户约300户;猪养殖户12户。锦旺农业生态园集旅游、观光、休闲于一体。村级股份经济合作社,年创收80万余元。以劳动密集型的轻工业为主。境内的萍乡市协晟鞋厂,主要生产鞋面,注册资金10万元。2023年,村内有商铺30余户,其中小卖部13家,诊所4家。

基础设施 村庄道路网基本形成,对外道路有麻凤公路和153乡道,均为沥青路面;村内道路宽3.5～5.5米,主要为沥青路面,生产道路约8.2千米,生活道路约9.1千米。有若坡里塘、年冲、布塘等具有水利灌溉功能的山塘7座,主要采用沟渠引水,可灌溉耕地1200余亩。建有傩文化广场、大华塘景点、门球场、百姓大舞台等文化生活场所。

社会发展 明塘村建有明塘小学,村内建有4所卫生所(室)。农村低保106户165人,城镇低保28户34人,特困10户11人。移民安置房9栋18套、易地扶贫同步搬迁22栋44套。明塘村荣获全省先进基层党组织、全省疫情防控先进单位等奖项。

特色地情 华严寺。位于腊市镇乌岗村、明塘村交界处,寺观雄伟壮观,古树沧桑,环境幽雅清净。有2棵千年古樟,分别位于明塘村徐家冲和何家圳,枝繁叶茂,古朴自然,其树径最大处需13人方能合抱,于2012年被列为国家级非物质文化遗产。

救塘村

村情概况 救塘村地处腊市镇的中心地带,四面环山,东、南面连庙岭、竺园两个村,西、北面邻腊市、明塘两个村。全村总面积3.3平方千米,分14个村民小组(一组王家冲1、二组王家冲2、三组彭家冲1、四组彭家冲2、五组江背、六组砖窑山、七组山背、八组杂下塘、九组班竹、十组上界塘、十一组沈家屋场1、十二组沈家屋场2、十三组造里1、十四组造里2),共有794户3530人,村内姓氏以彭姓为主。耕地面积1084亩,其中水田面积940亩,旱地面积103亩,林地面积2200亩,水塘8口。

经济概况 救塘村主要种植水稻、油菜,养殖土鸡。水稻种植面积约200亩,油菜种植面积约100亩。境内有一家江西省富盛食品有限公司,公司成立于2018年,注册资金6688万元,占地面积60余亩,是一家从煤炭行业成功转型的绿色食品企业,主打非转基因大豆加工,主打产品腐竹。企业致力于打造品质引领市场的产品。公司旗下盼盛牌腐竹已获得"绿色食品A级产品"、江西省产业化省级龙头企业、"富硒产品"、危害分析与关键控制点(HACCP)体系等认证。

基础设施 救塘村有石塘、大塘、李子塘、三塘、到塘、老塘、王泥塘、上组塘等具有水利灌溉功能的山塘8口,主要采用沟渠引水,可灌溉耕地300余亩。村组道路共6.4千米,全部水泥硬化,

救塘村村委会

村主干道老麻凤路铺设沥青,公路贯穿全村。

社会发展　建有文化活动中心综合楼1栋,村级卫生计生服务室1个。村庄道路网基本形成,村内有路灯110盏,均为太阳能路灯。

特色地情　钟馗庙,位于救塘村上端南面小山坡,占地2560平方米,建筑面积1570平方米。

炉前村

村情概况　炉前村位于腊市镇西部,东与腊市村毗邻,南靠凤凰村,北靠下埠镇,地势南高西低,距离市区21千米,交通便利。全村总面积6.5平方千米,耕地面积1988亩,旱地面积600亩,森林面积5300亩,森林覆盖率达70%以上。共1132户5317人,有16个村民小组(炉前万组、西方塘组、茶子山组、荷塘组、泉塘组、段前组、大坡组、易光山组、山田组、马井组、牛尾组、毛发组、船形组、大屋组、大山组、等架组)。炉前村以彭、段、李、曾姓村民居多。

炉前村先后获评江西省党建+农村服务体系先进基层党组织、2019—2020年度江西省"绿色社区美丽家园"创建活动示范社区、萍乡市第十七届文明村镇、萍乡市四季度城乡环境综合整治考评先进村(社区)等称号。

炉前村村委会

炉前村森林公园

自然环境与资源 炉前村属亚热带湿润季风气候区,四季分明,村庄群山环绕,是省级生态村。受地形和水文条件影响,2019年"7·9洪灾"炉前村水利建筑损毁严重,山塘、河道已修复,近5年内未出现造成人员伤亡和严重财产损失的洪水。

经济概况 炉前村有现代农业基地6家(脐橙基地、稻虾共养基地、杨梅基地、樱花谷、甜柚基地、制种基地)。兴建有炉前工业小区,入驻14家工业企业,包括6家龙头企业:萍乡市湘东石油化工填料厂、萍乡成宇陶瓷有限责任公司、萍乡市群星化工陶瓷厂、江西全兴化工填料有限公司、萍乡市中兴填料有限公司、萍乡市聚鑫鞋业有限公司。湘东石化获得2021年度萍乡市市长质量奖。

基础设施 炉前村境内山塘共有75口,面积123亩。建造公共安全饮水机井1口。已完成全村主干道白改黑工程、森林公园建设、安全饮水工程,全村自来水覆盖率100%。

社会发展 炉前村建有炉前小学及附属幼儿园,可满足炉前村内学龄前和小学义务教育阶段的就学需求。村内有文化活动健身广场17个。

特色地情 龙虎山归仁寺,始建于清乾隆三十四年(1769),至今已有200多年历史。

竺园村

村情概况 竺园村位于湘东区腊市镇,坐落于腊市镇东南部,北与腊市镇庙岭村相连,南靠五峰山,西与腊市镇救塘村相连,东与麻山镇横岗村毗邻,交通便利,距离湘东城区10千米,距离萍乡市中心城区15千米。下辖16个村民小组,全村共有971户3170人。其中常住人口1560人,流动人口1610人。全村共有95个姓氏,主要以刘、邬、彭、黄、陈、贺、王、赖为主。

竺园村先后获评全省精品农村社区、江西省水生态文明村、江西省省级森林村庄等称号。

自然环境与资源 竺园村所处区域为江南丘陵地区,以丘陵地貌为主,地势南高北低,村庄群山环绕,地理平面呈"品"字形。竺园村境内水多为五峰的山泉水汇聚而成,境内拥有大兴塘、肖马塘、罗家塘忠字、龙塘石井4口水库。竺园村的水域面积达300多亩,容量达3万立方米,占全镇水库总量的五分之三,是全镇储水量最多,排灌条件最好的行政村。境内山多平地少,拥有两个林场,森林面积4770亩左右,森林覆盖

竺园村杨梅基地

竺园村村口牌坊

率达90%以上。

经济概况 竺园村依托生态农业产业,已建成杨梅基地、黄桃基地、油茶基地、蔬菜基地、西瓜基地、土老表、水产、畜禽养殖等多个特色农业产业基地和特色产业。代表公司有萍乡市瑞农生态农业开发有限公司、萍乡市联欣发展有限公司。其中,萍乡市瑞农生态农业开发有限公司种植的杨梅、黄桃通过了国家绿色食品认证,注册了"竺园美""竺π"等商标。萍乡市联欣发展有限公司主要以种植多种无公害纯天然蔬菜、畜禽养殖、水产养殖为主,种植面积300多亩,年产值可达700万元。2023年,村内有商铺10余户,其中中小型商超3家,小卖部3家,餐饮2家,诊所1家,美容美发店1家。年营业额达8万元以上商家3家,年营业额达3万元以上商家3家,集镇长期从业人员250余人,临时性从业人员350余人。

基础设施 竺园村村庄道路网基本形成,交通较为便利,对外道路萍凤路S311,均为沥青路面,路况良好。竺园村建有3座小(2)型水库,具有配套的灌溉沟渠和机耕路,有可灌溉的山塘水库共计30口,全部采取沟渠引水,能灌溉农田1200余亩。

社会发展 竺园村建有一所竺园小学,可满足竺园村九年义务教育阶段的就学需求。竺园村文化活动场所占地面积约1480平方米,包括村委会(含党群服务中心)约1000平方米、新时代文明实践站约80平方米、文化健身广场约100平方米、庙宇约300平方米。村内建有1所卫生所(室),竺园村有农村低保94户145人、城镇低保18户26人。

凤凰村

村情概况 凤凰村位于腊市镇西南面,距腊市镇3千米,北与排上镇大路里村相接,右与东村相邻,背面与东桥镇五峰村相连,在五峰山脉脚下,是三面环山的丘陵村庄。15.6千米的公路贯通全村各组到户,凤凰村占据优厚的地理优势,位于省道232线、萍凤线、栗凤线交会之处。全村总面积3.2平方千米。凤凰村辖21个村民小组(半冲组、花园组、山背组、年塘组、山下组、凤凰组、竹冲组、阳佳组、晒谷组、松树组、大园组、遥前组、等上组、罗全组、大塘组、林场组、竹山组、树山组、长青组、瓦榨组、山岭组),共1122户4216人。全村共有81个姓氏,其中以彭、陈、罗、晏、张、王、刘为主。

自然环境与资源 凤凰村靠近五峰山风景区,绿化率达70%,主要为杉树林和竹林。境内有瓦榨水库,坎高25米,宽5米,坎长126米,灌溉农田受益腊市镇7个村。

经济概况 凤凰村主要种植水稻、油菜,养殖土鸡、养猪。水稻种植面积约1500亩,油菜种植面积约1200亩。凤凰村商贸较为繁荣,有两千余平方米的钢结构集市。2023年,村内有商铺10余户,其中大型商超1家,小卖部5家,农家乐1家,衣帽服饰店1家,诊所1家,美容美发店2家,五金店1家,水电安装店1家,汽车修理店1家,建材店2家,石材店1家,窗帘布艺店1家,机械加工厂1家。集镇长期从业人员50余人,临时性从业人员60余人。

基础设施 凤凰村基础设施较为便利,对外道路包括麻凤线,村内生活道路约9.1

凤凰村瓦榨水库(糜立立 摄)

千米,兼具生产生活功能的集镇段约1.8千米。有3个集中供水点,分别位于狮子石、张家湾、下坊,有自来水蓄水池5座,可蓄水200立方米,铺设自来水管道约12千米。有具备水利灌溉功能的山塘8口,主要采用沟渠引水,可灌溉耕地500余亩。

社会发展 凤凰村建有凤凰小学,可满足凤凰村及周边村庄九年义务教育阶段的就学需求,教育覆盖率100%。凤凰村文化活动场所占地面积约3450平方米,包括村委会(含党群服务中心)约600平方米、新时代文明实践站约150平方米、文化健身广场约700平方米、庙宇约2000平方米。村内建有1所卫生所(室),服务范围辐射到大路里、东村等周边村庄。凤凰村有农村低保133户179人,城镇低保33户42人,集中特困户2人,分散特困17户17人,监测户有2户5人,脱贫户有15户47人。

特色地情 圣忠寺。位于萍乡名山五峰山北麓,始建于隋炀帝大业年间,历史上几经拆毁重建,20世纪80年代由群众捐款重建。寺旁有一株古罗汉松,树径最大处至少需6人合抱,树龄在1500年以上。1995年被列为萍乡市重点文物保护单位。

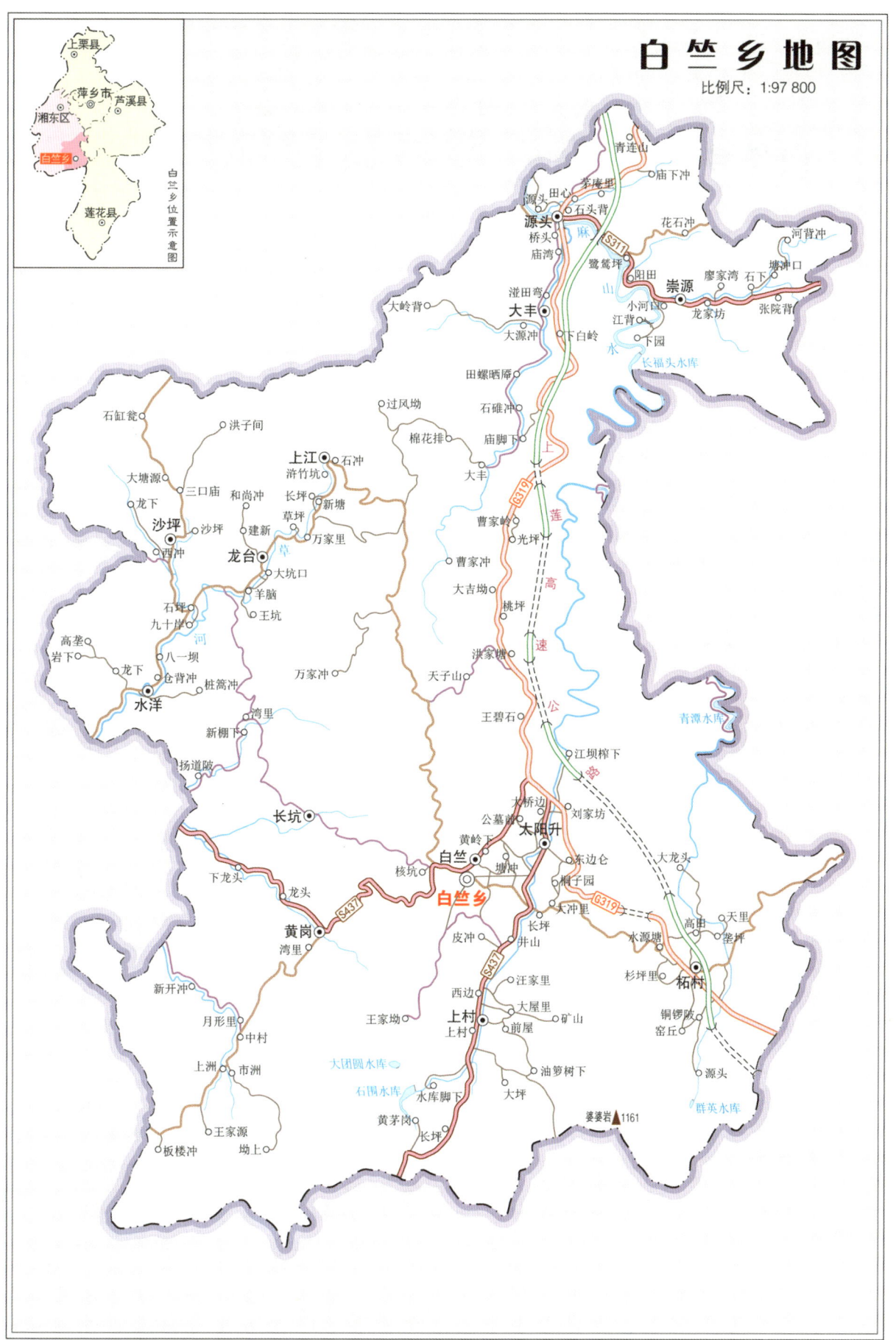

白竺乡

白竺乡地处赣湘边界,位于萍乡市西南部,湘东区的东南部,东邻芦溪县长丰乡和莲花县六市乡,南与湖南省攸县柏市镇接壤,西连广寒寨乡,北接麻山镇。区域总面积176平方千米。下辖13个行政村(白竺村、长坑村、柘村村、黄岗村、太阳升村、上村村、龙台村、上江村、沙坪村、水洋村、源头村、大丰村、崇源村)186个村民小组,人口1.7万人,其中农业人口1.58万人,农业总户数3887户。

白竺乡,因始祖住地产白竹,故名白竹,后雅化为白竺。白竺地区历来隶属萍乡,明洪武年间起,为长丰乡所辖,清光绪三年(1877)后,为乐群乡所辖,民国时期至1950年8月,属萍乡县第(南)三区乐群乡,1950年8月后,属麻山区白竺乡,1952年分属萍乡县第七区的白竺、雅溪、柘村、上村等乡及第八区的官陂乡(黄岗村)。1953年官陂乡划第七区管辖。1956年白竺等乡划安源区管辖。1957年全县撤区设30个乡镇,原白竺乡扩大,含原柘村、上村和雅溪、官陂的黄岗及原长丰区的浒岭、张坑、羊角、宗里、磨桥和源并地区的源头、源田、大丰等地。1958年设白竺公社。萍乡撤县设市后的1961年,全市复设区,该地属麻山区,调整后的白竺公社,基本上成为现在白竺乡的区划。1971年湘东建县级区,1984年白竺撤社建乡。2003年9月源涩乡全部并入白竺乡,龙台乡的龙台、上江、沙坪、庙山、水洋、锅底6村划入白竺乡,广寒寨乡的中村村划归白竺乡,锅底与长坑村,庙前与白竺村,石围与上村村,佛坑、三口与太阳升村,溢田与大丰村,中村与黄岗村合并,撤并庙山村,其明田冲划上江村,万家冲划龙台村,曹家冲划佛坑村,庙山、王家塘、木山冲划长坑村。

白竺乡地势东南略高,西北偏低。地形以山地为主。白竺乡境内主要山峰有婆婆岩、南岳山。最高点婆婆岩位于白竺乡上村村,海拔1161.4米。白竺乡属亚热带湿润季风气候,特点是气候温和,冬暖夏凉。多年平均气温17.2℃,1月平均气温3.8℃,7月平均气温26.2℃。生长期年平均257天,无霜期240天左右。年平均日照时数1452小时,年平均降水量1603.2毫米,降雨主要集中在每年的4—6月,5月最多。白竺乡平均海拔为全区之首。境内发源于上村村的小溪自南向北经上村、山口、太阳升至佛坑流入大丰村,成为贯穿全境的主溪流。发源于柘村大岭上北麓的柘村小溪,自南向北在东部流经柘村全境,注入长丰河。西部有黄岗和长坑两条山溪,于龙头地区汇合,擦水洋村,流入广寒寨的郊溪村。这些山溪流经之地,形成了多个狭小河谷山冲垅宕,较大的河谷平原为白竺、山口、太阳升三村大垅宕,其次有柘村盆地和上村狭长平原,山冲、岭坡多梯田。境内土壤以地带性红黄壤为主,经过长期耕作熟化的耕地仍为沙泥冷水田。

白竺乡境内物种丰富,有银杏、红豆杉、麋鹿等国家一、二级保护动植物。境内探明的矿产资源有铁磁矿、花岗岩、白云石、铅锌矿等10多种矿产。白竺乡粮食作物以水稻、玉米、红薯为主。2023年,实有耕地面积7.48平方千米,基本农田保护面积5.04平方千米。全乡林地面积24万余亩,森林覆盖率85.61%。活立木蓄积量为82.89万立方米。

白竺乡内有萍莲高速,境内长15千米;319国道,在境内长20千米,为双向4车道。311省道在境内长5.7千米;白竺乡县道桐一源一长线,境内长21千米;麻(山)一源(并)一南(坑)线,境内长7千米;磨(桥)南(岗口)线,境内长22千米;萍(乡)麻(山)龙(台)线,境内长8千米,为双向2车道。

2023年,白竺乡共完成财政总收入16939.3万元,其中税收系统收入16711.7万元,财政系统收入227.6万元,一般公共预算收入6699万元。两家规上工业企业,为江西金石三维智能制造科技有限公司和江西震博智能装备有限公司。2023年,完成工业总产值为3.54亿元,同比增长9.3%,营收3.6亿元,同比增长5.7%。两家规上服务业企业分别是江西恒运达物流有限公司和萍乡哎马乐园有限公司。2023年完成营收5720万元,同比增长57.5%。4家规上商贸业企业为江西丰民贸易有限公司、萍乡市三鑫达汽车贸易有限公司、萍乡新吉源商贸有限公司和白竺源涆餐饮部。2023年完成批发业销售额1.16亿元,同比增长14.4%;完成零售业销售额4610万元,同比下降4.9%;完成餐饮业营业额233万元,同比增长71.2%。规上建筑业企业5家:萍乡市安厦建筑工程有限公司、江西卓亮建设有限公司、江西以慈建筑工程有限公司、江西唐朝建筑工程有限公司和江西启城工程建设有限公司。2023年完成产值1.2亿元,同增长130.3%。金石三维2023年税收产值达3亿元,获评国家级专精特新"小巨人"、江西省"瞪羚企业"、萍乡市市长质量奖提名奖、全区十大优秀工业明星企业等荣誉。

白竺乡旅游资源丰富,桐花谷位于湘东区"牛尾牛头四十八里"徒步道的中间地带,紧邻萍莲高速、319国道,交通便利,距离城区仅20千米,是以"赏花、徒步、养生、避暑、品农家乐"为主要特色的旅游风景区。每年初夏五月,景区道路两旁满山满岭的油桐花,亭亭如盖,这也是大丰村名为"桐花谷"的原因。景区内奇峰秀瀑,美不胜收,一年四季竹林如海。花溪走廊、百年楠树、乌龙洞等旅游景点十分丰富,农产品展销中心、生态停车场等配套设施齐全。2016年到2023年,举办六届桐花节,吸引赣湘游客40余万人。2018年,大丰村桐花谷景区获评江西省AAA级乡村旅游点,2020年白竺乡大丰村被评为"国家森林乡村"。和平农场位于白竺乡源头村,总占地面积5000余亩,总投资5亿元,被评为"湘赣边文旅示范景区"。

白竺乡是个深山区,也是革命老区,在革命战争年代,白竺人民在党的领导下,与周围广寒寨、源并、东桥、排上人民一起,于1926年初,在上村村成立了农会,建立了苏维埃政权,组织了武装赤卫队,参加了攻打下埠等地的战斗。多次在山区与敌人迂回,打击以"青皮梨子"陈明轩为首的白竺地主武装。支援过红军进军井冈山,知名的革命烈士就有吴德稻等85人。中国共产党早期党员何克章,曾任上村党支部书记,长期坚持在白竺进行革命斗争,最后被叛徒出卖而牺牲。白竺乡人才济济,明朝有举人陈洪策,官至中书舍人;清朝有礼部尚书陈本昌、五品官员陈启任;民国时期有国民革命军团长后为解放军营级干部的陈以恒,国民革命军团长后为萍乡市政协委员的陈炤人,新中国成立后,有全国知名的中国科学院院士陈述彭(1920—2008),中国科学院资深院士、地理学家、地图学家、遥感地学专家,曾任中国科学院地理科学与资源研究所研究员、遥感应用研究所名誉所长,代表作有《地学的探索》、六卷《石坚文存》《遥感地学分析》和《地理信息系统导论》,获国家自然科学奖二等奖2次、国家科学技术进步奖一等奖、航天部科技进步奖一等奖。

白竺乡有幼儿园4所(含民办园一所),在园幼儿约150人,专任教师22人;小学5所,在校生约560人,专任教师79人;初中3所,在校生约370人,专任教师55人。小学适龄儿童入学率、初中适龄儿童入学率、小升初升学率、九年义务教育覆盖率均达100%。白竺乡有篮球场3个,22个新农村建设点全部安装了健身器材。白竺乡有广播、电视服务站各1个,有线电视用户1105户,入户率20%。白竺乡有文化站1个,有村级文化中心13个,各类图书室14个,军鼓队、腰鼓队8个。各个村级文化站相应的文化设施均免费开放。辖区内有中心卫生院1所、分院2所、卫生室7所,公立机构床位85张,每千人拥有医疗床位2个。

2023年,农村低保698户895人、城市低保81户101人,城乡居民医保13098人。

截至2023年,累计新建新农村建设点150个,其中省级新农村建设点126个,自建点24个。

白竺乡先后获评江西省避暑旅游目的地、江西省卫生乡镇、萍乡市党管武装先进单位、全区巩固拓展脱贫攻坚成果工作先进乡镇、全区先进基层武装部、全区退役军人事务工作优秀服务站、全区就业工作先进单位等荣誉或称号。

白竺村

村情概况 白竺村位于湘东区的东南部,区域面积约6.7平方千米。下辖11个村民小组:花门组、坳上组、店里组、井泉组、杉山组、山上组、新村组、泉塘组、塘冲组、庙前一组、庙前二组,全村户籍人口共有249户1148人。村内共有79个姓氏,其中以陈、刘、汤为主。

自然环境与资源 白竺村森林覆盖率80%以上,气候温和,冬暖夏凉,素有"小庐山"的美称,最高气温36℃,最低气温-7.7℃,年平均气温17℃,是理想的避暑胜地。

村内有丰富的高岭土、药材、红豆杉群、方竹、紫竹、古松群、银杏、穿山甲、华南豹、鹰、雕、麋鹿等珍稀资源。

经济概况 白竺村是典型的山区农业村,传统农业产业以水稻种植为主,高山蔬菜种植、黑山羊、蜜蜂、家禽等养殖为辅。白竺村商贸较为繁荣,每月有6次逢四、九大型赶集。村内集镇全长600余米,2023年,有商铺50余户,其中大型商超5家,年营业额达100万元以上商家4家。2023年度村级集体经济收入为53.1万元。

省道S437贯穿全村,交通十分便利。对外道路134县道,沥青路面,路况良好。

白竺村全景

白竺村村委会

村民主要生活用水来源于山泉水和深井水，有8个集中供水点，分别位于狮子石、张家湾、下坊；有自来水蓄水池8座，可蓄水300余立方米。有新村、爱家、高潮、跃井、赵公等具有水利灌溉功能的山塘7口，主要采用沟渠引水，可灌溉耕地1000余亩。

村内有中学1所，占地面积16000平方米左右。学校在2019年被评为"全国中小学足球特色学校"。

村内建有1所卫生室，服务范围辐射到长坑、上村、黄岗等周边村庄。2023年度农村医保参保率达100%。4户7人享受了失地农民保险，137户187人享受农保，44户47人享受低保，分散供养特困3户3人。

村内有路灯100余盏，均为太阳能路灯；公厕2座，"厕所革命"整治厕所60余个。

长坑村

村情概况　长坑村位于白竺乡西部。因处坳溪西面4千米的山麓，系一狭长坑地，故而取名为长坑，于2003年由原来的龙台乡的锅底村、庙山村和白竺乡的长坑村合并而成。辖3个片区：长坑片、锅底片、庙山片。有7个自然村民小组：上新屋、下新屋、上屋里、井湾、新棚下、红背岭、乌鸦塘。全村172户630人，其中常住人口300余人，流动人口300余人。村内主要姓氏为陈、刘、吴、曾等。

自然环境与资源　村内以丘陵为主，地势变化较大，是草水河的发源地之一，两条水系蜿蜒穿村而过。村内有林地面积29599.95亩，主要为油桐树、东京野茉莉、杉树、竹子等。

经济概况　长坑村主要种植水稻、油菜、红薯，养殖土鸡、山羊、黄牛、蜜蜂等。水

长坑村党群服务中心

稻种植面积约140亩。目前养殖大户分别有养蜂28户、养羊18户、养牛5户。有一口约30亩的水库,养殖水产品;成立了1个村集体经济合作社和2个种养合作社,主要种植红豆杉、草珊瑚等中草药材。2023年度村级集体经济收入为44.3万元。

基础设施　长坑村通往外界、村民外出生产生活的主要道路是183乡道和磨塘公路。183乡道于2003年硬化,路面宽为3.3米,于2019年拓宽硬化路面宽至5米。

长坑村有5个集中供水点,基本保证了村民的日常用水;有3座小型拦水坝引水灌溉农田。

社会发展　村庄入户路网完备,有路灯50余盏,建有垃圾集中处理中心1个。2023年,有低保人员30户42人。白竺乡卫生室定期为60岁以上老人及育龄妇女免费体检,农村医保参保率达100%。

柘村村

村情概况　柘村曾名"柘溪",因地产物最有代表性的就是木材、石材,后将木石组合就称为柘。

柘村村地处江西省与湖南省交界处,东邻芦溪长丰乡,南接莲花六市乡,西与湖

柘村村一角

南攸县柏市镇交界,北与太阳升村接壤,是湘东区、莲花县、芦溪县三县交界处,距离湘东城区50千米,距离萍乡市区45千米。柘村辖11个片区:麻子坪、草坪里、瑶丘、婆官树下、路下、暖水、石背下、水泥塘、高田、天里、大垅台。全村606户2032人,其中男性1067人,女性965人。村内姓氏以谢、朱、陈为主。

自然环境与资源 柘村村属山地地形,村庄地势坡度变化大,平坦用地少,呈现纵向狭长态势。林地面积为22570.7亩,森林覆盖绿化率达84.86%,主要为油茶林、杉树林。

经济概况 柘村村主要种植高山水稻、油茶、油菜,养殖土猪、土羊、蜜蜂等,有规模种植高山猕猴桃和高山黄桃。2022年,水稻种植面积约1530亩,种植户约430户;油菜种植面积约1200亩,种植户约400户;土猪养殖大户4户,全年出栏250头。1家红红鞋面加工厂,成立于2019年9月,主营业务为鞋面加工,2022年年产值200余万元。萍莲液化气站满足方圆20千米的村民生活需求,年产值500余万元。2023年村级集体经济收入达18.8万元。

基础设施 柘村村庄道路网基本形成,交通较为便利。319国道和萍莲高速横穿柘村村境内;村内道路宽3.5~5.5米,主要为水泥路面。境内有桥梁7座,有变电器8台,总功率272千瓦,家庭通电率100%。村民主要生活用水来源于山泉水,有12个集中供水点;有自来水蓄水池12座,可蓄水600立方米,铺设自来水管道约36千米。境内有国家小(2)型水库——群英水库,具有水利灌溉功能的山塘7口,主要采用沟渠引水,可灌溉耕地400余亩。

社会发展 柘村村建有柘村小学和附属幼儿园,可满足柘村学龄前和九年义务教育小学阶段的就学需求。境内有文化活动场所5个(高田文化活动中心、婆官树下文化活动中心、暖水文化活动广场、路下文化活动中心、水泥塘文化活动广场),占地面积约3000平方米。村内建有4个垃圾分类站,有1所卫生所(室),有86户114人享受农村低保。2022年度农村居民医保参保率达98%。

黄岗村

村情概况 黄岗村古属"袁州府赣化乡永坪里"。此后行政区划经过数次变革,改名黄岗村。

黄岗村交通区位偏远,地处湘东区东南部,距离湘东区26千米,距离萍乡市区32千米,东邻白竺乡上村村,南接湖南攸县黄丰桥,西与广寒寨乡大沙江体育公园交界,北与广寒寨乡郊溪村接壤。辖有20个村民小组,分别是边山、月形、上龙台、下龙台、湾里、龙井、塘边、新屋、桂花、新开、石陂、苦竹、洲上、市洲、虾岑、坳上、青草、板楼、龙狮、新文。全村362户1598人,其中,男性886人、女性712人,常住人口895人、流动人口703人。村内共有48个姓氏,其中以陈、叶、文姓为主。

自然环境与资源 黄岗村属半丘陵半山地地形,地势北低南高,另外村庄地势坡度变化大,平坦用地少,呈现纵向狭长态势。村内有两条草水河支流自南向北穿村而过。青草湖景区林地面积3500亩,占总林地面积8.5%,主要为竹林、九月黄、杉树林。

经济概况 黄岗村主要种植水稻、油茶、红薯,养殖土鸡、羊、肉猪、蜜蜂、鲟龙鱼、

黄岗村鸟瞰

黄岗村杜鹃花

石斑鱼等。2022年,水稻种植面积约650亩,种植户235户;黑山羊养殖户13户,全年出栏220头;肉猪养殖户5户,全年出栏580头。

境内规模较大的合作社:萍乡市湘东区绿林源综合种植专业合作社、萍乡市水㽵㽵生态农业发展有限公司、白竺醇酿高粱深加工酿酒厂、江西青草湖旅游发展有限公司、鼎茂源生态种养专业合作社。

2023年村集体经济收入达34.13万元。

基础设施　黄岗村村庄道路网基本形成,交通较为便利。对外道路包括S437和X056,均为水泥路面。境内有桥梁11座,其中小型桥梁5座、涵洞型桥梁6座。村内有变电器10台,总功率4000千瓦,家庭通电率100%。村民主要生活用水来源于山泉水,有10个集中供水点,分别位于边山、上龙台、下龙台、龙井、湾里、桂花、新屋、市洲、洲上、坳上;有自来水蓄水池10座,可蓄水400立方米,铺设自来水管道约18千米。有九江坝、龙潭泉、龙井等具有水利灌溉功能的水坝3座,主要采用沟渠引水,可灌溉耕地500余亩。

社会发展　村内建有1所卫生所(室),服务范围辐射到邻乡周边村。2022年度农村医保参保率达100%。村内有56户76人享受了农村低保政策。

村庄道路网基本形成,村内有路灯265盏,均为太阳能路灯;建有垃圾集中处理中心1个,"厕所革命"整治厕所72个。

太阳升村

村情概况 太阳升村新中国成立前夕属乐群乡,新中国成立初期属麻山区白竺乡,土地革命运动时属麻山区雅溪乡,1952年属白竺区白竺乡,1958年改名白竺公社太阳升管理区,1960年改为太阳升大队,1984年3月改为白竺乡太阳升村,2003年由老太阳升、山口、佛坑、曹家冲三个半村合并,名为太阳升村。

太阳升村下辖24个自然村组:长坪、大冲、桐子园、东背岭、陂大岭、枫树下、瓦子坪、公幕前、免公祠、槽门、大桥边、塘下前、李家冲、刘家坊、周家冲、官陂榨下、天子山、王背石、水冲、洪家坊、桃坪、东茅湖、大吉坳、曹家冲。全村615户2215人,其中,男性1186人、女性1029人,常住人口1733人、流动人口482人。全村共有63个姓氏,以陈、刘、李、何、曾、兰为主。

自然环境与资源 太阳升村属半丘陵半山地地形,地势北低南高,村庄地势坡度变化大,平坦用地少,呈现纵向狭长态势。

村内绿化率达90%,林地面积为3万余亩,主要为杉树林、油茶林、松树林。

经济概况 太阳升村主要种植水稻、油茶、油菜、红薯,养殖土鸡、鸭、羊、牛、鸽子、蜜蜂等,有"茶油、土鸡、糯米酒"等土特产。2022年,水稻种植面积1800余亩,种植户(含种田大户)206户;油菜种植面积约400亩,种植户约230户;土地流转用于种田

太阳升村

太阳升村道路

大户承包800亩；黑山羊养殖户8户，全年出栏150头。境内的有和展竹木业加工厂、太阳升村电子厂、官陂榨下食品加工厂，解决劳动力70余人，年产值200余万元。

太阳升村人口较为集中，每月逢农历三、七都有赶集。较有规模的商超有陈韵超市、荣发超市两家。

2023年村集体经济收入为31万元。

基础设施 太阳升村村庄道路网基本形成，交通较为便利。对外道路包括319国道、挂线，均为沥青路面；村内道路宽3.5~5.5米，主要为水泥路面。村内建设有桥梁5座，其中小型桥梁3座、涵洞型桥梁2座。村内有变压器10台，总功率4000千瓦，家庭通电率100%。村民主要生活用水来源于山泉水，有3个集中供水点，自来水蓄水池10座，可蓄水200立方米，铺设自来水管道约11千米。

社会发展 村内有淮海水库、大塘冲山塘、佛坑山塘、公幕前山塘等具有水利灌溉功能的山塘5口，主要采用沟渠引水，可灌溉耕地1700余亩。

太阳升村有白竺乡幼儿园、白竺发展小学，可满足太阳升村及周边村庄学龄前和小学阶段的就学需求。

村内建有白竺乡卫生院，服务范围辐射白竺、柘村、上村、黄岗、长坑等周边村庄。村内有30户123人享受了失地农民保险，有106户115人享受了农村低保，有8户分散供养户，有63人享受了残疾人补助。2023年度农村医保参保率达98%。村内有路灯180盏，均为太阳能路灯；建有垃圾集中处理中心6个；"厕所革命"整治厕所86个。

上村村

村情概况 上村村始祖于洪武元年(1368)迁入,位于白竺乡南部,与湖南省株洲市攸县柏市镇接壤,2008年由石围村和上村村合并为上村村委会,区域面积20.7平方千米。辖有12个村民小组:大屋上下组、油榨冲组、汉口上下组、土下上下组、水库上组、水库下组、驻西边上下组、宏公祠上下组、杏院组、冲头上下组、前屋组、湾里组。全村516户1630人,其中,常住人口1412人、流动人口218人。居住人口中以汉族为主,还有苗族、布依族等少数民族;村内姓氏以陈、刘、苏为主。

自然环境与资源 上村村属半丘陵半山地地形,地势北低南高,另外村庄地势坡度变化小,呈现纵向盆谷态势。耕地面积1700余亩、林地面积4万余亩,森林覆盖率98.5%。境内婆婆岩是湘东区第一高峰,海拔高度为1161.4米,山上以千亩野生映山红为主体,山下有500余亩板栗林为衬托,是萍乡野外徒步的好去处。境内的小溪小河有4条,大河1条,由南至北。

经济概况 上村村农业主要种植水稻,种植面积1700余亩,产量1020余吨。上村村的工业主要以石材开采加工为主,运输业为辅。2023年村级集体经济收入20.8万元。319国道挂线贯穿全村,直达湖南,交通便利,经过村境内的232省道沥青路面9米宽,村主干道、主要村组路等为水泥硬化路面,中心村为4.5米宽沥青路面,其他为3.5米宽水泥硬化路面。村内有水塘11口,山塘3口,小(1)型水库1座,小(2)型水库

上村村一角

上村村清风长廊

1座。

社会发展 上村村有村卫生所1所、各种健身广场6处、篮球场1个。上村居家养老中心开展有幸福食堂等各项活动,2019年起每年重阳节举办孝道文化节。

龙台村

村情概况 龙台乡于1971年建公社(乡),2003年撤乡并入白竺乡管辖。全村面积7.8平方千米,分12个村民小组,分别为王坑、陈万、大坑、大岭、龙台、大屋、和上、新冲、大坡、建新、草坪、万家冲(2003年撤乡并村时,由原来的庙山村划入龙台村管辖)。全村268户986人,有22个姓氏,主要以李、罗、谢、汤、陈、何为主。

自然环境与资源 龙台村属丘陵地形,现有耕地面积538.38亩,森林面积12000余亩,森林覆盖率达92%。山内有野猪、山鸡、野兔等多种野生动物,有天然红豆杉林40余亩,自2007年实行封山封林以来,杉林及各种灌木林保护较好,南竹面积超过森林总面积半数。耕地面积少,主要分布在草水河两旁。

龙台村为山区村,易受洪涝灾害侵袭,1964年洪水灾害使本村王坑、陈湾几十亩田地成为沙洲,损失巨大。

经济概况 龙台村主要以种植水稻、油菜、红薯为主,养殖猪、牛、羊、鸡、蜜蜂等,养殖200头以上生猪户有3家。龙台村现有黄桃产业园、金兰柚产业园2个,种植黄桃、金兰柚面积达70亩以上。投资入股大丰和平农场、农发公司排上黄金贡柚产业、排上红梨产业和江西碧湖潭旅游开发有限公司,每年能增加集体经济收入20万元以上。2023年村级集体经济收入达24万元。

社会发展 2013年以来,累计建成新农村建设点8个、项目资金220万元。建设广场坪4个,安装路灯124盏,购买健身器材20余套,改厕46户,房屋改造50多户,修建入户路2000余平方米,解决村民用水200多户,800多人受益。2018年龙台村进行了"白改黑"工程,铺设柏油路路面4.5千米。2021年陈湾防洪堤建设项目的投资为35万元,修建防洪堤520余米。

基础设施 龙台村交通便利,村庄道路网基本形成,村组道路10.2千米,境内有公路桥9座,每天有往来萍乡市区班车8趟。龙台村有变电器5台,大型水塔9座、机井1口。脱贫户16户65人,农村低保58人,五保待遇11人,全体村民均参加居民医疗保险。

龙台村新时代文明实践站

上江村

村情概况 上江村位于白竺乡西北部,距离萍乡市区27千米,是一个四面环山的小山村。在明朝洪武年间(1368—1398)就有前人搬到此处,因此处有一片水(浒)竹,故命名为"浒竹坑"。1953年新中国成立后设立上江村。辖区12个自然村组:上江组、平方组、排上组、新田组、新屋组、岭山组、石冲组、瑶塄组、竹山组、明天组、新塘组、长坪组。全村220户730余人,其中,常住人口260余人,流动人口470余人,有30个姓氏,以陈、林两姓为主。

自然环境与资源 上江村属丘陵地形,全村四面环山,耕地面积486亩,森林覆盖率达95%以上,村庄地势坡度变化大,平坦用地少,呈现纵向狭长态势。主要为油茶林、松树林、杉树林和竹林。

经济概况 上江村主要种植水稻、油茶、油菜、红薯,养殖猪、牛、羊、土鸡、土鸭、蜜

上江村开展重阳节文化活动

蜂等。2023年,水稻种植面积约103亩,种植户40余户;油菜种植面积约20亩,种植户约7户。生猪养殖户6户,全年出栏400余头;黑山羊养殖户4户,年末存栏100余头,全年出栏50余头。萍乡市希发种养合作社是规模较大的合作社。

基础设施 上江村对外道路四通八达,有通往萍乡方向的上大公路,通往白竺乡政府的龙白公路,通往湘东的126县道。村内道路宽3.5~4.5米,主要为水泥路面,兼具生产生活功能的集镇段约2千米,为沥青路面。

上江村有变电器2台,家庭通电率100%。村民主要生活用水来源于地表水,有3个集中供水点,分别位于上江片区、新屋片区、新塘片区;铺设供水管道约8千米,基本满足全村村民日常生活用水需求。有瑶塝山塘、石冲山塘等具有水利灌溉功能的山塘2口,主要采用管道加沟渠引水,可灌溉耕地300余亩。

社会发展 2023年,上江村有38户54人享受农村低保;有3户3人享受了城镇低保。全村农村医保参保率达99%。

上江村人居环境良好,建有垃圾集中处理中心1个,"厕所革命"整治厕所56个。

特色地情 上江村内共有挂牌古树4棵,分别是位于新塘的古枫树(100年树龄),位于排上组古樟树(80年树龄),位于瑶塝组的2棵古枫树(均有近200年树龄)。村内还有一座传自明清年间的包公祠,是供奉包公和关老爷的祠堂,是邻近几个村缅怀古之先贤的场所。

沙坪村

村情概况 沙坪村距离市区22千米,北至麻山船形,南接水洋,西连东桥小坑,东接龙台。区域面积10.26平方千米,全村293户1018人,辖11个村民小组,分别为塘口组、石坪组、大屋组、龙下组、大冲组、院冲组、洪间组、洪星组、大源组、石岗组、分水组。村内主要姓氏为陈、刘、余、李。

自然环境与资源 沙坪村属半丘陵半山地地形,以山地为主,村庄地势坡度变化大,平坦用地少,呈现纵向狭长态势。

村内山林面积1万余亩,水田确权面积683.44亩,主干道河流长度6千米,属草水河上游。萍龙公路穿村而过约5.6千米,为龙台片区进出城的必经之路。

经济概况 沙坪村主要种植水稻、油茶、油菜、红薯,养殖黄牛、生猪、土鸡、山羊、蜜蜂等。2023年村级集体经济收入达16.7万元。

沙坪村村委会

基础设施　沙坪村村庄道路网基本形成，交通较为便利。村庄道路X051县道全长5.6千米，为沥青路面。建设有主干道桥梁3座、小型桥梁8座、涵洞型桥梁6座。

村内有变压器5台，平均每台功率200千瓦，家庭通电率100%。村民主要生活用水来源于山泉水，有7个集中供水点，有自来水蓄水池7座。

村内有山塘2口，新修水圳950米，维修水圳850余米，灌溉农田面积300余亩。清理河道、修补河堤1500余米，饮水打井5口，饮水维修蓄水池6座。

社会发展　2018—2023年，沙坪村新农村建设项目5个，河道治理项目1个。全村90%使用冲水式卫生厕所。

沙坪村有1所卫生院，服务范围辐射到龙台、上江、沙坪、水洋等四个村。农村医保参保率达100%。

水洋村

村情概况　水洋村位于白兔乡西部，属典型的山区乡村，区域面积8.2平方千米，800余人，9个村民小组，分别为仓背组、双桥组、练忠组、龙下组、神下组、高龙组、大存组、新屋组、江边组，主要姓氏为王、陈、曾、黄、漆、谭、龚、徐。

自然环境与资源　水洋村属半丘陵半山地地形，地势北低南高，另外村庄地势坡度变化大，平坦用地少，呈现纵向狭长态势。

水洋村

水洋村绿化率达70%,森林面积8300万余亩,其中耕地面积549.72亩。林地面积为2582.85亩,主要为油茶林、松树林、杉树林和樟树林。

经济概况 水洋村主要种植水稻、油茶、油菜、红薯,养殖土鸡、羊、鸽子、蜜蜂等。2022年,水洋村水稻种植面积约500亩,种植户约250户;油菜种植面积约400亩,种植户约300户。另外,2022年新引进水稻制种项目,种植面积228亩,从业人员约15人。黑山羊养殖户5户,年末存栏180头,全年出栏150头。2023年集体经济收入已达到24.7万元。

基础设施 水洋村人居环境较为良好,村内有路灯150盏,均为太阳能路灯;建有垃圾集中处理中心1个,"厕所革命"整治厕所80个。

村内有变电器8台,总功率4000千瓦,家庭通电率100%。村民主要生活用水来源于深井水,有4个集中供水点,分别位于仓背组、双桥组、大存组、练忠组;有龙岩瀑布,主要采用沟渠引水,可灌溉耕地600余亩。

社会发展 水洋村有204户570人享受失地农民保险,有35户54人享受了农村低保。

特色地情 水洋村古属楚地,具有浓厚的古傩遗风。蓝仙庙始建于清光绪十四年(1888),重修于2001年,是水洋村保存较为完整的古傩庙。

源头村

村情概况 源头村为渌水河之源头,故名"源头村"。全村面积9.6平方千米,耕地面积642亩,山岭面积13000余亩。下辖14个自然村组:东田组、田心组、石头背组、谢湾组、桥头组、石坪组、苟口田组、西冲组、青连山组、毛田组、毛安组、庙湾组、庙下组、山下组。全村有368户1405人,其中,男性743人、女性662人。常住人口1315人、流动人口90人。共有32个姓氏,以罗、卢、谢、刘、何、钟为主。

1911—1949年,属江西袁州府萍乡县光化乡永州里五保源头社管辖;1949—1958年,属安源南溪乡管辖;1958—1963年,属白竺公社管辖;1964—1968年,属源滩公社管辖;1969—1972年,属麻山公社管辖;1973—1983年,属源滩公社管辖;1984—2003年属源滩乡管辖;2004年属白竺乡管辖。

自然环境与资源 源头村属半丘陵半山地地形,地势北低南高,另外村庄地势坡度变化大,平坦用地少,呈现纵向狭长态势。

辖区内有和平农场景区,绿化率达85%。林木主要为杉树林、竹林和油茶林、杂木林。受地形和水文条件影响,源头村在1994、1998、1999和2019年分别暴发过大型山洪。

经济概况 源头村主要种植水稻、油茶、红薯,养殖土鸡、羊、鸽子、蜜蜂等。2022年,水稻种植面积约50亩,种植户12户;黑山羊养殖户6户,全年出栏150头。村集体成立金兰柚基地,以"旅游+产业+服务业"为主。2010年成立的和平农场,主营业务以"餐饮+无动力乐园+民宿"为主,年产值达960余万元。2009年成立的磊鑫采石场,主营业务为采石、沙子加工,2022年年产值达400余万元。源头村商贸较为繁荣,每月逢农历七大型赶集。年营业额达100万元以上商家2家。

2022年,源头村联合大丰村共同成立江西桐花谷旅游服务公司,与大丰村共同入股树屋特色民宿项目,收益按入股比例分红。2023年村级集体经济收入达70.4万元。

源头村

源头村村委会

基础设施 源头村村组公路纵横交错、四通八达、交通便利。境内有萍莲高速、319国道、S311省道穿村而过。村内有变电器13台，家庭通电率100%。村民主要生活用水来源于集中供水和深井水，有1个集中供水点，位于桥头组；有自来水蓄水池2座，可蓄水300立方米，铺设自来水管道约12千米，基本满足了全村村民日常生活用水需求。村内有水坝7座、渡槽1座，主要用于灌溉发电，可灌溉农田1000余亩。

社会发展 源头村建有源头幼儿园和源涖九年一贯制学校，九年义务教育覆盖率100%。

村内建有1所卫生院，服务范围辐射大丰、崇源、桃源、三山等周边村庄。

村内有110户225人享受失地农民保险，有67户82人享受农村低保。2022年度农村居民医保参保率达99%。

村庄道路网完善；村内有路灯150盏，均为太阳能路灯；建有垃圾集中处理中心1个；"厕所革命"整治厕所45个，整改旱厕3个。

特色地情 万缘石拱桥。位于白竺乡源头村苟口田组，总长72米，宽5.5米，离水面约6米，三拱石桥，有分水鱼嘴，始建于清代，先后修建3次，此桥整体保存完整，建造工艺完全为民间工艺，独具特色。

源头渡槽。位于乡源头村，东西走向，全长280米，每拱长10米，宽1.5米，为钢筋水泥结构。建于1966年，由麻山镇、源并乡、白竺乡三个乡镇集体修建。主要用于农田灌溉，是将崇源村上游引至源头村的主水渠。

大丰村

村情概况 大丰村是在撤源涩乡合并为白竺乡后,由大湾村和并田村合并而来。大丰村交通区位优越,地处湘赣边界,位于萍乡南部,湘东区的东南部,是两省(湘、赣)四县区(攸县、莲花县、芦溪县、湘东区)交界之地。大丰村地处白竺乡北部,东临萍乡市区和芦溪县,东南靠莲花县,东距萍乡市区15千米。

大丰村总面积27平方千米,下辖16个自然村组:并田、高天、大源、大岭、黑桃、过风、李坑冲、巫家、义仓、大湾、棉花排、荷花地、白岭、曹家庵、糟冲、半山。全村330户1053人,其中,男569人、女484人。主要姓氏有陈、张、马、周、曾、邱、童、聂、刘等。

大丰村属半丘陵半山地地形,地势北低南高,村庄地势坡度变化大,平坦用地少,呈现纵向狭长态势。大丰村群山夹峡谷,其中山林面积2.3万亩,主要为竹林、松树林、杉树林、樟树林和油茶林。耕地面积430亩,全村森林覆盖率达93%以上,素有"天然氧吧"之称。

经济概况 大丰村主要种植水稻、油茶、油菜、红薯,养殖土鸡、羊、鸽子、蜜蜂等。2022年,水稻种植面积约70亩,种植户35户。较大养殖户有3户,养殖生猪500头;黑山羊养殖户8户,全年出栏160头。

村民采取资产、土地、劳动力等灵活多样的入股方式成立萍乡市金鸡窝种养专业合作社和萍乡市湘东区竺丰成蹊园生态种植专业合作社。联合源头村共同成立江西桐花谷旅游服务有限公司,按入股比例分红。2023年村级集体经济收入达69.7万元。

基础设施 大丰村境内交通便捷,国家一级公路319国道贯穿南北,萍莲高速贯穿整村,离高速出入路口不到2千米,构成了四通八达的交通网络。

社会发展 境内有变电器6台,家庭通电率100%。村民主要生活用水来源于山泉水,有5个集中供水点,分别位于曹家岭、半山、大湾、

大丰村桐花谷景区入口

大丰村一角

李家冲、白岭;有自来水蓄水池8座,可蓄水180立方米,铺设自来水管道约8.2千米。村内灌溉主要采用沟渠引水,可灌溉耕地100余亩。

村内建有1所卫生所(室)。村内有58户79人享受最低生活保障,有41户55人享受了农村低保,17户24人享受了城镇低保。特困供养户有12户12人。2023年度农村医保参保率达100%。

特色地情 大丰村是红色麻白古道的所在地,是千年古楠木树保护地,有古建筑15栋,有桐花谷、金鸡洞、包公庙、吊马桩、麻白古道、民俗文化馆、百年楠树、万亩竹林等景点。

崇源村

村情概况 崇源村位于湘东区的东南部,是芦溪、湘东两县区的交界之地,面积约10平方千米。原辖阳田、小江边、下园、会双、下榨、龙家坊、石下、张院背、花石冲、河背冲10个村民小组,2009年石下组分成石下、长冲口两个村民小组,现辖11个村民小组。全村383户1652人,其中,男性896人,女性756人。常住人口876人,流动人口776人。主要姓氏为谢、刘、陈、钟、黄。

清末民初,由地方知名人士发起建立义仓,号召有富余者捐献粮米,共襄赈灾,扶贫济困,其名取"崇贤里"的"崇"字加"德"字,名曰"崇德仓",寓意崇贤尚德。至1949年新中国成立后,成立农会,袭名为"崇德村农民协会",办公地址为张院背陈家祠堂。1950年建乡,仍名"崇德乡"。后与源泚乡合并,其名各取首字叫崇源乡。

自然环境与资源 崇源村属丘陵地形,四面环山,黄雀顶主峰714米,最低山岭海拔高度也在300米左右,故此村很少发生风灾。

崇源村拥有丰厚的森林资源,森林覆盖率达到80%以上。境内能源矿产有煤,黑色金属矿产有铁和锰,非金属矿产有高岭土(陶瓷土)、石墨等。

经济概况 崇源村的家养禽畜有牛、羊、猪、狗、鸡、鸭、鹅,可利用的野生动物资源主要有蛇、兔、野猪、麂、山鹿、河鱼、虾、蟹、田螺、石鸡(野生牛蛙)等。境内的竹类随处可见,品种较多。价值较高的树木品种主要以杉树为主,其他还有樟树、油桐树、柏树、榕树、杨梅树、板栗树、油茶树、筋树(青冈)等。

崇源村地处偏远山区,商贸不是很发达。食用农作物基本上是以谷类作物为主,其次是薯类作物、豆类作物和油料作物,其他作物只有少量的种植。

依托2021年成立的萍乡市湘东区白竺乡崇源村股份经济合作社,和同年8月份

崇源村农村安全饮水工程

崇源村村委会

投资的占地面积870平方米的180千瓦屋顶光伏发电项目,村级集体经济开始有良好的起步。2023年村级集体经济收入达36.4万元。

基础设施 村内主要道路是"南部经济旅游干线(原×314)"省道S311崇源段,长度约4.5千米,沥青路面,宽8米。有省道S311线公路桥梁2座:会双桥、小河口斜拉桥。通信网络信号覆盖率100%,宽带网络使用率约90%,有线电视使用率100%。村内有邮政物流配送点。境内有大小陂坝13处,其中会双河6处,安装了7部筒车,挽水灌田,龙家坊小河4处,大多直接引水灌田。

社会发展 崇源小学于2006年下学期撤销四、五两个年级,并入源溠中心学校。2010年下学期又将一至三年级全部转入源溠中心学校,自此停办。

村内有脱贫户27户80人,低保60户81人(其中农村低保51户66人、城镇低保户9户15人),25户115人享受了失地农民保险。2023年度崇源村农村医保参保率达100%。

村内所有的主干道均为柏油沥青马路和水泥马路,村内主干道安装路灯共计236盏;全村设有垃圾分类点17处,"厕所革命"整治厕所357个。

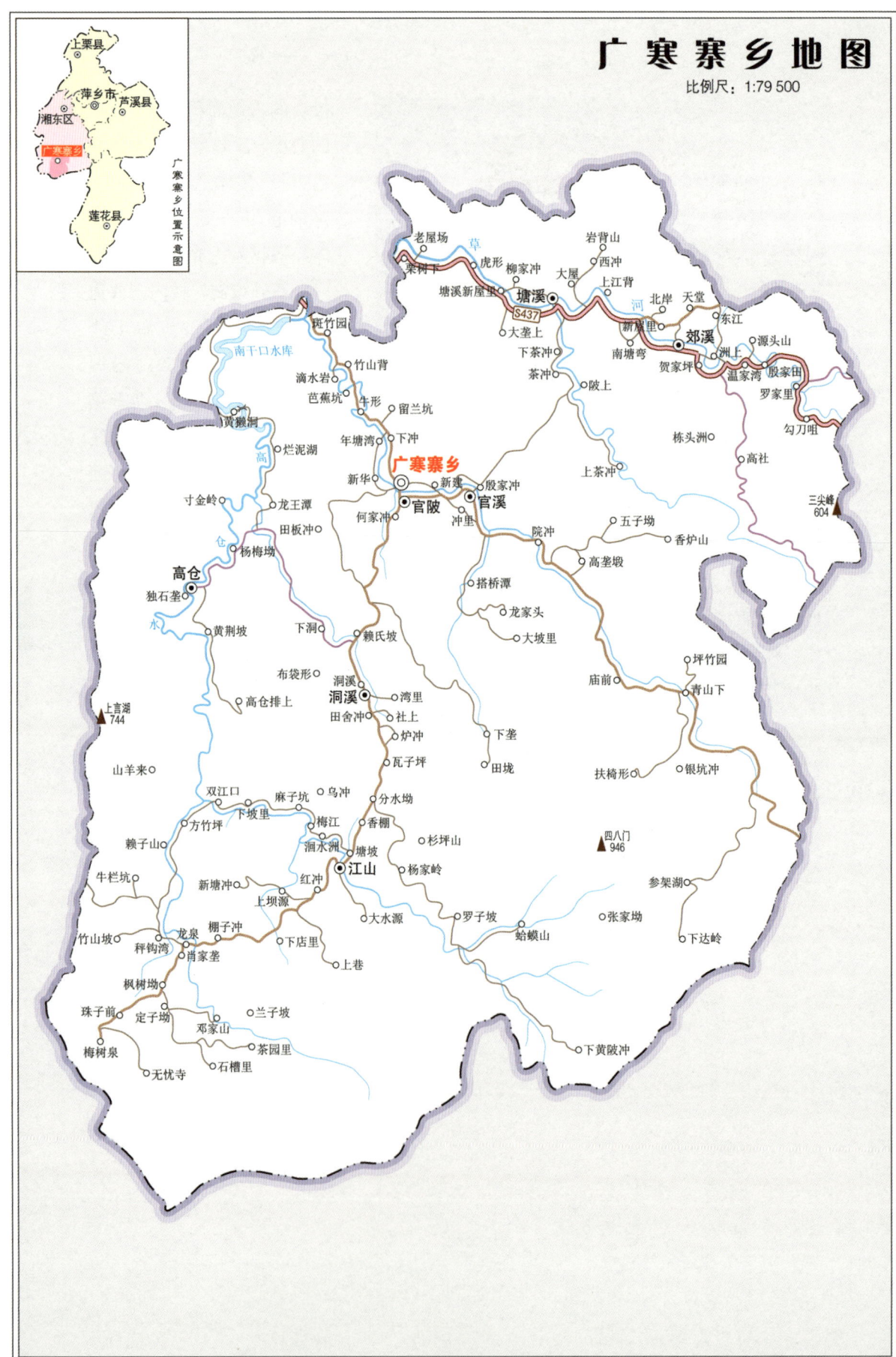

广寒寨乡（垦殖场）

广寒寨乡（垦殖场）地处萍乡市西南部、湘东区南部，东邻白竺乡，南与湖南省株洲市攸县高枧镇、黄丰桥镇、柏树下镇接壤，西依东桥镇，北连白竺龙台村；乡政府（垦殖场）驻地官陂村，距萍乡市政府约42千米，距县城33千米。辖区面积98.14平方千米，95%为山地，有林地面积14万余亩，耕地面积7000余亩。

广寒寨乡（垦殖场）因南部山高陡峭气温低、主峰南侧有一较大坪地，故称广寒坪。相传三国蜀将黄忠曾在广寒坪驻兵扎寨，广寒寨因此而得名。1949年8月前属乐群乡和昌源乡。1950年8月后属东桥区塘溪、官陂、中村、龙泉4乡。1952年属第八区的洞溪、官陂、南岗口和第七区的中村、龙泉、塘溪乡。1956年属麻山区的官陂乡、塘溪乡和安源区的白竺乡部分。1957年为官陂乡，同年12月创建广寒寨垦殖场，属萍乡县。1958年改为国营广寒寨垦殖场属萍乡县。1959年垦殖场划出部分设立官陂公社。1961年属东桥区鸭路、郊溪公社、广寒寨垦殖场。1966年划分为广寒寨垦殖场和塘溪公社。1968年塘溪公社并入广寒寨垦殖场，鸭路划入东桥公社，水洋、锅底划入麻山公社。1972年从广寒寨垦殖场和麻山、白竺2乡析出部分大队设立龙台公社，黄岗大队划入白竺公社。1984年3月从广寒寨垦殖场析出部分村设立广寒寨乡，场乡并存。1988年场乡合一。2003年9月撤乡并村，中村村划归白竺乡管辖，龙泉村并入江山村，青山村并入官溪村。

广寒寨乡地处罗霄山脉北段，属半山地半丘陵地形。地势东南高，西北低。境内主要山峰有广寒寨、四八门、乌龟石、三尖峰、黄忠寨等。海拔最高点位于江山村西南面省界上的广寒寨，海拔1091.3米；海拔最低点位于原南岗口纸厂东面田垄，海拔94米。属亚热带湿润季风气候，其特点是气候温和，四季分明，光照充足，雨量充沛。境内河道为草水上游属湘江水系，有大小河流4条，总长约12千米，流域面积98平方千米。境内最大河流为高仓河、官陂河。有小（1）型南岗口大沙江水库。广寒寨乡素有萍城"天然氧吧"之称，是全区唯一的国家级生态乡镇、全国绿化模范单位，也是碧湖潭国家森林公园的主要景区之一。境内生态保护良好，生态旅游资源十分丰富，有数量庞大的金丝楠、红豆杉、银杏等名贵树木和江山十万亩竹海，还有拥有奇石秀水、林泉飞瀑等奇观的黄金谷和三十六湾大峡谷，更有享誉萍城的四八门野生杜鹃、黄忠寨金缕梅和积雨成溪、远近闻名的大沙江体育公园。2024年2月8日月上广寒景区被评为国家AAAA级旅游景区。

2023年，境内辖7个村，分别是官陂村、官溪村、洞溪村、高仓村、江山村、塘溪村和郊溪村。有129个村民小组，总人口10600人，境内人口大多数为汉族。全乡有党组织16个，党员479人。

境内粮食作物以水稻、玉米、红薯为主，主要经济作物有油菜、蔬菜等，畜牧业以生猪、羊为主，林业以防护林、经济林、竹林为主，辖区内有广寒寨三通电线厂等。广寒寨

广寒寨乡大沙江体育公园

乡境内有磁铁矿、高岭土。野生动物资源有獐、野猪、穿山甲、野山羊、豪猪、刺猬、松鼠、水獭、野猫、野兔、黄鼠狼等10多种；野生植物资源有红豆杉、楠木、方竹等。

广寒寨乡以农业、旅游业和工业为主要产业。农业方面：特色农业品牌化，发展壮大了官溪沃柑、塘溪马家柚、官溪黄桃、官陂黑木耳、塘溪红薯粉、郊

广寒寨乡王中行公祠

溪富硒藤茶、三十六湾稻鸭米、江山竹笋等特色果蔬品牌，打造了以黄精种植基地、高山有机蔬菜种植基地、洞溪荷花种植基地等农业基地，发挥广寒优势条件，打造了山泉水厂为主的强村富民产业，2023年全乡7个行政村集体经济收入均超过20万元。旅游方面：全域旅游产业化，立足于得天独厚的自然资源，构建了知青印象—萍乡小西路革命斗争展示馆—广寒寨手工艺研学馆—大沙江体育公园—四八门映山红景点旅游大环线。同时，深挖文化资源，释放开发活力，充分发挥知青文化优势和生态优势，深入挖掘红色文化，盘活垦殖场闲置资产，投入资金建成了以扎染、陶艺、编织和绘画等文化体验为主要内容的知青文化研学馆，萍乡小西路革命斗争展示馆，文体广场、生态垂钓和户外拓展基地为一体的三产融合示范基地项目。工业方面：飞地经济规模化发展，2023年全年完成财政总收入13039.5万元，同比增长39.9%；完成一般公共预算收入5316.9万元，同比增长50.4%；完成规上工业企业总产值47533.7万元，同比增长12.08%，规上服务业收入3574.6万元，新增规上企业3家。

广寒寨乡境内人杰地灵，人才辈出，著名人物有土纸专家巫景霞，神仙郎中吴景云，抗日将领陈作龙，当代方志学者朱树桂等。1927年，以刘型为首的共产党人在院冲分场南楼冲建立了萍乡县第三区苏维埃临时政府。

广寒寨乡的教育、卫生、科学、体育、精神文明建设等事业发展良好。2022年，有幼儿园2所，在园幼儿62人，专任教师6人；有小学1所（塘溪小学），在校生36人，专任教师9人；有九年一贯制学校1所，在校小学生177人，初中学生134人，专任教师42

人。初中适龄人口入学率、小升初升学率、九年义务教育覆盖率均达100%。全年城乡居民医保参保率达99.93%，位列全区第一。广寒寨社工站荣获2023年度江西省"六化"乡镇(街道)民政服务站(社工站)。有乡镇综合文化站1个，村级综合文化服务中心7个。有敬老院1所，设置床位66张，在院老人30人。

广寒寨乡有脱贫户154户552人，监测户16户40人，有3个"十四五"重点帮扶村，其中省定重点帮扶村2个(官陂村、江山村)、区级1个(官溪村，为"十三五"脱贫村)。

官陂村

村情概况 官陂村地处广寒寨乡西北部，东邻塘溪村、官溪村，南连洞溪村，西依高仓村，北靠东桥镇东桥村。东西两侧高山对峙，草水河两岸多河谷冲积平地。有县道接东桥处省道，乡道往南通往江山、官溪等方向。境内有小(1)型南岗口水库。1949年8月前为昌源乡第六保。1950年8月后属东桥区官陂乡。1952年属第八区官陂乡。1958年为广寒寨垦殖场官陂大队，同年划出部分设立广寒寨垦殖场风形山直属队。1959年属官陂公社。1961年改为广寒寨垦殖场官陂大队。1984年3月改为广寒寨乡官陂村，以驻地得名。

官陂村隶属广寒寨乡管辖，广寒寨乡人民政府、卫生院、农商银行、邮政所等均坐落在村中心。全村下辖18个村民小组，分别是红星组、长征组、竹园组、上屋组、下屋组、芦下组、榨下组、留一组、留二组、留三组、新华组、下江背组、官陂组、新建组、杜家冲组、何家冲组、新复组和同心组。有325户1350人。人口较多的姓氏有汤姓、贾姓。官陂村总面积5.4平方千米，其中耕地682.81亩、林地5312.1亩。

自然环境与资源 官陂村山清水秀，土地肥沃，森林资源丰富，人杰地灵。村内含官溪的河流途经官陂，穿村而过直达湖南清水江。村内有一座小型水库滴水岩，水泥桥8座，有银杏树、枫树和楠树。

经济概况 官陂村村内有仙寨阁、天然居大酒店两个酒店，可置办酒席和住宿。有萍乡市甜怡山泉水厂、鞋面加工厂、网帽加工厂、木耳基地等产业，解决就业人数上百人。村内有10余家小商店，4家餐馆，每年约有3万元的村级公益林收入。村内商贸繁荣，农历每月逢一、七有大型赶集。

基础设施 全村境内有1条主干道，途经里程有4.5千米，有电信、移动、联通等用户数325户，宽带安装157户，全村供电用户325户，水渠大约长468米，水坝4座，河道

官陂村（夏孟迁 摄）

4.5千米，花费8万余元修缮水库。

社会发展 村内建有2个活动广场、1个老年活动中心、1所卫生院、1家昌盛大药房。村内有1所幼儿园，位于广寒寨乡人民政府旁边。原本设有1所小学，名为官陂小学，因资源整合，将官陂村、官溪村合并为1所小学，地址位于官溪村。

特色地情 村内有1所寺庙，聚仙寺。

20世纪50年代，一大批知识青年从城市来到官陂村，用双手建设幸福家园。进入新时代，官陂村依托山水资源和知青文化，打造"知青印象"研学基地，开办山泉水公司，大力发展黄精、黑木耳等特色农业产业，走出了一条"农文旅"融合发展之路。

官溪村

村情概况 官溪村地处广寒寨乡东南部，东邻塘溪村和白竺乡黄岗村，南连湖南省株洲市攸县黄丰桥镇广和村，西依官陂、洞溪、江山村，北毗塘溪村。1949年8月前属昌源乡第六保。1950年8月后属东桥区官陂乡。1958年属广寒寨垦殖场官陂大队。1959年属广寒寨垦殖场官溪分场。1964年更名为官溪大队。1984年3月更名为广寒寨乡官溪村。原青山村1949年8月前属乐群乡第六保。1950年8月后为东桥区中村乡青山村。1953年为第七区官陂乡青山村。1958年为广寒寨垦殖场青山大队，同年冬划出部分设立广寒寨垦殖场大竹山分场和院冲分场。1984年3月改为广寒寨乡青山村。2003年9月青山村并入官溪村。以驻地官溪而得名。1927年在南楼冲建立了苏维埃临时政府。现存有苏维埃政府和枪炮局旧址。有13个村民小组,分别为烟家冲组、冲里组、石岩下组、松树下组、杨家冲组、庙前组、扶椅形组、大沙江组、下达玲组、青山下组、坪竹园组、胡家排组、银坑冲组,有346户1210人。其中常住人口360人,流动人口850人。居住人口中以汉族为主。官溪下片区以朱、孔、周、邱姓为主,青山下片区以巫、赖姓为主。村庄总面积13.7平方千米。

自然环境与资源 官溪村属于亚热带湿润季风气候区,气候温和,光照充足,降水量充足,年降水量在1500~1900毫米之间。山峰高峻,植树茂盛,境内最高峰"四八门"海拔946米。驻足四八门峰顶,在晴好天气可眺览萍乡、醴陵、攸县。境内有1条草水河,由两条溪汇集而成,全长16千米,从团结组至下洞组,经高仓流入南岗口萍水河。全村耕地面积1160亩,林地面积2081亩。全村有小型水库1座,水域面积180亩。境内有煤、铁矿、高岭土、石灰石等矿产资源。村内具有天然独特的森林资源,有杜鹃花、千年红豆杉、银杏等珍贵植物,有獐、黄鼠狼、野猪、山鸡、竹鸡、菜花蛇、五步蛇等野生动物。有大沙江体育公园、红色研学基地、四八门景区等,每年引来数万名游客前来观赏游玩。

经济概况 官溪村内果园种植基地300余亩,主要种植黄花梨、沃柑、黄桃等水果,带动全村村民就业增收。

基础设施 村内有一条主干道,路面宽6米,由村级、村民集资和上级部门出资修建,通往大沙江景区,全程18千米。电信、移动、联通已全覆盖,宽带已安装至13个村

官溪村

民小组。村级水渠长1.2千米,水库山塘共13口。

社会发展 村内有1所九年一贯制学校,可满足广寒寨乡7个村小学至初中教育阶段的就学需求。有3个体育广场和1个居家养老服务中心,基础设施完善,用于村民健身娱乐。村内配置1个卫生室,配备村医每天值班为村民提供医疗咨询和就诊拿药等服务。垃圾进行分类处理并及时转运,在主干道两边栽种树木进行绿化有效改善人居环境。

特色地情 官溪村是一个红色故土,村内有烈士陵园,并建有萍乡小西路革命斗争展示馆纪念孔滋勋、张汝全等萍乡小西路革命者。

高仓村

村情概况 高仓村位于广寒寨乡的西面,东邻官陂、洞溪村,南连江山村,西依东桥镇边山、杨源村,北靠东桥镇东桥村。1949年8月前属昌源乡第八保。1950年8月后属东桥区龙泉乡。1958年为广寒寨垦殖场高仓大队。1984年3月更名为广寒寨乡高仓村。以境内高仓里而得名。村内有15个村民小组,分别为排上组、中言湖组、蒋家湾组、高仓组、杜石坨组、龙王潭组、韭菜湖组、横坡组、柴坪组、寸金岭组、九龙坡组、盆形组、黄沙洞组、大圣组、台茶冲组,共有188户680人,其中常住人口210人,流动人口470人。居住人口中以汉族为主。人口最多的姓氏为曾姓。全村总面积12.3平方千米,村庄南北方向为高山区。村民散居在高仓河两岸和东边下洲上山冲内。村北傍南岗口有小(1)型水库。有乡村公路通达境内。

自然环境与资源 高仓村有森林面积1.7万余亩。辖区内森林茂密,有高仓瀑布、石桥、双门石等自然景观。村内空气新鲜,景观宜人,是休闲、登山徒步、漂流的好去处。有煤、石灰石等矿藏资源。有水泥桥7座,电坝2座。

经济概况 村内农业以种植水稻、油菜、红薯和养殖猪、牛、羊、鸡、鸭为主。得益于村内环境优美、空气新鲜,村庄注重发展旅游业和养殖业,有高仓垂钓基地、高仓瀑布、高仓漂流等旅游项目和高仓小河鱼、高仓蜂蜜等养殖项目。

基础设施 高仓村道路里程共4.5千米,由村级出资80万元进行水泥路面硬化。有电信、移动、联通等用户170户,宽带安装80户。有水渠300米左右,水坝2座,河道10千米。

社会发展 高仓村文化活动场所占地面积约460平方米,包括村委会、党群服务

高仓村鸟瞰

中心约120平方米,新时代文明实践站约100平方米,文化健身广场约200平方米,旅游公共厕所约40平方米。新时代文明实践站采取"一室多区"形式建设,共设立4个室内活动室和1个室外体育健身活动点,包含理论宣讲室、市民教育室、科普宣传室、文化活动室、四点半课堂、移风易俗工作室等多个功能区域。村委会为村民提供代缴医保服务,2022年度农村医保参保率达100%。村内人居环境较为良好。

特色地情 双石门。在高仓河上游,有两块长5米、宽12米、高6米的巨石,分别从河两边的山脚下相对突起,凌空横跨河面,中间仅有2米宽的间隙,远远望去,这两块巨石就好像连在一起,河水从石下穿流而过,急湍隆鸣,甚为奇观,双石门由此而得名。

高山平湖。位于高仓河下游,水坝拦河而建,使高仓河在峡谷中形成一个风光美丽的高山湖泊。水坝高20余米,兼具发电和灌溉功能。湖面全长4千余米,平均宽70余米,最宽处100多米,水域面积约450亩,其湖水深邃、幽蓝、纯净。

独石龙瀑布。位于高仓村内,瀑布高约70米,沿壁飞泻,气势磅礴,似游龙吐沐,霏霏而下,随风飘扬。

洞溪村

村情概况 洞溪村位于广寒寨乡东南部,东邻官溪村,南连江山村和湖南省株洲市攸县黄丰桥镇广和村,西依高仓村,北依官陂村。1949年8月前属吕源乡第七保。1950年8月后属东桥区官陂乡,1952年为第八区洞溪乡。1958年为广寒寨垦殖场洞溪大队。1984年3月更名为广寒寨乡洞溪村。以境内洞溪得名。有18个村民小组,分别为黄陂冲组、骆子坡组、团结组、炉冲组、前进组、万里组、新建组、新盟组、上园组、赖氏坡组、下洞组、下垅组、上山组、田垅组、同心组、瓦屋组、下石屋组、田舍冲,共359户1198人。居住人口中以汉族为主。全村姓氏有30多个,主要姓氏有王、陈、张。村庄总面积15.2平方千米。

自然环境与资源 洞溪村山岭面积2.7万余亩,地貌以山地为主,四周高山耸立,中有一南北向垄,最高海拔1100米,村内有四八门映山红景区。属亚热带湿润性季风气候,全年光照充足,雨量充沛,春夏秋冬四季分明,最高气温达39℃,最低气温-5℃。有1条草水河,全长16千米。有团结水库,水域面积16亩。有周家冲和青塘冲2口山

洞溪村

塘,20口水塘,用于农田灌溉。

经济概况　村内农业以种植水稻、油菜、红薯和养殖土鸡、羊、牛为主。有100余亩果园种植基地,主要种植秋月梨、脐橙等水果作物,带动全村村民就业增收。

基础设施　村内有2条主干道,1条通往四八门景区公路,路面宽4.5米,全程9千米;1条是环村公路并通往湖南攸县,路面宽6米,全程12千米。水渠长约2.8千米,水库山塘共3口。有小卖部2家。

社会发展　村内建有1所卫生室,村委会为村民提供代缴医保服务,农村医保参保率位居全乡前列。有敬老院1所,设置床位66张。

特色地情　村内有王中行公祠,位于新建组,建于清代。2012年3月29日,湘东区人民政府公布为第二批区级文物保护单位。

江山村

村情概况　江山村地处广寒寨乡西南部,东连洞溪村,南连湖南省株洲攸县黄丰桥镇广和村和黄图岭镇高视村,西依东桥镇界头村,北界洞溪村。1949年8月前属昌源乡第八保。1950年8月后属东桥区龙泉乡。1958年为广寒寨垦殖场江山分场。1959年为官公社江山大队。1966年复属广寒寨垦殖场,仍名江山大队。1984年3月更名为广寒寨乡江山村。原龙泉村1949年8月前属吕源乡第八保。1950年8月后属东桥区龙泉乡。1957年冬划出部分设立先遭村林场。1958年为广寒寨垦殖场龙泉大队。1984年为广寒寨乡龙泉村。2003年9月龙泉村并入江山村。以境内江下山得名。辖区面积22.45平方千米,其中森林面积28万亩、农田面积1630亩,河流全长36千米。有27个村民小组,分别为高峰组、梅树泉组、肖家垅组、从阳山组、金星组、高冲组、大水源组、水古冲组、石槽组、邓家山组、称沟湾组、竹山坡组、上巷组、上新组、梨树坪组、杨家岭组、茶园组、兰子坡组、牛栏坑组、山羊楼组、塘坡组、香棚组、朱子泉组、东风组、屋冲组、下坡组和梅江组,共520户1630人。居住人口中以汉族为主。全村姓氏有30多个,主要姓氏为王、贺、陈姓。

自然环境与资源　江山村全境属高山区,地势东、南、西三面高,北部略低,地形以山地为主,有"森林公园"之称。南边省界上广寒寨主峰,海拔高度为1091.3米,由5座高峰相连形成。属亚热带湿润性季风气候,全年光照充足,雨量充沛,春夏秋冬四季分明,最高气温达39℃,最低气温-5℃。村内河流全长36千米,分别从高峰、板子

江山村鸟瞰(夏孟迁 摄)

桥、上巷、金星交叉汇入双江口河流,经高仓流入南岗口萍水河。村内森林茂密,有银杏树、枫树、圆珠树、红豆杉等100多棵千年古树。

经济概况 全村农业以按季种植水稻和油菜花为主。农田主要灌溉方式为山塘水,受季节和天气影响较大。有竹笋加工厂,年产值35万元,带动全村村民就业增收40万元。有高山蔬菜种植基地,带动村民就业10余人。

基础设施 村内有3条主干道,路面皆宽5米,1条通往湖南的省道全程10千米,1条通往邻镇东桥的公路全程5千米,1条是环村公路全程7.6千米。村级水渠2.8千米、水坝4座、河道4条。

社会发展 村内有文体广场1个、卫生室1所。商贸便利,有便民小商店2家。

特色地情 村内有黄忠寨、黄金谷等旅游景点。

郊溪村

村情概况 郊溪村地处广寒寨乡东北部。东邻白竺乡长坑、黄岗村,西、南邻塘溪村,北靠白竺乡水洋村。1949年8月前属昌源乡第二保。1950年8月后属东桥区塘溪乡。1958年为广寒寨垦殖场郊溪大队,同年冬划出部分设立广寒寨垦殖场直属队、本竹水运队。1959年为官陂公社郊溪大队。1961年属东桥区郊溪公社。1966年属塘溪公社。1968年属广寒寨垦殖场,仍名郊溪大队。1984年3月改名为广寒寨乡郊溪村。从白竺乡水洋和黄岗流来的小溪在境内交汇后向西汇入草水河,故名交溪,后写为郊溪,村依此得名。

全村有21个村民小组,分别是郊下坪组、上江背组、新江组、天堂组、新江殿组、磨形里组、北岸组、东江组、新屋里组、源头山组、南塘弯组、千步等组、栋头洲组、贺家坪组、殿家田组、温家湾组、罗家里组、陈家冲组、勾刀咀组、双江山组、高社组,共393户1396人,其中常住人口305人,流动人口1091人。居住人口中以汉族为主。主要姓氏为陈、汤、吴姓。村庄总面积8.09平方千米。

自然环境与资源　郊溪村东南为高山区,北部沿草水河有少量河洲地,前有五峰山,后接罗霄山脉,村域山岭众多,林木种类繁密,有板栗山、竹林及各种乔木林。属亚热带季风湿润性气候,四季分明、雨量充沛、日照充足。境内有红豆杉、野生藤茶等植物,草水河贯穿全村,村内有大范围水田以及池塘分布,水系资源丰富。

经济概况　郊溪村以种植水稻为主,村内共有农田1336亩,其中有920亩属高标准农田。有两个电站分别为郊溪电站、千步电站。郊溪电站年发电量为150万千瓦时。千步电站年发电量为90万千瓦时,解决了2人的就业,年纳税3万元。种植小叶藤茶200多亩。2021年1月,郊溪村石峰湾藤茶加工厂正式成立,藤茶年销售量达200千克以上。2022年,郊溪村集体经济收入突破20万元。

基础设施　作为广寒寨乡的西大门,232省道横跨整个村,126县道连接郊溪村与

郊溪村状元桥廊(史根燕　摄)

郊溪村

白竺乡,村内道路通畅便利。有水渠、水坝、山塘、水库。

社会发展 村内有卫生室1所。村里建有老年人活动场地,可供老人进行娱乐活动。2020年12月18日被江西省林业局评为"江西省森林乡村"。

塘溪村

村情概况 塘溪村地处广寒寨乡北部,东邻郊溪村,南连官溪村,西依官陂村和东桥镇东桥村、鸭路村,北靠东桥镇小坑村。1949年8月前属昌多第七保。1950年8月后为东桥区塘溪乡塘溪村。1958年为广寒寨垦殖场塘溪大队。1959年属官陂公社。1966年属塘溪公社。1968年属广寒寨垦殖场,仍名塘溪大队。1984年3月改名为广寒寨乡塘溪村,以驻地塘下(又名塘溪)得名。距萍乡市城区52千米,湘东区至塘溪村自驾40千米,境内公路畅通,交通便利,地理位置优越。

全村有17个村民小组,分别为栗树下组、虎形组、内屋组、老屋组、万里组、山下组、新屋组、大垅上组、月形组、山岭上组、陂上组、茶冲组、建新组、塘下组、社下组、大屋组、西冲组,共502户1723人。居住人口中以汉族为主。全村姓氏有70多个,主要姓氏有陈、汤、周、张等。

自然环境与资源 塘溪村位于广寒寨乡东北部,辖区面积9.7平方千米,地处罗霄山脉北段,属半山地半丘陵地形,2019年入选国家森林乡村,海拔最高点三十六湾峡谷位于村境内,海拔高度为600余米。属亚热带湿润季风气候,其特点是气候温和、四季分明、光照充足、雨量充沛。村内有1条河全长3.2千米,从郊溪村新江殿流入塘溪村塘下,汇合三十六湾,流至栗树下汇入草水。有水塘20个,分布在陂上、大屋、塘下、山岭上、山下、老屋、栗树下等村民小组,用于灌溉农田。水坝3座,用于三十六湾漂流。塘溪村峰峦叠翠,峡谷幽深,植被茂密。有上千年的古老槐树、百年樟树,上百年古树有39棵。丰富的植物资源和良好的生态环境为动物的生长及繁衍提供了有利的天然条件,哺乳类、鸟类、爬行类、昆虫类等动物均有分布。常见的动物有八哥、喜鹊、麻雀、白鹭、翠鸟、燕子、黄鹂、斑鸠、青蛙等,主要分布在山地、陵谷针阔混交林、田野及水域中。

经济概况 塘溪村内种植水稻、油菜等作物。有红薯粉丝加工厂1个,年产值70万元,带动全村村民就业增收20万元。有7个小卖部。

基础设施 村内有一条主干道,湘东区S232境内全程3.5千米。万里组、山下组是沥青道路,全程共0.83千米,路面宽4.5米。水泥路面全程15.5千米,路面宽3米。有水渠5千米,水坝3座,河道2条,共17千米。

塘溪村俯瞰(夏孟迁 摄)

塘溪村新农村建设

社会发展 塘溪学校始建于2007年,学校占地面积1400平方米。现有4个小学班,在职教师13名,学生50余名。在万里组建设了1个篮球场,每个自然村组都设有休闲娱乐广场,用于村民健身娱乐。村级卫生室1所,配备了村医每天值班为村民提供医疗咨询和就诊拿药等服务。有居家养老服务中心1个。村级配备了环卫保洁人员,对垃圾进行清扫并及时转运。

特色地情 三十六湾漂流峡谷,全长3.6千米,水面落差高度达160米,漂流峡谷内植被繁茂、风光旖旎、秀美异常、险滩不断两岸青山叠起,河流蜿蜒曲折,水中怪石林立,深涧急流翻滚。是炎炎夏日大众避暑、纳凉、休闲、娱乐之处。

后 记

历时三载,这部承载着萍乡各村(社区)风貌与底蕴的《萍乡概览》终于付梓,这是迄今为止萍乡市第一部覆盖全市所有行政村的地情资料丛书,填补了萍乡地情资料的空白。

近年来,中央和省地方志工作机构越来越重视地情资源收集整理及开发利用工作。《江西省地方志事业发展"十四五"规划》提出要"整理利用地情资源""做好地方志资料工作"。《萍乡概览》的编纂积极响应了中央和省地方志工作机构的号召,秉持对历史负责、为现实服务、替未来着想的理念,深入挖掘、细致整理了各方面的资料,最终编纂成书。全书系统记述了全市各县(区)、乡(镇、街)和村(社区)各级的自然、政治、经济、文化、社会的历史和现状,可以说载述了一方地情,对于传承中华优秀传统文化、开展红色文化教育、树立文化自信等都具有重要意义。

《萍乡概览》编纂工作从启动到成书,大体上经历了四个阶段。2022年3—6月是组织准备阶段。其间,经萍乡市人民政府同意,成立了《萍乡概览》编纂组,下发编纂方案至各县(区),逐级组建编纂机构和人员,使编纂工作逐步走上正轨。6—12月是收集资料阶段。动员和组织各级编纂人员通过查阅档案、古籍、旧志以及走访、调查、核实等多种方式进行资料收集,广征博采,整理文字500余万字,各类照片2600余幅。2023年是编写初稿阶段。组织各级编纂人员对收集到的资料进行分类、整理,撰写初稿。由于各地编纂进度不一,编纂组收到一稿即审阅一稿、反馈一稿,由主编、副主编分头带队赴各乡(镇、街),召开审稿反馈会,面对面交流探讨,对初稿提出详细修改意见并进行具体指导,大大提高了稿件质量。到2024年1月,转入总纂阶段。同时,还邀请专家进行评审,依据专家意见,进一步完善编纂成果。7月交付出版社,进入出版流程。

  市委、市政府对《萍乡概览》编纂工作高度重视,市财政保障了编纂经费,市政府分管领导多次调度。编纂过程中,省地方志研究院给予悉心指导,市档案馆以及各县区委、县区政府等给予大力支持和协助,在此一并致谢。然各村(社区)历史源远流长,虽竭尽心力,但因年代跨度长、涉及内容广,兼之编者能力有限,难免存在疏漏、错讹或未尽妥帖之处,望广大读者不吝批评指正,以便我们在后续的修订中不断完善,使本书能够更加精准、全面、客观呈现萍乡各村(社区)的真实风貌,不负这片土地的厚重底蕴与读者的殷切期待。

《萍乡概览》编纂委员会

2025年1月